Mar Caribe

OCÉANO
ATLÁNTICO

Barranquilla
Cartagena
Maracaibo Caracas
Barquisimeto

Río Orinoco

Medellín
VENEZUELA
Georgetown
Paramaribo

Manizales
Salto –
Ángel
GUYANA
SURINAM
Cayenne
GUAYANA
FRANCESA
(Francia)

Cali
CORDILLERA DE LOS ANDES
Bogotá
COLOMBIA

Quito
Ecuador

ECUADOR
Río Amazonas
Belém

Guayaquil
Manaus
Fortaleza

Islas
Galápagos
(Ec.)
Cuenca
Iquitos

Río Madeira

Cajamarca

Trujillo
PERÚ
Río Branco
B R A S I L
Recife

Machu
Picchu
Lima
Cuzco

OCÉANO
PACÍFICO
Ayacucho
BOLIVIA
Salvador

I. Pinta
Arequipa
Lago
Titicaca
La Paz
Brasília

I. Fernandina
I. Marchena
Cochabamba
Santa Cruz

I. San Salvador
Arica
Sucre
Belo
Horizonte

I. Isabela
Santa Cruz
I. Santa Cruz
Iquique
Potosí

Puerto
Ayora
I. San
Cristóbal
PARAGUAY

Puerto
Villamil
Antofagasta
São Paulo
Río de Janeiro

Puerto
Baquerizo
Moreno
Salta
Asunción
Salto
Iguazú
Santos
Trópico de Capricornio

ISLAS GALÁPAGOS
(ECUADOR)
CHILE
San Miguel
de Tucumán

Coquimbo
ARGENTINA
Pôrto Alegre

OCÉANO
PACÍFICO
Córdoba
Rivera

Cabo Norte
Volcán
Katiki
Valparaíso
Rosario
URUGUAY

Hanga Roa
Cabo
Cumming
Santiago
Mendoza
Buenos Aires
Montevideo

Mataveri
La Plata
Río de la Plata
OCÉANO
ATLÁNTICO

ISLA de PASCUA
(CHILE)
Concepción
Bahía Blanca

CORDILLERA DE LOS ANDES
Desierto de Atacama
Río Paraná
Río Uruguay

Puerto Montt

OCÉANO
PACÍFICO
Estrecho de
Magallanes
Islas
Malvinas
(Br.)

Punta Arenas
TIERRA DEL FUEGO
Cabo de Hornos

América del Sur

D1279102

Part of the award-winning MyLanguageLabs suite of online learning and assessment systems for basic language courses, MySpanishLab brings together—in one convenient, easily navigable site—a wide array of language-learning tools and resources, including an interactive version of the *¡Anda! Curso elemental* student text, an online Student Activities Manual, and all materials from the audio and video programs. Chapter Practice Tests, tutorials, and English grammar Readiness Checks personalize instruction to meet the unique needs of individual students. Instructors can use the system to make assignments, set grading parameters, listen to student-created audio recordings, and provide feedback on student work. MySpanishLab can be packaged with the text at a substantial savings. For more information, visit us online at http://www.mylanguagelabs.com/books.html.

A GUIDE TO *¡ANDA! CURSO ELEMENTAL* ICONS

	Readiness Check for MySpanishLab	This icon, located in each chapter opener, reminds students to take the Readiness Check in MySpanishLab to test their understanding of the English grammar related to the Spanish grammar concepts in the chapter.
¡Hola!	**MySpanishLab**	This icon indicates that additional resources for pronunciation and grammar are available in MySpanishLab.
	Text Audio Program	This icon indicates that recorded material to accompany *¡Anda! Curso elemental* is available in MySpanishLab (www.mylanguagelabs.com), on audio CD, or on the Companion Website (www.pearsonhighered.com/anda).
	Pair Activity	This icon indicates that the activity is designed to be done by students working in pairs.
	Group Activity	This icon indicates that the activity is designed to be done by students working in small groups or as a whole class.
	Web Activity	This icon indicates that the activity involves use of the Internet.
	Video icon	This icon indicates that a video episode is available for the *Ambiciones siniestras* video series that accompanies the *¡Anda! Curso elemental* program. The video is available on DVD and in MySpanishLab.
	Student Activities Manual	This icon indicates that there are practice activities available in the *¡Anda! Curso elemental* Student Activities Manual. The activities may be found either in the printed version of the manual or in the interactive version available through MySpanishLab. Activity numbers are indicated in the text for ease of reference.
	Workbooklet	This icon indicates that an activity has been reproduced in the *Workbooklet* available as a print supplement or in MySpanishLab.
	Interactive Globe	This icon indicates that additional cultural resources in the form of videos, web links, interactive maps, and more, relating to particular countries, are organized on an interactive globe in MySpanishLab.

VOLUME 2

Curso elemental

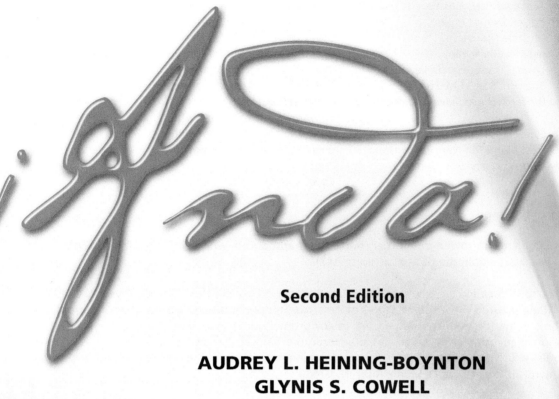

¡Anda!

Second Edition

AUDREY L. HEINING-BOYNTON
GLYNIS S. COWELL
University of North Carolina, Chapel Hill

WITH

Jean LeLoup

María del Carmen Caña Jiménez

PEARSON

Boston   Columbus   Indianapolis   New York   San Francisco   Upper Saddle River
Amsterdam   Cape Town   Dubai   London   Madrid   Milan   Munich   Paris   Montréal   Toronto
Delhi   Mexico City   São Paulo   Sydney   Hong Kong   Seoul   Singapore   Taipei   Tokyo

Executive Editor, Spanish: Julia Caballero
Editorial Assistant: Samantha Pritchard
Executive Marketing Manager: Kris Ellis-Levy
Senior Marketing Manager: Denise Miller
Marketing Assistant: Michele Marchese
Development Coordinator: Celia Meana
Development Editor, ¡Anda!: Janet García-Levitas
Development Editor, Spanish: Meriel Martínez
Senior Managing Editor for Product Development:
   Mary Rottino
Associate Managing Editor (Production): Janice Stangel
Senior Production Project Manager: Nancy Stevenson
Executive Editor, MyLanguageLabs: Bob Hemmer
Senior Media Editor: Samantha Alducin

Development Editor, MyLanguageLabs: Bill Bliss
Editorial Coordinator, World Languages:
   Regina Rivera
Senior Art Director: Maria Lange
Cover Design: DePinho Design
Operations Manager: Mary Fischer
Operations Specialist: Alan Fischer
Full-Service Project Management: Melissa Sacco,
   PreMediaGlobal
Composition: PreMediaGlobal
Printer/Binder: R.R. Donnelley
Cover Printer: R.R. Donnelley
Publisher: Phil Miller
Cover Image: Shutterstock Images

This book was set in 10/12 Janson Roman.

Credits and acknowledgments borrowed from other sources and reproduced, with permission, in this textbook appear on appropriate pages within the text (or on page **A47**).

Library of Congress Cataloging-in-Publication Data
Heining-Boynton, Audrey L.
   Anda : curso elemental / Audrey L. Heining-Boynton, Glynis S. Cowell ; with Jean
LeLoup, María del Carmen Caña Jiménez. —2nd ed.
      p. cm.
   Includes bibliographical references and index.
   ISBN-13: 978-0-205-05010-9
   ISBN-10: 0-205-05010-7
   1. Spanish language—Textbooks for foreign speakers—English. I. Cowell, Glynis S. II. Leloup, Jean
III. Caña Jiménez, María del Carmen. IV. S. V. Title.

PC4129.E5H428 2012
468.2'421—dc23
                                                2011041979

Student Edition, ISBN-10: 0-205-05010-7
Student Edition, ISBN-13: 978-0-205-05010-9
Student Edition, Volume 1, ISBN-10: 0-205-23977-3
Student Edition, Volume 1, ISBN-13: 978-0-205-23977-1
Student Edition, Volume 2, ISBN-10: 0-205-23973-0
Student Edition, Volume 2, ISBN-13: 978-0-205-23973-3
Annotated Instructor's Edition, ISBN-10: 0-205-05011-5
Annotated Instructor's Edition, ISBN-13: 978-0-205-05011-6

10 9 8 7 6 5 4

DEDICATION

In memory of my father

—Audrey

To all my students, graduate and undergraduate, past and present, from whom I have learned so much

—Glynis

www.pearsonhighered.com

Brief Contents

FIRST

(The numbers next to the grammar and vocabulary sections indicate their location within the chapter.)

SEMESTER

SECOND

(The numbers next to the grammar and vocabulary sections indicate their location within the chapter.)

	CAPÍTULO PRELIMINAR B Introducciones y repasos	CAPÍTULO 7 ¡A comer!	CAPÍTULO 8 ¿Qué te pones?	
Vocabulary sections	**Capítulo Preliminar A** **Capítulo 1** **Capítulo 2** **Capítulo 3** **Capítulo 4** **Capítulo 5**	**1** La comida p. 256 **5** La preparación de las comidas p. 269 **7** En el restaurante p. 277	**1** La ropa p. 294 **5** Las telas y los materiales p. 309	
Grammar sections	**Capítulo Preliminar A** **Capítulo 1** **Capítulo 2** **Capítulo 3** **Capítulo 4** **Capítulo 5**	**2** Repaso del complemento directo p. 261 **3** El pretérito (Parte I) p. 263 **4** El pretérito (Parte II) p. 265 **6** Algunos verbos irregulares en el pretérito p. 272	**2** Los pronombres de complemento indirecto p. 299 **3** *Gustar* y verbos como *gustar* p. 302 **4** Los pronombres de complemento directo e indirecto usados juntos p. 305 **6** Las construcciones reflexivas p. 312 **7** El imperfecto p. 317	
Pronunciation		The letters *r* and *rr* p. 257	The letters *ll* and *ñ* p. 295	
Cultural readings and country focus		• **Nota cultural** Las comidas en el mundo hispano p. 261 • **Nota cultural** La comida hispana p. 271	• **Nota cultural** Zara: la moda internacional p. 298 • **Nota cultural** Los centros comerciales en Latinoamérica p. 316	
Cultura		**CHILE Y PARAGUAY** p. 284	**ARGENTINA Y URUGUAY** p. 324	
Escucha		Las compras en el mercado p. 281 **Estrategia:** Combining strategies p. 281	En el centro comercial p. 321 **Estrategia:** Guessing meaning from context p. 321	
¡Conversemos!		Communicating about food shopping and party planning p. 282	Communicating about clothing and fashion p. 322	
Escribe		Una descripción p. 283 **Estrategia:** Topic sentence and conclusion p. 283	Un email p. 323 **Estrategia:** Circumlocution p. 323	
Ambiciones siniestras	**Ambiciones siniestras**	**Lectura:** *El rompecabezas* p. 286 **Estrategia:** Predicting p. 286 **Video:** *¡Qué rico está el pisco!* p. 288	**Lectura:** *¿Quién fue?* p. 326 **Estrategia:** Guessing meaning from context p. 326 **Video:** *El misterio crece* p. 328	

SEMESTER

Preface

Why *¡Anda! 2e?*

We were pleased by the enthusiastic response to the first edition of *¡Anda!*, and we are honored that so many schools have chosen to adopt it for use in their basic Spanish courses. The response confirmed our sense that many schools were feeling a need for a new kind of Spanish textbook program.

We wrote *¡Anda!* originally because Spanish instructors had told us that their courses were changing. In survey after survey, in focus group after focus group, they had said that they were finding it increasingly difficult to accomplish everything they wanted in their elementary Spanish courses. They told us that contact hours were decreasing, that class sizes were increasing, and that more and more courses were being taught partially or totally online. They told us that their lives and their students' lives were busier than ever. And as a result, they told us, there simply wasn't enough time available to do everything they wanted to do. Some reported that they felt compelled to gallop through their text in order to cover all the grammar and vocabulary, omitting important cultural topics and limiting their students' opportunities to develop and practice communication skills. Others said that they had made the awkward choice to use a text designed for first-year Spanish over three or even four semesters. Many instructors were looking for new ways to address the challenges they and their students were facing. We created *¡Anda!* to meet this need.

The challenges we heard about from all these Spanish instructors still exist today, and thus our goals and guiding principles for the second edition of the *¡Anda!* program remain the same as they were in the first edition. But we have made many changes in response to helpful suggestions from users of the earlier edition, and we have sought to make the program even more flexible than its predecessor and even more focused on students' and instructors' needs.

NEW to This Edition

Among the many changes we have made to the *¡Anda!* program are the following:

▶ New *learning objectives* accompanying each *Vocabulario* and *Gramática* chunk make the learning goal of each chunk transparent to students.

▶ New *¿Cómo andas?* self-assessment boxes align directly to the chapter objectives and are numbered to match with the corresponding *Comunicación* sections, helping students tie the objectives to learning outcomes.

▶ The new *¡Conversemos!* section provides communicative activities that combine vocabulary and grammar from the chapter and recycle content from previous chapters, providing students with the opportunity to "put it all together."

▶ A new *writing strategy* has been added to each *Escribe* box to guide students to think critically about the writing process before they begin to write.

▶ A new *chapter opening organizer* now includes references to the complete *¡Anda!* program, allowing for easier integration of supplements and resources.

▶ Revised headings and design for each *Comunicación* section, now labeled I and II, help students and instructors effectively navigate the parts of the chapter.

- *Pronunciation practice and activities* are now available solely on MySpanishLab and in the Student Activities Manual. Icons in the text guide students to these resources for more detailed information and practice in an interactive setting that allows for more personalized instruction.
- Many new *teacher annotations* have been added to provide additional guidance and options for instructors and to aid in lesson planning and implementation.
- New *21st Century Skills* teacher annotations help instructors develop students' language proficiency around modes of communicative competency reflecting real-life communication.
- Various versions of the text are now available. In addition to the *complete text, split volumes* are now available, each containing a single semester's worth of material. Also available are special versions designed for *high beginner's* courses and *hybrid* courses. Together with the unbound or *"A la carte"* version and a full range of customization options, these versions give instructors the flexibility to adopt the content and format that best meets the needs of their students and program.

The *¡Anda!* Story

The *¡Anda!* program was developed to provide practical responses to the challenges today's Spanish instructors are facing. Its innovations center around three key areas:

1. Realistic goals with a realistic approach
2. Focus on student motivation
3. Tools to promote success

Realistic goals with a realistic approach

¡Anda! is the first college-level Spanish program conceived from the outset as a four-semester sequence of materials. The *¡Anda!* program is divided into two halves, *¡Anda! Curso elemental* and *¡Anda! Curso intermedio*, each of which can be completed in one academic year.

Each volume's scope and sequence has been carefully designed, based on advice and feedback from hundreds of instructors and users at a wide variety of institutions. Each volume introduces a realistic number of new vocabulary words, and the traditional first-year grammar sequence has been spread over two volumes so that it can be presented in four semesters rather than two. As a result, students have adequate time throughout the course to focus on communication, culture, and skills development, and to master the vocabulary and grammar concepts to which they are introduced.

Each volume of *¡Anda!,* for both *Curso elemental* and *Curso intermedio,* has been structured to foster preparation, recycling, and review within the context of a multi-semester sequence of courses. The ten regular chapters are complemented by two *preliminary* chapters and two *recycling* chapters.

Capítulo Preliminar A	Capítulo Preliminar B
Capítulo 1	Capítulo 7
Capítulo 2	Capítulo 8
Capítulo 3	Capítulo 9
Capítulo 4	Capítulo 10
Capítulo 5	Capítulo 11
Capítulo 6 (recycling)	Capítulo 12 (recycling)

- *Capítulo Preliminar A* is designed with **ample vocabulary** to get students up and running and to give them a **sense of accomplishment** quickly. Many students will already be familiar with some of this vocabulary. It also has students reflect on the question "Why study Spanish?"

- *Capítulo Preliminar B* is a **review** of Preliminary A through Chapter 5 and allows those who join the class midyear, or those who need a refresher, to get up to speed at the beginning of the second half of the book.

- *Capítulos 1–5* and *7–11* are **regular** chapters.

- *Chapters 6 and 12* are **recycling** chapters. No new material is presented. Designed for in-class use, these chapters recycle and recombine previously presented vocabulary, grammar, and culture, giving students more time to practice communication without the burden of learning new grammar or vocabulary. NEW rubrics have been provided in these chapters to assess student performance. They provide clear expectations for students as they review.

Each regular chapter of *¡Anda!* provides a realistic approach for the achievement of realistic goals.

- New material is presented in manageable amounts, or **chunks,** allowing students to assimilate and practice without feeling overwhelmed.

- Each chapter contains a **realistic** number of new vocabulary words.

- Vocabulary and grammar explanations are interspersed, each **introduced at the point of need.**

- Grammar explanations are clear and concise, utilizing either deductive or inductive presentations, and include many supporting examples followed by practice activities. The inductive presentations provide students with examples of a grammar concept. They then must formulate the rule(s) through the use of guiding questions. The inductive presentations are accompanied by a new *Explícalo tú* heading and an icon that directs them to Appendix 1 where answers to the questions in the presentations may be found.

- Practice begins with **mechanical** exercises, for which there are correct answers, progresses through more **meaningful,** structured activities in which the student is guided but has some flexibility in determining the appropriate responses, and ends with **communicative** activities in which students are manipulating language to create personalized responses.

Focus on student motivation

The many innovative features of *¡Anda!* that have made it such a successful program continue in the second edition to help instructors generate and sustain interest on the part of their students, whether they be of traditional college age or adult learners:

- Chapters are organized around themes that reflect **student interests** and tap into students' **real-life experiences.**

- Basic **vocabulary** has been selected and tested through *¡Anda!'s* development for its relevance and support, while additional words and phrases are offered so that **students can personalize** their responses and acquire the vocabulary that is most meaningful to them. Additional vocabulary items are found in *Vocabulario útil* boxes throughout the chapters as well as in Appendix 3 (*También se dice…*).

- Activities have been designed to foster active participation by students. The focus throughout is on giving students opportunities to speak and on allowing instructors to **increase the amount of student "talk time"** in each class period. The majority of activities **elicit students' ideas and opinions,** engaging them to respond to each other on a variety of levels. Abundant pair and group activities encourage students to learn from and support each other, creating a comfortable arena for language learning.

- **No assumptions** are made concerning previous experience with Spanish or with language learning in general.

- Each activity is designed to begin with **what the student already knows.**

- A **high-interest mystery story,** *Ambiciones siniestras,* runs through each chapter. Two episodes are presented in each regular chapter, one as the chapter's reading selection (in the *Lectura* section), the other in a corresponding video segment (in the *Video* section).

- Both **"high" and "popular" culture** are woven throughout the chapters to enable students to learn to recognize and appreciate cultural diversity as they explore behaviors and values of the Spanish-speaking world. They are encouraged to think critically about these cultural practices and gifts to society.

Tools to promote success

The *¡Anda!* program includes many unique features and components designed to help students succeed at language learning and their instructors at language teaching.

Student learning support

- A **"walking tour"** of the *¡Anda!* text and supplements helps students navigate their language program materials and understand better the whys and hows of learning Spanish.

- Explicit, systematic **recycling boxes with page references** help students link current learning to previously studied material in earlier chapters or sections.

- **Periodic review and self-assessment** boxes (*¿Cómo andas? I* and *¿Cómo andas? II*) help students gauge their understanding and retention of the material presented. A final assessment in each chapter (*Y por fin, ¿cómo andas?*) offers a comprehensive self-assessment.

- **Student notes** provide additional explanations and guidance in the learning process. Some of these contain cross-references to other student supplements. Others offer learning strategies (*Estrategia*) and additional information (*Fíjate*).

- **MySpanishLab** offers students a wealth of online resources and a supportive environment for completing homework assignments. When enabled by the instructor, a "Need Help" box appears as students are doing online homework activities, providing links to English and Spanish grammar tutorials, e-book sections, and additional practice activities—all directly relevant to the task at hand. Hints, verb charts, a glossary, and many other resources are available as well.

- A **Workbooklet,** available separately, allows students to complete the activities that involve writing without having to write in their copies of the textbook.

Instructor teaching support

One of the most important keys to student success is instructor success. The *¡Anda!* program has all of the support that you have come to expect and, based on our research, it offers many other enhancements!

- The **Annotated Instructor's Edition** of *¡Anda!* offers a wealth of materials designed to help instructors teach effectively and efficiently. Strategically placed annotations explain the text's methodology and function as **a built-in course in language teaching methods.**

- **Estimated time indicators** for presentational materials and practice activities help instructors create lesson plans.

- Other annotations provide **additional activities** and suggested answers.

- **The annotations are color-coded** and labeled for ready reference and ease of use.

- A treasure trove of supplemental activities, available for download in the **Extra Activities** folder of MySpanishLab, allows instructors to choose additional materials for in-class use.

Teacher Annotations

The teacher annotations in the *¡Anda!* program fall into several categories:

- **Methodology:** A deep and broad set of methods notes designed for the novice instructor.

- **Section Goals:** Set of student objectives for each section.

- **National Standards:** Information containing the correlation between each section with the National Standards as well as tips for increasing student performance.

- **21st Century Skills:** Interpreting the new Partnership for the 21st Century skills and the National Standards. These skills enumerate what is necessary for successful 21st century citizens.

- **Planning Ahead:** Suggestions for instructors included in the chapter openers to help prepare materials in advance for certain activities in the chapter. Also provided is information regarding which activities to assign to students prior to them coming to class.

- **Warm-up:** Suggestions for setting up an activity or how to activate students' prior knowledge relating to the task at hand.

- **Suggestion:** Teaching tips that provide ideas that will help with the implementation of activities and sections.

- **Note:** Additional information that instructors may wish to share with students beyond what is presented in the text.

- **Expansion:** Ideas for variations of a topic that may serve as wrap-up activities.

- **Follow-up:** Suggestions to aid instructors in assessing student comprehension.

- **Notes:** Information on people, places, and things that aid in the completion of activities and sections by providing background knowledge.

- **Additional Activity:** Independent activities related to the ones in the text that provide further practice than those supplied in the text.

- **Alternate Activity:** Variations of activities provided to suit each individual classroom and preferences.

- **Heritage Language Learners:** Suggestions for the heritage language learners in the classroom that provide alternatives and expansions for sections and activities based on prior knowledge and skills.

- **Audioscript:** Written script of all *Escucha* recordings.

- **Recap of *Ambiciones siniestras:*** A synopsis of both the *Lectura* and *Video* sections for each episode of *Ambiciones siniestras*.

The authors' approach

Learning a language is an exciting, enriching, and sometimes life-changing experience. The development of the *¡Anda!* program, and now its second edition, is the result of many years of teaching and research that guided the authors independently to make important discoveries about language learning, the most important of which center on the student. Research-based and pedagogically sound, *¡Anda!* is also the product of extensive information gathered firsthand from numerous focus group sessions with students, graduate instructors, adjunct faculty, full-time professors, and administrators in an effort to determine the learning and instructional needs of each of these groups.

The Importance of the National Foreign Language Standards in *¡Anda!*

The *¡Anda!* program continues to be based on the *National Foreign Language Standards*. The five organizing principles (the 5 Cs) of the Standards for language teaching and learning are at the core of *¡Anda!*: **Communication, Cultures, Connections, Comparisons,** and **Communities.** Each chapter opener identifies for the instructor where and in what capacity each of the 5 Cs are addressed. The **Weave of Curricular Elements** of the *National Foreign Language Standards* provides additional organizational structure for *¡Anda!* Those components of the **Curricular Weave** are: **Language System, Cultural Knowledge, Communication Strategies, Critical Thinking Skills, Learning Strategies, Other Subject Areas,** and **Technology.** Each of the Curricular Weave elements is omnipresent and, like the 5 Cs, permeates all aspects of each chapter of *¡Anda!*

- The *Language System*, which comprises components such as grammar, vocabulary, and phonetics, is at the heart of each chapter.

- The *Comunicación* sections of each chapter present vocabulary, grammar, and pronunciation at the point of need and maximum usage. Streamlined presentations are utilized that allow the learner to be immediately successful in employing the new concepts.

- *Cultural Knowledge* is approached thematically, making use of the chapter's vocabulary and grammar. Many of the grammar and vocabulary activities are presented in cultural contexts. Cultural presentations begin with the two-page chapter openers and always start with what the students already know about the cultural themes/concepts from their home, local, regional, or national cultural perspective. The *Nota cultural* and *Les presento mi país* sections provide rich cultural information about each Hispanic country.

- *Communication and Learning Strategies* are abundant with tips for both students and instructors on how to maximize studying and in-class learning of Spanish, as well as how to utilize the language outside of the classroom.

- *Critical Thinking Skills* take center stage in *¡Anda!* Questions throughout the chapters, in particular tied to the cultural presentations, provide students with the opportunities to answer more than discrete point questions. The answers students are able to provide do indeed require higher-order thinking, but at a linguistic level completely appropriate for a beginning language learner.

- With regard to *Other Subject Areas*, *¡Anda!* is diligent with regard to incorporating **Connections** to other disciplines via vocabulary, discussion topics, and suggested activities. This edition also highlights a **Communities** section, which includes experiential and service learning activities in the Student Activities Manual.

- Finally, *technology* is taken to an entirely new level with **MySpanishLab** and the *Ambiciones siniestras* DVD. The authors and Pearson Education believe that technology is a means to the end, not the end in and of itself, and so the focus is not on the technology per se, but on how that technology can deliver great content in better, more efficient, more interactive, and more meaningful ways.

By embracing the National Foreign Language Standards and as a result of decades of experience teaching Spanish, the authors believe that:

- A **student-centered classroom** is the best learning environment.

- Instruction must **begin where the learner is,** and all students come to the learning experience with prior knowledge that needs to be tapped.

- All students can learn in a **supportive environment** where they are encouraged to take risks when learning another language.

- **Critical thinking** is an important skill that must constantly be encouraged, practiced, and nurtured.

- **Learners** need to **make connections** with other disciplines in the Spanish classroom.

With these beliefs in mind, the authors have developed hundreds of creative and meaningful language-learning activities for the text and supporting components that employ students' imagination and engage the senses. For both students and instructors, they have created an instructional program that is **manageable, motivating,** and **clear.**

The Authors

Audrey Heining-Boynton

Audrey Heining-Boynton received her Ph.D. from Michigan State University and her M.A. from The Ohio State University. Her career spans K-12 through graduate school teaching, most recently as Professor of Education and Spanish at The University of North Carolina at Chapel Hill. She has won many teaching awards, including the prestigious ACTFL Anthony Papalia Award for Excellence in Teacher Education, the Foreign Language Association of North Carolina (FLANC) Teacher of the Year Award, and the UNC ACCESS Award for Excellence in Working with LD and ADHD students. Dr. Heining-Boynton is a frequent presenter at national and international conferences, has published more than one hundred articles, curricula, textbooks, and manuals, and has won nearly $4 million in grants to help create language programs in North and South Carolina. Dr. Heining-Boynton has also held many important positions: President of the American Council on the Teaching of Foreign Languages (ACTFL), President of the National Network for Early Language Learning, Vice President of Michigan Foreign Language Association, board member of the Foreign Language Association of North Carolina, committee chair for Foreign Language in the Elementary School for the American Association of Teachers of Spanish and Portuguese, and elected Executive Council member of ACTFL. She is also an appointed two-term *Foreign Language Annals* Editorial Board member and guest editor of the publication.

Glynis Cowell

Glynis Cowell is the Director of the Spanish Language Program in the Department of Romance Languages and Literatures and an Assistant Dean in the Academic Advising Program at The University of North Carolina at Chapel Hill. She has taught first-year seminars, honors courses, and numerous face-to-face and hybrid Spanish language courses. She also team-teaches a graduate course on the theories and techniques of teaching foreign languages. Dr. Cowell received her M.A. in Spanish Literature and her Ph.D. in Curriculum and Instruction, with a concentration in Foreign Language Education, from The University of North Carolina at Chapel Hill. Prior to joining the faculty at UNC-CH in August 1994, she coordinated the Spanish Language Program in the Department of Romance Studies at Duke University. She has also taught Spanish at both the high school and community college level. At UNC-CH she has received the Students' Award for Excellence in Undergraduate Teaching as well as the Graduate Student Mentor Award for the Department of Romance Languages and Literatures.

Dr. Cowell has directed teacher workshops on Spanish language and cultures and has presented papers and written articles on the teaching of language and literature, the transition to blended and online courses in language teaching, and teaching across the curriculum. She is the co-author of two other college textbooks.

Faculty Reviewers

Silvia P. Albanese, *Nassau Community College*
Ángeles Aller, *Whitworth University*
Nuria Alonso García, *Providence College*
Carlos Amaya, *Eastern Illinois University*
Tyler Anderson, *Colorado Mesa University*
Aleta Anderson, *Grand Rapids Community College*
Ines Anido, *Houston Baptist University*
Inés Arribas, *Bryn Mawr College*
Tim Altanero, *Austin Community College*
Bárbara Ávila-Shah, *University at Buffalo*
Ann Baker, *University of Evansville*
Ashlee Balena, *University of North Carolina–Wilmington*
Amy R. Barber, *Grove City College*
Mark Bates, *Simpson College*
Charla Bennaji, *New College of Florida*
Georgia Betcher, *Fayetteville Technical Community College*
Christine Blackshaw, *Mount Saint Mary's University*
Marie Blair, *University of Nebraska*
Kristy Britt, *University of South Alabama*
Isabel Zakrzewski Brown, *University of South Alabama*
Eduardo Cabrera, *Millikin University*
Majel Campbell, *Pikes Peak Community College*
Paul Cankar, *Austin Community College*
Monica Cantero, *Drew University*
Aurora Castillo, *Georgia College & State University*
Tulio Cedillo, *Lynchburg College*
Kerry Chermel, *Northern Illinois University*
Carrie Clay, *Anderson University*
Alyce Cook, *Columbus State University*
Jorge H. Cubillos, *University of Delaware*
Shay Culbertson, *Jefferson State Community College*
Cathleen G. Cuppett, *Coker College*
Addison Dalton, *Virginia Tech*
John B. Davis, *Indiana University, South Bend*
Laura Dennis, *University of the Cumberlands*
Lisa DeWaard, *Clemson University*
Sister Carmen Marie Diaz, *Silver Lake College of the Holy Family*
Joanna Dieckman, *Belhaven University*
Donna Donnelly, *Ohio Wesleyan University*
Kim Dorsey, *Howard College*
Mark A. Dowell, *Randolph Community College*
Dina A. Fabery, *University of Central Florida*
Jenny Faile, *University of South Alabama*
Juliet Falce-Robinson, *University of California, Los Angeles*
Mary Fatora-Tumbaga, *Kauai Community College*
Ronna Feit, *Nassau Community College*
Irene Fernandez, *North Shore Community College*
Erin Fernández Mommer, *Green River Community College*
Rocío Fuentes, *Clark University*

Judith Garcia-Quismondo, *Seton Hill University*
Elaine Gerber, *University of Michigan at Dearborn*
Andrea Giddens, *Salt Lake Community College*
Amy Ginck, *Messiah College*
Kenneth Gordon, *Winthrop University*
Agnieszka Gutthy, *Southeastern Louisiana University*
Shannon Hahn, *Durham Technical Community College*
Nancy Hanway, *Gustavus Adolphus College*
Sarah Harmon, *Cañada College*
Marilyn Harper, *Pellissippi State Community College*
Mark Harpring, *University of Puget Sound*
Dan Hickman, *Maryville College*
Amarilis Hidalgo de Jesus, *Bloomsburg University*
Charles Holloway, *University of Louisiana Monroe*
Anneliese Horst Foerster, *Queens University of Charlotte*
John Incledon, *Albright College*
William Jensen, *Snow College*
Qiu Y. Jimenez, *Bakersfield College*
Roberto Jiménez, *Western Kentucky University (Glasgow Regional Center)*
Valerie Job, *South Plains College*
Michael Jones, *Schenectady County Community College*
Dallas Jurisevic, *Metropolitan Community College*
Hilda M. Kachmar, *St. Catherine University*
Amos Kasperek, *University of Oklahoma*
Melissa Katz, *Albright College*
Lydia Gil Keff, *University of Denver*
Nieves Knapp, *Brigham Young University*
Melissa Knosp, *Johnson C. Smith University*
Pedro Koo, *Missouri State University*
Allison D. Krogstad, *Central College*
Courtney Lanute, *Edison State College*
Rafael Lara-Martinez, *New Mexico Institute of Mining and Technology*
John Lance Lee, *Durham Technical Community College*
Roxana Levin, *St. Petersburg College: Tarpon Springs Campus*
Penny Lovett, *Wake Technical Community College*
Paula Luteran, *Hutchinson Community College*
Katie MacLean, *Kalamazoo College*
Eder F. Maestre, *Western Kentucky University*
William Maisch, *University of North Carolina, Chapel Hill*
H.J. Manzari, *Washington and Jefferson College*
Lynne Flora Margolies, *Manchester College*
Anne Mattrella, *Naugatuck Valley Community College*
Maria R. Matz, *University of Massachusetts, Lowell*
Sandra Delgado Merrill, *University of Central Missouri*
Lisa Mershcel, *Duke University*
Geoff Mitchell, *Maryville College*
Charles H. Molano, *Lehigh Carbon Community College*
Javier Morin, *Del Mar College*
Noemi Esther Morriberon, *Chicago State University*
Gustavo Obeso, *Western Kentucky University*

Elizabeth Olvera, *University of Texas at San Antonio*
Michelle Orecchio, *University of Michigan*
Martha T. Oregel, *University of San Diego*
Cristina Pardo-Ballister, *Iowa State University*
Edward Anthony Pasko, *Purdue University, Calumet*
Joyce Pauley, *Moberly Area Community College*
Gilberto A. Pérez, *Cal Baptist University*
Beth Pollack, *New Mexico State University*
Silvia T. Pulido, *Brevard Community College*
JoAnne B. Pumariega, *Penn State Berks*
Lynn C. Purkey, *University of Tennessee at Chattanooga*
Aida Ramos-Sellman, *Goucher College*
Alice S. Reyes, *Marywood University*
Rita Ricaurte, *Nebraska Wesleyan University*
Geoffrey Ridley Barlow, *Purdue University, Calumet*
Daniel Robins, *Cabrillo College*
Sharon D. Robinson, *Lynchburg College*
Ibis Rodriguez, *Metropolitan University, SUAGM*
David Diego Rodríguez, *University of Illinois, Chicago*
Mileta Roe, *Bard College at Simon's Rock*
Donna Boston Ross, *Catawba Valley Community College*
Marc Roth, *St. John's University*
Kristin Routt, *Eastern Illinois University*
Christian Rubio, *University of Louisiana at Monroe*
Claudia Sahagún, *Broward College*
Adán Salinas, *Southwestern Illinois College*
Ruth Sánchez Imizcoz, *The University of the South*
Love Sánchez-Suárez, *York Technical College*
Gabriela Segal, *Arcadia University*
Diana Semmes, *University of Mississippi*
Michele Shaul, *Queens University of Charlotte*
Steve Sheppard, *University of North Texas, Denton*
Roger K. Simpson, *Clemson University*
Carter Smith, *University of Wisconsin–Eau Claire*
Nancy Smith, *Allegheny College*
Ruth Smith, *University of Louisiana at Monroe*
Margaret L. Snyder, *Moravian College*
Wayne Steely, *Saint Joseph's College*
Irena Stefanova, *Santa Clara University*
Benay Stein, *Northwestern University*
Gwen H. Stickney, *North Dakota State University*
Erika M. Sutherland, *Muhlenberg College*
Carla A. Swygert, *University of South Carolina*
Sarah Tahtinen-Pacheco, *Bethel University*
Luz Consuelo Triana-Echeverria, *St. Cloud State University*
Cynthia Trocchio, *Kent State University*
Elaini Tsoukatos, *Mount St. Mary's University*
Robert Turner, *Shorter University*
Ivelisse Urbán, *Tarleton State University*
Maria Vallieres, *Villanova University*

Sharon Van Houte, *Lorain County Community College*
Yertty VanderMolen, *Luther College*
Kristi Velleman, *American University*
Gayle Vierma, *University of Southern California*
Phoebe Vitharana, *Le Moyne College*
Richard L.W. Wallace, *Crowder College*
Martha L. Wallen, *University of Wisconsin–Stout*
Mary H. West, *Des Moines Area Community College*
Michelangelo Zapata, *Western Kentucky University*
Theresa Zmurkewycz, *Saint Joseph's University*

Faculty Focus Groups

Stephanie Aaron, *University of Central Florida*
María J. Barbosa, *University of Central Florida*
Ileana Bougeois-Serrano, *Valencia Community College*
Samira Chater, *Valencia Community College*
Natalie Cifuentes, *Valencia Community College*
Ana Ma. Diaz, *University of Florida*
Aida E. Diaz, *Valencia Community College*
Dina A. Fabery, *University of Central Florida*
Ana J. Caldero Figueroa, *Valencia Community College*
Pilar Florenz, *University of Central Florida*
Stephanie Gates, *University of Florida*
Antonio Gil, *University of Florida*
José I. González, *University of Central Florida*
Victor Jordan, *University of Florida*
Alice A. Korosy, *University of Central Florida*
Joseph Menig, *Valencia Community College*
Odyscea Moghimi-Kon, *University of Florida*
Kathryn Dwyer Navajas, *University of Florida*
Julie Pomerleau, *University of Central Florida*
Anne Prucha, *University of Central Florida*
Lester E. Sandres Rápalo, *Valencia Community College*
Arcadio Rivera, *University of Central Florida*
Elizabeth Z. Solis, *University of Central Florida*
Dania Varela, *University of Central Florida*
Helena Veenstra, *Valencia Community College*
Hilaurmé Velez-Soto, *University of Central Florida*
Roberto E. Weiss, *University of Florida*
Robert Williams, *University of Central Florida*
Sara Zahler, *University of Florida*

Acknowledgments

The second edition of *¡Anda! Curso elemental* is the result of careful planning between ourselves and our publisher and ongoing collaboration with students and you, our colleagues. We look forward to continuing this dialogue and sincerely appreciate your input. We owe special thanks to the many members of the Spanish-teaching community whose comments and suggestions helped shape the pages of every chapter—you will see yourselves everywhere. We gratefully acknowledge the reviewers for this second edition, and we thank in particular our *¡Anda! Advisory Board* for their invaluable support, input, and feedback. The Board members are:

Megan Echevarría, *University of Rhode Island*

Luz Font, *Florida State College at Jacksonville*

Yolanda Gonzalez, *Valenica College*

Linda Keown, *University of Missouri*

Jeff Longwell, *New Mexico State University*

Gillian Lord, *University of Florida*

Dawn Meissner, *Anne Arundel Community College*

María Monica Montalvo, *University of Central Florida*

Markus Muller, *Long Beach State University*

Joan Turner, *University of Arkansas – Fayetteville*

Donny Vigil, *University of North Texas, Denton*

Iñigo Yanguas, *San Diego State University*

We are also grateful to those who have collaborated with us in the writing of *¡Anda!*

We owe many thanks to Megan Echevarría for her superb work on the Student Activities Manual. We also owe great thanks to Donny Vigil for his authoring of the Testing Program as well as Anastacia Kohl for her important Testing Program authoring contributions.

Equally important are the contributions of the highly talented individuals at Pearson Education. We wish to express our gratitude and deep appreciation to the many people at Pearson who contributed their ideas, tireless efforts, and publishing experience to this second edition of *¡Anda! Curso elemental.* First, we thank Phil Miller, Publisher, and Julia Caballero, Executive Editor, whose support and guidance have been essential. We are indebted to Janet García-Levitas, Development Editor, for all of her hard work, suggestions, attention to detail, and dedication to the programs. We have also been fortunate to have Celia Meana, Development Coordinator, bring her special talents to the project, helping to create the outstanding final product. We would also like to thank Bob Hemmer and Samantha Alducin for all of the hard work on the integration of technology for the *¡Anda!* program with MySpanishLab.

Our thanks to Meriel Martínez, Development Editor, for her efficient and meticulous work in managing the preparation of the Student Activities Manual and the Testing Program. Thanks to Samantha Pritchard, Editorial Assistant, for attending to many administrative details.

Our thanks also go to Denise Miller, Senior Marketing Manager, for her strong support of *¡Anda!,* creating and coordinating all marketing and promotion for this second edition.

Many thanks are also due to Nancy Stevenson, Senior Production Editor, who guided *¡Anda!* through the many stages of production, and to our Art Manager, Gail Cocker. We continue to be indebted to Andrew Lange for the amazing illustrations that translate our vision.

We would like to sincerely thank Mary Rottino, Senior Managing Editor for Product Development, for her unwavering support and commitment to *¡Anda!* and Janice Stangel, Associate Managing Editor, Production, for her support and commitment to the success of *¡Anda!* We also thank our colleagues and students from across the country who inspire us and from whom we learn.

And finally, our love and deepest appreciation to our families for all of their support during this journey: David; John, Jack, and Kate.

Audrey L. Heining-Boynton

Glynis S. Cowell

A WALKING TOUR

¡Hola!
¡Bienvenidos!

I'm Audrey
Heining-Boynton

and I'm
Glynis Cowell

We are the authors of *¡Anda!* and we were thinking that when you visit a new place, one of the best ways to get to know your new environment quickly is to consult your guidebook before you take the trip! We thought it would be a good idea for you to join us on a "walking tour" of your new Spanish textbook and supplementary materials because we know from experience that language texts have a unique organization that is different from that of other textbooks. . . . They use terminology that you might not be familiar with, and lots of the material is written in the language you don't know yet. So let's get on with the tour!

Here it is!

Curso elemental

¡Anda!

Heining-Boynton | Cowell

SECOND EDITION

CHECK OUT THE "MAP" OF YOUR BOOK!

Scope and Sequence. You can think of the scope and sequence as the roadmap of the book. The scope tells you what is covered, and the sequence shows you the order of those topics. In other words, the scope and sequence tells you where everything is! It's a very useful tool for navigating *¡Anda!*

SEMESTER 1

Preliminary A

This chapter gets you up and running quickly, presenting many easy-to-learn words that will allow you to begin speaking in Spanish very quickly. You should feel good about how much Spanish you can use after studying the preliminary chapter.

Chapters 1–5

These are the main textbook chapters. Each chapter has an overall theme—like food, for example—and teaches you the words to use (vocabulary) and how to put them together in a sentence (grammar) so that you can talk about that subject. You'll focus on communication (speaking, listening, reading, and writing) as well as culture.

SEMESTER 2

Preliminary B

This chapter reviews the basic vocabulary and grammar from the first half of the book. Maybe you need this; maybe you don't. Maybe you are joining this class from another school or from high school and you need a little refresher. That's what this chapter is for!

Chapters 7–11

These are typical chapters, just like *Chapters 1–5* above.

xxiv

FIRST

(The numbers next to the grammar and vocabulary sections indicate their location within the chapter.)

	CAPÍTULO PRELIMINAR A Para empezar	CAPÍTULO 1 ¿Quiénes somos?	CAPÍTULO 2 La vida universitaria
Vocabulary sections	**1** Saludos, despedidas y presentaciones p. 4 **2** Expresiones útiles para la clase p. 8 **4** Los cognados p. 10 **7** Los adjetivos de nacionalidad p. 14 **8** Los números 0–30 p. 16 **9** La hora p. 18 **10** Los días, los meses y las estaciones p. 20 **11** El tiempo p. 23	**1** La familia p. 32 **6** Gente p. 40 **9** Los números 31–100 p. 47	**1** Las materias y las especialidades p. 62 **2** La sala de clase p. 65 **5** Los números 100–1.000 p. 72 **6** En la universidad p. 74 **8** Las emociones y los estados p. 79 **10** Los deportes y los pasatiempos p. 81
Grammar sections	**3** El alfabeto p. 9 **5** Los pronombres personales p. 11 **6** El verbo *ser* p. 13	**2** El verbo *tener* p. 34 **3** Sustantivos singulares y plurales p. 36 **4** El masculino y el femenino	**3** Presente indicativo de verbos regulares p. 67 **4** La formación de preguntas y las palabras interrogativas

SECOND

	CAPÍTULO PRELIMINAR B Introducciones y repasos	CAPÍTULO 7 ¡A comer!	CAPÍTULO 8 ¿Qué te pones?
Vocabulary sections	Capítulo Preliminar A Capítulo 1 Capítulo 2 Capítulo 3 Capítulo 4 Capítulo 5	**1** La comida p. 256 **5** La preparación de las comidas p. 269 **7** En el restaurante p. 277	**1** La ropa p. 294 **5** Las telas y los materiales p. 309
Grammar sections	Capítulo Preliminar A Capítulo 1 Capítulo 2 Capítulo 3 Capítulo 4 Capítulo 5	**2** Repaso del complemento directo p. 261 **3** El pretérito (Parte I) p. 263 **4** El pretérito (Parte II) p. 265 **6** Algunos verbos irregulares en el pretérito p. 272	**2** Los pronombres de complemento indirecto p. 299 **3** *Gustar* y verbos como *gustar* p. 302 **4** Los pronombres de complemento directo e indirecto usados juntos p. 305 **6** Las construcciones reflexivas p. 312 **7** El imperfecto p. 317
Pronunciation		The different pronunciations of *r* and *rr* p. 257	The letters *ll* and *ñ* p. 295
Cultural readings and country focus		• **Nota cultural** Las comidas en el mundo hispano p. 261 • **Nota cultural** La comida hispana p. 271	• **Nota cultural** Zara: la moda internacional p. 298 • **Nota cultural** Los centros comerciales en Latinoamérica p. 316

SEMESTER

Chapter 6

We call this a recycling chapter. This means that you will be given the opportunity to reuse everything that you learned from *Preliminary A* through *Chapter 5*. No new information is presented in this chapter so that you can get some time to practice and internalize Spanish. It also helps you prepare for the final exam!

Chapter 12

This is another recycling chapter, just like *Chapter 6* above.

SEMESTER

Appendices

Yes, we know these are at the end of the book, but you might want to look at them now—not at the end of the semester when it's too late! Note that there are five appendices and what each one is for:

Appendix 1
Inductive Grammar Answers

Appendix 2
Verb Charts

Appendix 3
También se dice... (You can also say . . .)

Appendix 4
Spanish–English Glossary

Appendix 5
English–Spanish Glossary

ORGANIZATION OF A CHAPTER

 STOP 1 Have you ever used a Spanish textbook before? Do you know what each section is about? Do you know what you're being asked to read, memorize, and practice, and why? Here's an outline of a typical chapter in *¡Anda!* followed by some actual chapter sections so that you can see what they look like. And we couldn't resist . . . we made lots of notes for you!

COMUNICACIÓN I

Vocabulary and grammar	(in manageable chunks, as needed, each numbered consecutively throughout the chapter)
Pronunciation practice	(after first vocabulary list, located in your Student Activities Manual [SAM] / MySpanishLab)
Nota cultural box	(brief, contextualized readings, relevant to chapter theme)
¿Cómo andas? I	(first self-assessment box)

COMUNICACIÓN II

Vocabulary and grammar	(in manageable chunks, as needed, each numbered consecutively throughout the chapter)
Nota cultural box	(brief, contextualized readings, relevant to chapter theme)
Escucha	(a focus on listening)
¡Conversemos!	(fun, contextualized activities where you "put it all together" orally)
Escribe	(a focus on writing)
¿Cómo andas? II	(second self-assessment box)

CULTURA

(a focus on one or more Spanish-speaking countries—what the people do, what they make, and how they think)

AMBICIONES SINIESTRAS

(a mystery story told through reading and video)

Y por fin, ¿cómo andas?	(cumulative self-assessment box)
Vocabulario activo	(a two-page list of all of the essential vocabulary of the chapter)

CHAPTER OPENER

STOP 2

The chapter title announces the theme of the chapter, which is reflected in the visual on the right.

The questions are designed to get you to think about the topic for the chapter—not to get you to search for THE right answer. Bringing the topic to the forefront of your mind will help you make educated guesses about the meanings of Spanish words. Remember the topic as you work your way through the chapter.

There is a list of goals for the communication, culture, and mystery story sections under *Objetivos*. You will also see other goals such as those for using Spanish outside of your classroom and in the community. Notice how the goals relate to the chapter theme!

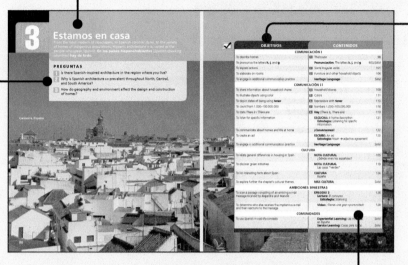

The content related to the goals is listed under *Contenidos,* with page numbers. It's in English so that you can understand it clearly!

COMUNICACIÓN

STOP 3

Comunicación I and II are divided into manageable chunks of what you need to learn: vocabulary (the words you need) and grammar (the structures that you use to put the words together). Vocabulary and grammar are two of the most important tools for communication! By the way, we didn't invent this—research indicates that the best presentation of language separates vocabulary and grammar for a manageable progression especially when combined with recycling and reintroduction of previously studied material—more on that later.

The vocabulary sections are numbered consecutively throughout the chapter.

Communicative goals are listed for each vocabulary and grammar section.

The vocabulary chunks introduce new vocabulary through art.

A lot of the vocabulary is presented without translations so that you can try to figure out the meanings of the Spanish words.

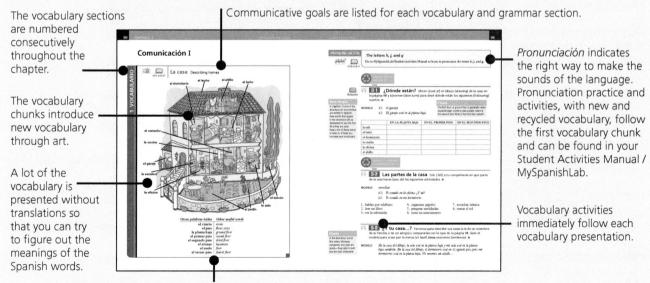

Pronunciación indicates the right way to make the sounds of the language. Pronunciation practice and activities, with new and recycled vocabulary, follow the first vocabulary chunk and can be found in your Student Activities Manual / MySpanishLab.

Vocabulary activities immediately follow each vocabulary presentation.

Vocabulary lists with translations are given for those words that are hard to illustrate and, therefore, hard for you to guess the meanings.

GRAMMAR

The grammar sections introduce new grammar concepts.

STOP 4

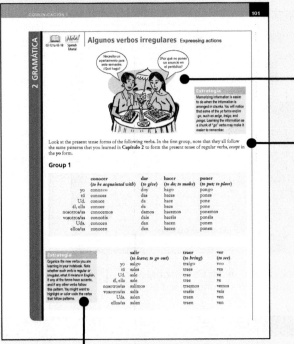

Art is used to provide you with a context and examples of the grammar presented.

Clear explanations are given in English, followed by examples.

Student notes help you with your learning. They provide additional background information, interesting facts, and strategies that help you learn!

Recycling boxes also point out when we have deliberately reused materials from a previous chapter—or from earlier in the same chapter—to help you build upon what you have already studied. Page references are provided so that you can return to that section of the book if you need and/or want to.

Icons indicate when to work in pairs or groups, and also refer you to other resources (e.g., MySpanishLab, audio, corresponding activity numbers in the Student Activities Manual) when you need them.

You'll find a blend of activities that practice individual words and verb forms, as well as activities in which you focus on putting everything together to use the language for purposes of communication.

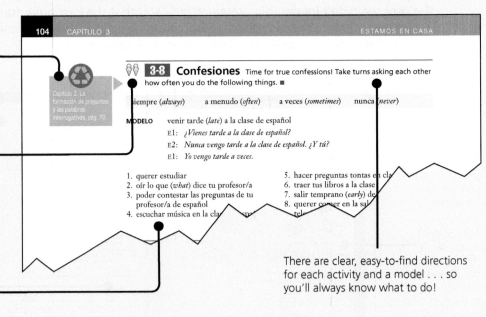

There are clear, easy-to-find directions for each activity and a model . . . so you'll always know what to do!

LISTENING, SPEAKING, WRITING, AND SELF-ASSESSMENT

STOP 5 The second **Comunicación** provides listening comprehension (**Escucha**), more interactive oral activities (**¡Conversemos!**), and writing activities (**Escribe**) prior to the self-assessment check (**¿Cómo andas?**).

In the *Escucha* section, there is a strategy—a technique or focus—that will help you learn to be a better listener.

A pre-listening section to get you thinking about what you already know about the topic—it prepares you to understand the passage

The actual listening exercise with a follow-up activity checks for comprehension.

Applying what you have learned: You now use the language on your own in a similar but different context.

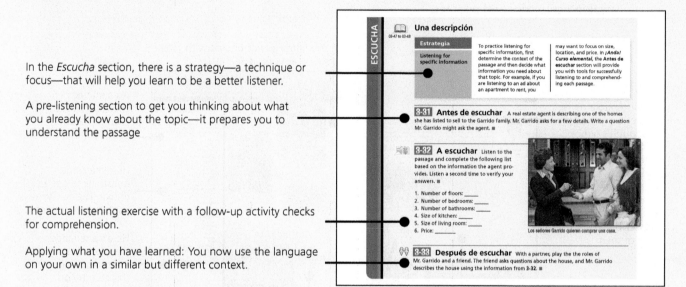

The *¡Conversemos!* section provides you with even more oral practice. In this section you put together all the grammar and vocabulary you have learned in the current chapter along with opportunities to recycle your Spanish knowledge from previous chapters. These are real-life scenarios in which you interact with a classmate or present on your own.

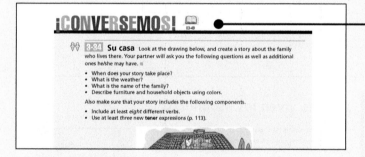

Escribe is also related to the chapter theme, includes a strategy that will help you learn to be a better writer, and walks you through the writing process with pre-writing and post-writing activities.

The final activity in each *Comunicación* section is the self-assessment, called *¿Cómo andas?* (How are you doing?). Here you can do a quick check to see how well you have mastered the topics and structures in that section. At the end of the chapter, *Y por fin, ¿cómo andas?* (So, finally, how are you doing?), is the cumulative self-assessment which allows you to determine what you have mastered in that chapter and what you need to review prior to moving on to the next chapter.

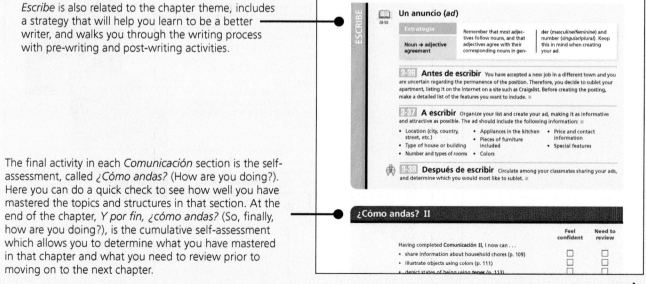

CULTURE

Time for a break to grab a cup of **café con leche**?

STOP 6 Between the second **Comunicación** and **Ambiciones siniestras** (the ongoing mystery story) is **Cultura,** designed to provide key facts and high-interest information concerning Spanish-speaking countries and peoples.

You'll find lots of photos with short captions in Spanish.

Read/listen to a native speaker explain a little bit about his or her country . . . what folks do there, what they think, and what they like. We hope you'll want to learn more about these countries and maybe even visit some of them.

An almanac of country statistics is given for each country presented.

Here are some questions to get you thinking about what you've seen and read.

Here's a reminder that there is more information about this country on MySpanishLab.

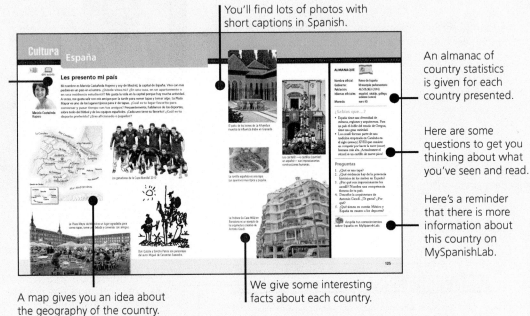

A map gives you an idea about the geography of the country.

We give some interesting facts about each country.

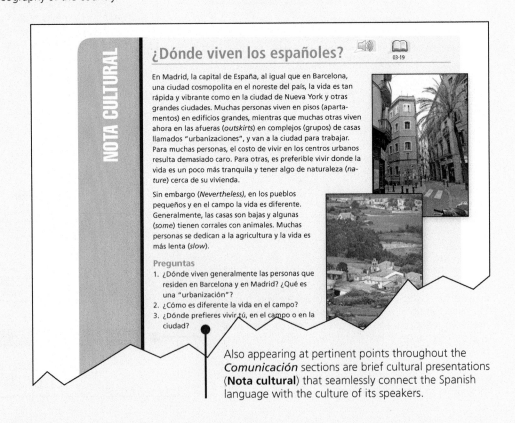

NOTA CULTURAL

¿Dónde viven los españoles?

03-19

En Madrid, la capital de España, al igual que en Barcelona, una ciudad cosmopolita en el noreste del país, la vida es tan rápida y vibrante como en la ciudad de Nueva York y otras grandes ciudades. Muchas personas viven en pisos (apartamentos) en edificios grandes, mientras que muchas otras viven ahora en las afueras (*outskirts*) en complejos (grupos) de casas llamados "urbanizaciones", y van a la ciudad para trabajar. Para muchas personas, el costo de vivir en los centros urbanos resulta demasiado caro. Para otras, es preferible vivir donde la vida es un poco más tranquila y tener algo de naturaleza (*nature*) cerca de su vivienda.

Sin embargo (*Nevertheless*), en los pueblos pequeños y en el campo la vida es diferente. Generalmente, las casas son bajas y algunas (*some*) tienen corrales con animales. Muchas personas se dedican a la agricultura y la vida es más lenta (*slow*).

Preguntas
1. ¿Dónde viven generalmente las personas que residen en Barcelona y en Madrid? ¿Qué es una "urbanización"?
2. ¿Cómo es diferente la vida en el campo?
3. ¿Dónde prefieres vivir tú, en el campo o en la ciudad?

Also appearing at pertinent points throughout the *Comunicación* sections are brief cultural presentations (**Nota cultural**) that seamlessly connect the Spanish language with the culture of its speakers.

STOP 7

A mystery story called **Ambiciones siniestras** is presented through readings and videos. It reuses many of the grammar structures and vocabulary words presented in the chapter.

Strategies give you ideas and techniques to help you become a better reader.

The pre-reading activity helps you prepare for what you are about to read. It gets you thinking about topics that will be presented in the story so that the context will help you figure out what is going on.

The reading activity asks you to apply the strategies to the reading.

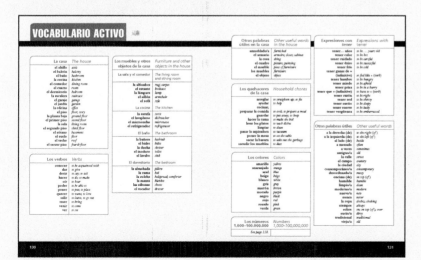

The post-reading activity helps you check your comprehension.

The sequence of activities for the video episode is the same: pre-, during, and post-. The story that was started in the reading is continued in the video. To understand the story, you'll have to read first and then watch the video.

Meet the cast of the video:

Alejandra

VOCABULARY SUMMARIES

STOP 8

The **Vocabulario activo** section at the end of each chapter is where you have all the new vocabulary from the chapter in one place. The words and phrases are organized by topic, in alphabetical order.

Cisco

Manolo

Eduardo

Marisol

Lupe

Sr. Verdugo

SUPPLEMENTARY MATERIALS

STOP 9

Before we finish our walking tour, we want to walk through the many supplements that we provide. Your instructor may have selected some of them to be used in your course.

Student Activities Manual (paper)	The Student Activities Manual (SAM for short) contains practice activities that were designed as homework to reinforce what you learn in class. Your pronunciation activities are also found in the SAM as well as ideas on how to practice Spanish in your community. Additionally, there are activities that can be done by all students and/or those who have a Hispanic heritage. Although instructors may use the SAM in different ways, one thing is constant: the SAM is assigned as homework. So we make no assumptions . . . we know you probably won't have an instructor around to answer any questions when you're doing your homework at 2:00 A.M.!
Answer Key for the Student Activities Manual	Some instructors want their students to have this answer key; other instructors don't. We'll sell you the answer key only if your instructor requests it.
Workbooklet	We know that most students don't want to write in their textbooks, but we also know that writing is a great method for helping you to learn Spanish! So, we've created a **Workbooklet,** in which we have reproduced all of the activities in *¡Anda!* where writing is an important part of the activity (e.g., you need to gather information in writing from classmates and then report back to the class orally).
Ambiciones siniestras DVD	The DVD of **Ambiciones siniestras** allows you to watch or rewatch the video at any point during your busy 24/7 life. This is a great tool for helping you practice your comprehension and listening skills!
Audio CD for the student text	This audio CD contains the listening passages that correlate with sections of your textbook. A listening icon ◀)) appears in your text with a cross-reference to help you locate the audio.
Audio CDs for the Student Activities Manual	These audio CDs contain the listening passages you'll need for some of the activities in the SAM.
Vistas culturales DVD	If you want to listen to native speakers of Spanish and learn more about each of the Spanish-speaking countries, this is the DVD for you!
MySpanishLab	MySpanishLab contains all of the above supplements and more. It's a state-of-the-art learning management system, designed specifically for language learners and teachers. You'll need an access code to get in, but the price is very reasonable, considering how much you receive. For more information, go to www.myspanishlab.com.

SIGNPOSTS!

STOP 10

When traveling, it's always helpful to watch out for the signposts. Here is a list of signposts that we've used in *¡Anda!*

 You will find this first icon in each chapter opener to remind you to take the Readiness Check in MySpanishLab to test your understanding of the English grammar related to the Spanish grammar concepts in the chapter.

 Accompanying the activity instructions, this pair icon indicates that the activity is designed to be completed in groups of two.

 This group icon indicates that the activity is designed to be completed in small groups or as a whole class.

 This icon indicates that an activity involves listening and that the audio is provided for you either on the Companion Website (CW) or, if you are using MySpanishLab, in the eBook.

 Activities that ask you to write have been duplicated in a separate *Workbooklet* so that you don't have to write in your text if you don't want to. This icon indicates that an activity has been reproduced in the *Workbooklet*.

 The activity references below this icon tell you which activities in the Student Activities Manual (SAM) are related to that particular section of the textbook. You may have the printed SAM or the electronic version in MySpanishLab.

 This icon tells you where to find the **Ambiciones siniestras** video: on DVD or in MySpanishLab.

 This icon tells you where to find the **Vistas culturales** video and other cultural resources in MySpanishLab.

 This icon means that the activity that it accompanies requires you to use the Internet.

 This icon indicates that additional resources for pronunciation, practice activities, and Spanish/English tutorials related to the Spanish grammar topic that you are studying are available in MySpanishLab.

¡Qué disfruten! Enjoy!

B

Introducciones y repasos

This chapter is a review of vocabulary and grammatical concepts that you are already familiar with in Spanish. Some of you are continuing with *¡Anda! Curso elemental*, while others may be coming from a different program. As you begin the second half of *¡Anda!*, it is important for all students to feel confident about what they already know about the Spanish language as they continue to acquire knowledge and proficiency. This chapter will help you determine what you already know, and also help you focus on what you personally need to improve upon.

If you are new to *¡Anda!*, you will not only want to review the grammar concepts already introduced, but also familiarize yourself with the active vocabulary used in the textbook. *¡Anda!* recycles vocabulary and grammar concepts frequently to help you learn better, and this chapter will help you with what we consider to be the basics of the preceding chapters.

For all students, this chapter also reviews what has occurred to date in the thrilling episodic adventure, **Ambiciones siniestras.** Students who haven't read or viewed the first episodes will have an opportunity to do so. The episodes in the text and the video build upon each other, just like a **telenovela,** and starting in **Capítulo 7,** will continue from where the episode in **Capítulo 5** left off. **Capítulo 6** is a recycling chapter and no new episodes for **Ambiciones siniestras** were introduced.

Before you begin this chapter, you may wish to review the study and learning strategies on page 206 in **Capítulo 6.** These strategies are applicable to your other subjects as well. So on your mark, get set, let's review!

OBJETIVOS

COMUNICACIÓN

To greet, say good-bye, and introduce others

To describe yourself and others

To share information about school and life as a student

To offer opinions about sports and pastimes that you and others like and dislike

To describe homes and household chores

To identify places in and around town

To relate things that happen and things that have to be done

To convey what will take place in the future

To impart information about service opportunities

To share information about different types of music, movies, and television programs, including your personal preferences

AMBICIONES SINIESTRAS

To depict what has happened thus far to the protagonists: Alejandra, Manolo, Cisco, Eduardo, Marisol, and Lupe

To hypothesize about what you think will happen in future episodes

COMUNIDADES

To use Spanish in real-life contexts (SAM)

Comunicación

• Capítulo Preliminar A •
Greeting, saying good-bye, and introducing others

B-01

1. Para empezar. This chapter provided an introduction to Spanish via the following topics: greetings and farewells; classroom expressions; the alphabet; cognates; subject pronouns and the verb **ser**; adjectives of nationality; numbers 1–30; telling time; days and months; the weather; and the verb **gustar.** If you need to review any of these topics before proceeding, consult pages 2–29.

• Capítulo 1 •
Describing yourself and others

B-02 to B-03

2. La familia. Review the **La familia** vocabulary on page 32 and then do the following activities.

Estrategia

In **B-1**, you are directed to write at least 5 sentences. See how many more than 5 you can write in the time allotted.

 B-1   **Mi familia**   Túrnense para describir a sus familias o a una de las familias de las fotos. Digan por lo menos **cinco** oraciones. ■

MODELO   *George es mi tío. Mis primos son Stacy y Scott…*

3. El verbo _tener_. Review the verb **tener** on page 34. What are all of the present tense forms of **tener**?

B-04

 B-2 **Y mis amigos…**

Túrnense para hablar de las familias de unos amigos o de una familia famosa usando el verbo **tener**. Digan por lo menos **ocho** oraciones. ■

MODELO _Mi amigo, Joe, tiene dos hermanos. Mis amigas Jennifer y Marty no tienen abuelos…_

4. El singular y el plural. Review how to make singular nouns plural on page 36 and explain the rules to your partner. Then complete the following activity.

B-05

 B-3 **Te toca a ti** Digan el plural de cada palabra. ■

MODELO E1: primo

E2: _primos_

1. madre
2. francés
3. taxi
4. nieto
5. abuela
6. joven

Fíjate

The rules for accents are listed in the _Pronunciación_ section for _Capítulo 2_ on MySpanishLab and in the Student Activities Manual. As a reminder, some words keep their accent marks in the plural while other words lose or gain accent marks in the plural.

5. El masculino y el femenino. Review the differences between masculine and feminine nouns on page 37. State the rules to a partner, and then do the following activity.

B-06

 B-4 **¿Recuerdas?** Digan si las siguientes palabras son masculinas o femeninas. **¡OJO!** Hay unas excepciones. ■

MODELO E1: tía

E2: _femenina_

1. padrastros
2. televisión
3. foto
4. universidad
5. hermano
6. mapa
7. tía
8. hijo

Fíjate

Some words that end in consonants, like _profesor_, also have feminine forms: _profesora_. Pay attention to the form when making the noun plural, as in the case of _profesores_ or _profesoras_.

B-07 to B-08

6. Los artículos definidos e indefinidos. How do you say *the*, *a(n)*, and *some* in Spanish? For a reminder, see page 38. Then do the following activity.

 B-5 **Vamos a practicar** Túrnense para añadir el equivalente de los artículos *the, a* o *some* a estas palabras. ■

MODELO   E1: tías
             E2: *las tías/unas tías*

1. abuelo   3. madre   5. hijos   7. nieto
2. hermanas   4. tío   6. primas   8. padres

B-09 to B-10

7. Los adjetivos posesivos y descriptivos. How do you say *my, your, his, her, our,* and *their?* If you need help, see page 41. Also consult pages 43–44 to review words you may use to describe yourself and others. Then do the following activity.

 B-6 **Nuestras familias** Túrnense para describir a su familia y compararla con las familias de sus amigos. Digan por lo menos **ocho** oraciones. ■

Fíjate

When you see the 👥 by the activity number, you work with a partner. Words in the direction lines like *miren, túrnense, comparen,* and *usen* are plural—they refer to both of you.

MODELO   *Mis padres son trabajadores. La mamá de mi amigo John es trabajadora también. Nuestros primos son simpáticos…*

• **Capítulo 2** •
Sharing information about school and life as a student
Offering opinions about sports and pastimes that you and others like and dislike

B-11 to B-12

8. Las materias y las especialidades. Review the **Las materias y las especialidades** vocabulary on page 62 of **Capítulo 2.** Then practice the vocabulary words with the following activity.

Workbooklet

 B-7 **¿Cuál es más fácil?** Expresa tus opiniones sobre las materias y las especialidades. Comparte tus respuestas con un/a compañero/a. Puedes consultar **También se dice…** en el Apéndice 3. ■

Estrategia

For **B-7** about *Las materias y las especialidades,* change partners and find someone whose major is different from yours. See whether you have the same opinions.

MODELO   *Las especialidades más difíciles son las matemáticas y los negocios. Las especialidades más fáciles son…*

LAS ESPECIALIDADES…

MÁS DIFÍCILES	MÁS FÁCILES	MÁS CREATIVAS	MÁS INTERESANTES	MÁS ABURRIDAS
1.	1.	1.	1.	1.
2.	2.	2.	2.	2.

B-13

9. La sala de clase. Review the **La sala de clase** vocabulary on page 65 and then do the following activity.

Workbooklet

B-8 **¿Qué tienen tus compañeros/as?** Escoge (*Choose*) a unos/as de tus compañeros/as y completa el siguiente cuadro. ∎

Estrategia

For **B-8,** you and your partner may wish to ask other classmates questions such as: *¿Qué tienes en tu mochila? ¿Qué tienes en tu escritorio?*

MODELO

E1: Hablamos de Melissa. ¿Qué tiene Melissa?

E2: Melissa tiene dos cuadernos, un libro, un bolígrafo y dos lápices.

E3: Pero Melissa no tiene la tarea.

E2: Ahora hablamos de _____ y _____. ¿Qué tienen. _____ y. _____?

E1: Tienen....

ESTUDIANTE _Melissa_	ESTUDIANTES ____ Y ____	TÚ Y YO ____
(no) tiene	(no) tienen	(no) tenemos
1. tiene dos cuadernos	1.	1.
2. tiene un libro	2.	2.
3. tiene un bolígrafo	3.	3.
4. tiene dos lápices	4.	4.
5. no tiene la tarea	5.	5.

B-14 to B-15

10. Presente indicativo de verbos regulares. How do you form the *present tense* of *regular* **-ar,** **-er,** and **-ir** *verbs*? If you need help, consult pages 67–68. Finally, before you complete the following activities, review the common verbs that are presented on the those pages.

B-9 **¿A quién o quiénes conoces que…?** Túrnense para preguntarse y contestar para qué personas que ustedes conocen son ciertas (*true*) las siguientes afirmaciones. ∎

MODELO hablar poco

E1: *¿Quién habla poco?*

E2: *Mi hermano Evan habla poco.*

E2: *¿Quiénes hablan poco?*

E1: *Mis padres hablan poco. / Mis hermanos y yo hablamos poco.*

Estrategia

You will note that nearly all activities in *¡Anda! Curso elemental* are pair activities. You will be encouraged or required to change partners frequently, perhaps even daily. The purpose is for you to be able to practice Spanish with a wide array of speakers. Working with different classmates will help you improve your spoken Spanish more quickly.

1. hablar demasiado
2. correr mucho
3. vivir lejos

4. escribir muchos mensajes de texto
5. usar los apuntes de sus amigos
6. estudiar mucho

7. necesitar estudiar más
8. tomar un examen hoy
9. enseñar español

B-10 **Dime quién, dónde y cuándo** Miren el dibujo y creen juntos una historia sobre lo que ocurre en el edificio. ∎

MODELO
E1: *Josefina escribe una carta.*
E2: *Ella escribe cartas todos los días.*
E1: *En otro apartamento Raúl y Mariela...*

 B-16 to B-17

11. La formación de preguntas y las palabras interrogativas. How do you form questions in Spanish? What are the question words in Spanish? To review this topic, consult pages 70–71 and then do the following activity.

 B-11 **Preguntas y más preguntas** Túrnense para formar una pregunta con cada oración. ∎

MODELO
E1: Estudio **matemáticas.**
E2: *¿Qué estudias?*

1. Pilar estudia **en la biblioteca.**
2. **Guillermo y yo** estudiamos.
3. Comen **entre las 7:00 y las 8:00 de la noche.**
4. Aprendemos español **fácilmente.**
5. Leo **tres libros.**
6. Estudiamos español **porque nos gusta el profesor.**

B-18 to B-19

12. Los números 1–1.000. Review the numbers 1–1,000, consulting pages 16, 47, and 72 if you need help. Then do the following activity.

 B-12 **¡Dilo!** Túrnense para decir los precios de los artículos en el catálogo. ■

MODELO   E1: (325 €) *El precio del armario es trescientos veinticinco euros.*

             E2: (999 €) *El precio del sofá es…*

A 325 EUR
B 999 EUR
C 559 USD

D 444 MXN
E 815 USD
F 175 EUR
G 298 MXN

13. El verbo *estar*. What are the present tense forms of **estar**? When do you use **estar**? Check pages 76–77 if you need help before doing the following activity.

 B-13 **¿Cómo se dice?** Túrnense para hacerse preguntas y contestar usando **estar**. ∎

MODELO el mapa / libro

E1: *¿Dónde está el mapa?*

E2: *El mapa está en el libro.*

> **Fíjate**
> Remember that four forms of *estar* have accents in the present tense: *estás, está, estáis,* and *están.*

1. mis amigos y yo / la clase de ciencias
2. tú / el apartamento
3. los escritorios / la sala de clase
4. el papel / la silla
5. los apuntes / el cuaderno
6. Jorge y tú / la puerta
7. los libros / la mochila
8. José / bien
9. Lupe y Mariela / contento

14. Emociones y estados. Review the **Emociones y estados** vocabulary on page 79 and then do the following activity.

 B-14 **¿Qué pasa?** Digan qué adjetivo describe cada una de las siguientes situaciones. ∎

MODELO E1: Jorge y María reciben mil dólares.

E2: *Están contentos.*

1. Esperas y esperas pero tu amigo no llega. (¡Y no te llama por teléfono!)
2. Corres quince millas (*miles*).
3. Tus padres están en el hospital.
4. Tu novio/a está en Panamá y ¡no regresa!
5. El profesor de literatura lee sin parar durante una hora y quince minutos.
6. Ustedes sacan "A" en sus exámenes de español e informática.
7. Ustedes tienen un examen muy difícil hoy.

> **Fíjate**
> In **B-14** you see *sus exámenes de español e informática.* The word *y* changes to *e* when the *i* sound appears immediately after the *y,* as in the case of the word *informática.*

15. En la universidad. Review the **En la universidad** vocabulary on page 74 and do the following activity.

 B-15 **¡Lo sé!** Digan qué lugar asocian con las siguientes palabras y acciones. Después formen una oración completa. ∎

MODELO estudiar

E1: *Voy a la biblioteca para estudiar.*

E2: *Estudio en mi apartamento.*

1. jugar al fútbol
2. comprar libros
3. comer hamburguesas, pizza, café, etc.
4. jugar al básquetbol
5. hacer experimentos científicos
6. leer libros, estudiar, escribir composiciones, etc.

16. El verbo *gustar*. How do you say *to like* in Spanish? Review page 80 and then do the following activity.

B-23 to B-24

Workbooklet

 B-16 **Opiniones** Compara tu opinión sobre los siguientes temas (*topics*) con las de otros/as dos compañeros/as e informa después a la clase. ■

MODELO   E1: *Las materias que más me gustan son las ciencias y las matemáticas. La escritora que más me gusta es J.K. Rowling…*

E2: *Las materias que más le gustan a David son las ciencias y las matemáticas. La escritora que más le gusta es J.K. Rowling…*

	LAS MATERIAS...	LOS/AS ESCRITORES/AS...	LAS PELÍCULAS (*MOVIES*)...
	que más me gustan son:	que más me gustan son:	que más me gustan son:
YO	1.	1.	1.
ESTUDIANTE 1	2.	2	2
ESTUDIANTE 2	3.	3.	3.
	que menos me gustan son:	que menos me gustan son:	que menos me gustan son:
YO	1.	1.	1.
ESTUDIANTE 1	2	2	2
ESTUDIANTE 2	3.	3.	3.

17. Los deportes y los pasatiempos. Review the **Los deportes y los pasatiempos** vocabulary on pages 81–82 and then do the following activity.

B-25 to B-27

Workbooklet

 B-17 **Tus preferencias** Selecciona los **tres** deportes o pasatiempos **que más te gustan** y luego los **tres que menos te gustan**. Después de completar el cuadro, comparte la información con un/a compañero/a, según el modelo. ■

MODELO   *Los deportes o pasatiempos que más me gustan son patinar, bailar y leer. Los deportes o pasatiempos que menos me gustan son el fútbol, el fútbol americano y nadar.*

LOS DEPORTES Y PASATIEMPOS QUE MÁS ME GUSTAN	LOS DEPORTES Y PASATIEMPOS QUE MENOS ME GUSTAN
1.	1.
2.	2.
3.	3.

• Capítulo 3 •
Describing homes and household chores

18. La casa. Review the vocabulary about **La casa** on page 98 and do the following activities.

B-28 to B-30

 B-18 **Las actividades** Túrnense para decir en qué parte o partes de la casa hacen las siguientes actividades. ■

MODELO E1: estudiar

E2: *Estudio en la oficina, en el dormitorio y en la cocina.*

1. escuchar música y ver la televisión
2. organizar papeles
3. tomar una siesta
4. preparar tacos
5. tocar el piano
6. hablar por teléfono
7. tomar el sol
8. trabajar en la computadora

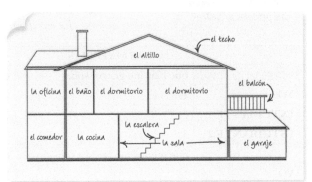

 B-19 **¿Y tu casa…?** Descríbele tu casa o apartamento, o una de las viviendas de las fotos, a un/a compañero/a. O si quieres, puedes describir tu casa ideal. Usa por lo menos **ocho** oraciones. ■

MODELO *Mi casa tiene dos pisos. Mi dormitorio está en la planta baja. No tenemos un altillo. Mi dormitorio está al lado del baño. La cocina es pequeña….*

19. Algunos verbos irregulares. Review the irregular verbs on pages 101–102 and then practice them with the following activities.

B-31 to B-32

 B-20 **Otras combinaciones** Túrnense para formar oraciones completas combinando elementos de las tres columnas. Formen una oración distinta con cada verbo de la columna B. ■

MODELO   *Nosotros hacemos la tarea todos los días.*

COLUMNA A	COLUMNA B	COLUMNA C
Uds.	(no) hacer	estudiar ciencias
el profesor	(no) oír	muchas películas
él, ella, Ud.	(no) querer	la tarea todos los días
nosotros/as	(no) salir	los libros a clase
ellos/ellas	(no) traer	temprano a la universidad
yo	(no) venir	los viernes
tú	(no) ver	tocar la guitarra
mamá y papá	(no) poder	ruidos (*noises*) por la noche

 B-21 **Entrevista** Túrnense para hacerse la siguiente entrevista. ■

MODELO   E1:   ¿Qué te dice tu mamá siempre?

                E1:   *Mi mamá me dice…*

1. ¿Qué deporte practicas?
2. ¿Cuándo haces ejercicio?
3. ¿Qué te dice tu mamá siempre?
4. ¿Qué traes a tus clases?
5. ¿Sales los fines de semana? ¿Con quién o quiénes sales?
6. ¿Qué quieres ser (o hacer) en el futuro?
7. ¿Conoces a una persona famosa?
8. ¿Qué pones en tu mochila los lunes? ¿Los martes?
9. ¿Qué días vienes a la clase de español?
10. ¿A qué hora sales para la clase?

Estrategia

Getting to know your classmates helps you build confidence. It is much easier to interact with someone you know.

B-33 to B-34

20. Hay. What does **hay** mean? Review page 119 if you need help. Then do the following activity.

Review page 119

 B-22 **¿Qué hay en tu casa?** Descríbele tu casa a un/a compañero/a y averigua (*find out*) cómo es la suya (*his/hers*) usando **hay.** ■

MODELO   E1: *En mi casa hay un garaje. ¿Hay un garaje en tu casa?*

E2: *Sí, en mi casa hay un garaje. / No, en mi casa no hay un garaje.*

E1: *Mi casa tiene dos pisos. ¿Cuántos pisos hay en tu casa?*

B-35 to B-36

21. Los muebles y otros objetos de la casa. Review the **Los muebles y otros objetos de la casa** vocabulary on page 106. Then do the following activity.

vocabulary on page 106

 B-23 **En mi casa** ¿Qué muebles y objetos tienes o no tienes en casa? Descríbeselos a un/a compañero/a. ■

MODELO   E1: *Yo tengo una cama y dos sillas en mi dormitorio. No tengo una televisión. ¿Qué tienes tú?*

E2: *Yo tengo un cuadro, una lámpara y una televisión.*

B-37 to B-38

22. Los quehaceres de la casa y los colores. Review the vocabulary dealing with **Los quehaceres de la casa** and **Los colores** on pages 109 and 111. Then, do the following activities.

Workbooklet

B-24 **Responsabilidades** ¿Cuáles son tus responsabilidades? Túrnense para contestar las siguientes preguntas y explicar cuándo hacen estos quehaceres y cuánto tiempo dedican a hacerlos. ■

Estrategia

Group the rooms of the house with the verbs associated with each room. For example, match *comer* and *el comedor*, *bañarse* and *el baño*, *dormir* and *el dormitorio*, *cocinar* and *la cocina*.

MODELO E1: mi dormitorio

E2: *Tengo que limpiar mi dormitorio los lunes. Necesito dos horas porque está muy sucio.*

1. mi dormitorio
2. el baño
3. la cocina
4. la sala
5. el garaje
6. el comedor

¿Cuándo? ¿Cuánto tiempo?

dormitorio
baño
cocina
sala
garaje
comedor

¿QUÉ TIENES QUE HACER?	¿CUÁNDO?	¿CUÁNTO TIEMPO?
limpiar mi dormitorio	los lunes	dos horas

B-25 **La casa ideal** ¿Cómo es tu casa ideal? ¿Y los colores? Descríbele tu casa ideal a un/a compañero/a en por lo menos **ocho** oraciones. ■

MODELO *Quiero una casa con una cocina amarilla…*

 23. Algunas expresiones con *tener*. Review the **tener** expressions on page 113 and then do the following activities.

B-39

 B-26 **¿Qué tengo yo?** Túrnense para expresar cómo se sienten (*you feel*) en las siguientes situaciones. Usen las expresiones con **tener**. ■

MODELO E1: antes de comer

E2: *Antes de comer tengo hambre.*

1. los lunes
2. los sábados
3. tarde en la noche
4. temprano en la mañana
5. antes de tener un examen
6. cuando ves una película de terror
7. en el verano
8. en el invierno
9. durante (*during*) la semana de los exámenes finales
10. cuando sacas "A" en un examen

 B-27 **Datos personales** Túrnense para hacerse esta entrevista. ■

1. ¿Cuántos años tienes?
2. ¿Cuándo tienes hambre?
3. ¿Qué tienes que hacer hoy?
4. ¿Qué tienes ganas de hacer?
5. ¿En qué clase tienes sueño?
6. ¿En qué clase tienes mucha suerte?
7. ¿Siempre tienes razón?
8. ¿Cuándo tienes sueño?
9. Cuando tienes sed, ¿qué tomas?

24. Los números 1.000–100.000.000. Review the numbers on page 116 and then do the following activity.

B-40 to B-41

B-28 **¿Cuál es su población?** Túrnense para leer las poblaciones de las siguientes capitales del mundo hispano en voz alta. ■

1. Buenos Aires, Argentina   12.988.000
2. La Paz, Bolivia   1.642.000
3. Bogotá, Colombia   8.268.000
4. La Habana, Cuba   2.141.000
5. San José, Costa Rica   1.416.000
6. México, D.F., México   19.319.000

CIA World Fact Book

• Capítulo 4 •

Identifying places in and around town
Relating things that happen and things that have to be done
Conveying what will take place in the future
Imparting information about service opportunities

25. Los lugares. Review the **Los lugares** vocabulary on page 134 and then do the following activity.

B-42

B-29 **¿Dónde está?** Tus amigos y tú están muy ocupados. Túrnate con un/a compañero/a para decir dónde están. ■

MODELO   E1: Mi amigo quiere mandar una carta.
                  E2: *Está en la oficina de correos.*

1. Marta quiere leer y necesita comprar un libro.
2. Dos de mis amigos necesitan dinero.
3. Julio tiene hambre y quiere comer algo (*something*).
4. Queremos ver una exposición de arte.
5. Ustedes quieren ver una película.
6. Jorge tiene sed y quiere tomar algo.
7. Vamos a jugar al golf.
8. Tienen que ir a una boda (*wedding*).

B-43 to B-44

26. *Saber* y *conocer* **and the personal *a*.** Make a list of when you use **saber** and when you use **conocer.** You can review the uses on page 137. Then do the following activity.

 B-30 **¿Lo sabes o lo conoces?** Completa cada una de las siguientes preguntas usando **sabes** o **conoces.** Después, túrnate con un/a compañero/a para hacerse y contestar las siguientes preguntas. ■

MODELO   E1:   *¿Conoces Buenos Aires?*

E2:   *Sí, conozco Buenos Aires. / No, no conozco Buenos Aires.*

1. ¿_____ un buen lugar para comprar un teléfono celular?
2. ¿_____ preparar tortillas?
3. ¿_____ cuál es el mejor café de esta ciudad?
4. ¿_____ San José, Costa Rica?
5. ¿_____ jugar al golf?
6. ¿_____ dónde están tus amigos ahora?
7. ¿_____ al presidente de los Estados Unidos?
8. ¿_____ el mejor restaurante chino de nuestra ciudad?
9. ¿_____ usar una computadora?
10. ¿_____ las películas de Will Smith?

> **Fíjate**
>
> For more information about the personal **a**, consult *Capítulo 5*, page 190.

B-45

27. ¿Qué tienen que hacer? What does **tener que + infinitivo** mean? Review page 140 if you have any questions before doing this activity.

 B-31 **Entrevistas** ¿Hacen tus compañeros/as cosas similares? ■

Paso 1   Usando las siguientes preguntas, entrevista a tres compañeros/as.

1. ¿Cuáles son las cosas que haces para prepararte (*prepare yourself*) bien para tus clases?
2. Generalmente, ¿qué tienes que hacer después de terminar con tus clases?

Paso 2   Comparte la información con otros compañeros/as de la clase. ¿Qué tienen ustedes en común?

MODELO   *Para prepararse bien para las clases, Jack y Sally tienen que estudiar cinco horas cada día. Sally tiene que ir a la biblioteca. Jack tiene que organizar sus apuntes. Después de terminar nuestras clases, nosotros tenemos que limpiar nuestros apartamentos…*

28. Los verbos con cambio de raíz. Review the stem-changing verbs on page 142 and then practice with the following activities.

B-46 to B-47

  B-32 **¿Quién es?** Digan a qué personas conocen que hacen las siguientes actividades. ∎

MODELO   siempre perder la tarea

E1: *Mi novia Carmen siempre pierde la tarea.*

E2: *Mis primos siempre pierden la tarea.*

1. almorzar en Burger King a menudo
2. siempre entender al / a la profesor a de español
3. jugar al fútbol muy bien
4. preferir dormir hasta el mediodía
5. volver a casa tarde a menudo
6. nunca tener dinero y siempre tener que pedirlo
7. nunca encontrar sus cosas
8. querer visitar Centroamérica
9. pensar que Santa Claus existe
10. nunca mentir

  B-33 **Un poco de mi vida** Escucha mientras tu compañero/a contesta las siguientes preguntas. Luego, repite la información a tu compañero/a. ¿Escuchaste bien? ¿Cuánta información puedes recordar? ∎

1. ¿Qué clases tienes este semestre?
2. ¿A qué hora empieza tu clase preferida?
3. ¿Qué prefieres hacer si tienes tiempo entre (*between*) las clases?
4. ¿A qué hora vuelves a tu residencia / apartamento / casa?
5. ¿Qué coche tienes (o quieres tener)?
6. ¿Cuánto cuesta un coche nuevo?
7. ¿Cómo vienes a la universidad? (Por ejemplo, ¿vienes en coche?)
8. ¿Dónde prefieres vivir, en una residencia estudiantil, en un apartamento o en una casa?
9. ¿Dónde quieres vivir después de graduarte?
10. ¿Qué deporte prefieres?

Estrategia

Being an "active listener" is an important skill in any language. *Active listening* means that you have heard and understood what someone is saying. Being able to repeat what someone says helps you practice and perfect the skill of active listening.

B-48 to B-50

29. El verbo *ir* e *ir* **+ a +** *infinitivo.* What are the present tense forms of **ir?** How do you express the future with **ir?** Consult pages 146 and 147 if you need to do so and then do the following activities.

 B-34 **¡Vámonos!** Completa las oraciones según el modelo. Después túrnate con un/a compañero/a para decir adónde van sus parientes (*relatives*) y sus amigos en las siguientes situaciones. ■

Estrategia

When you write sentences that require more than one verb, as in **B-34,** make sure that your verbs match your subject throughout the sentence.

MODELO E1: Cuando tengo que estudiar…

 E2: *Cuando tengo que estudiar voy a la biblioteca.*

1. Cuando quiere comer, mi compañero de cuarto…
2. Cuando queremos hacer ejercicio, nosotros…
3. Cuando tienes ganas de bailar, tú…
4. Para almorzar muy bien, mis amigos…
5. En la primavera me gusta…
6. Cuando mi hermana quiere comprar música, ella…
7. Para ver una película, tú…
8. Cuando llueve, yo…
9. Cuando hace frío, mis padres…
10. En el verano prefiero…

 B-35 **Nuestra agenda** ¿Qué van a hacer la semana que viene? Termina las siguientes oraciones con planes diferentes. Compara tus respuestas con las de un/a compañero/a. ■

lunes _____

martes _____

miércoles _____

jueves _____

viernes _____

sábado _____

domingo _____

MODELO E1: El lunes, yo…

 E2: *El lunes voy a devolver unos libros a la biblioteca.*

1. El lunes, yo…
2. El martes, la profesora…
3. El miércoles, mis amigos…
4. El jueves, tú y yo…
5. El viernes, mis primos…
6. El sábado, tú…
7. El domingo, mi madre…

B-36 **Qué será, será...** ¿Qué tiene el futuro para ti, tus amigos y tu familia? Hagan **cinco** predicciones de lo que va a ocurrir en el futuro y compartan sus respuestas. ■

MODELO   *Mi primo va a ir a la Universidad Autónoma el año que viene. Nosotros vamos a estudiar mucho para sacar buenas notas. Mis padres van a trabajar en Baltimore...*

 30. Servicios a la comunidad Review the vocabulary **Servicios a la comunidad** on page 149 and then do the following activity.

B-51

 B-37 **Definiciones** Túrnense para leer las siguientes definiciones y decir a qué palabra o expresión corresponde cada una. ■

MODELO   E1:   personas que tienen muchos años

          E2:   *Las personas que tienen muchos años son los mayores.*

1. servir a las personas sin (*without*) recibir dinero a cambio (*in exchange*)
2. un lugar donde viven las personas mayores
3. acompañar a una persona a una cita (*appointment*) con el médico
4. dar un documento a las personas para obtener firmas
5. trabajar para un candidato político sin recibir dinero a cambio (*in exchange*)
6. una persona que trabaja con los niños en un campamento
7. salir en un barco (*boat*) para una o dos personas
8. disfrutar de (*enjoy*) un tipo de arte
9. "construir" una estructura portátil (no permanente) que se usa para dormir fuera de casa
10. un lugar adonde van los niños, generalmente en el verano, para hacer muchas actividades diferentes

31. Las expresiones afirmativas y negativas. Review the affirmative and negative expressions on page 151 and then do the following activity.

B-52

  B-38 El/La profesor/a ideal Túrnense para decir si las siguientes características son ciertas o falsas en un profesor ideal. Usen las expresiones afirmativas y negativas en la página 151 para apoyar (*support*) sus opiniones. ■

MODELO   Un/a profesor/a ideal… siempre da buenas notas.

    E1: *A veces un profesor ideal da buenas notas.*

    E2: *No, el profesor ideal no siempre da buenas notas. A veces tiene que dar malas notas.*

Un/a profesor/a ideal…

1. nunca falta (*misses*) a clase.
2. prepara algo interesante para cada clase.
3. siempre prefiere leer sus apuntes.
4. piensa que sabe más que nadie.
5. a veces organiza a sus estudiantes en grupos para discutir (*discuss*) ideas.
6. a veces llega a clase cinco minutos tarde.
7. jamás manda (da) tarea para la clase.
8. no pierde nada —por ejemplo la tarea, los exámenes, las composiciones, etc.
9. no habla con nadie después de la clase.
10. siempre está contento/a con su trabajo.

32. Un repaso de *ser* **y** *estar*. When do you use **ser** and **estar?** Write the reasons on a sheet of paper, and then check your list against the one on pages 154–155. Next, do the following activities.

B-53

  B-39 ¿Qué tal? Adriana le escribe un email a su familia. Llenen los espacios en blanco con las formas correctas de **ser** y **estar** para conocerla mejor. ■

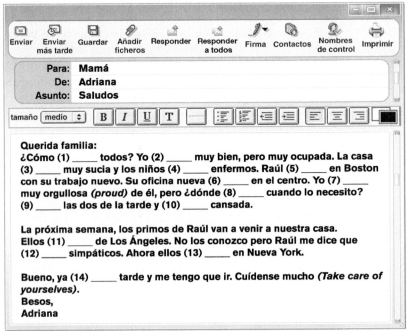

Enviar   Enviar más tarde   Guardar   Añadir ficheros   Responder   Responder a todos   Firma   Contactos   Nombres de control   Imprimir

Para: **Mamá**
De: **Adriana**
Asunto: **Saludos**

tamaño [medio] B I U T

Querida familia:
¿Cómo (1) _____ todos? Yo (2) _____ muy bien, pero muy ocupada. La casa (3) _____ muy sucia y los niños (4) _____ enfermos. Raúl (5) _____ en Boston con su trabajo nuevo. Su oficina nueva (6) _____ en el centro. Yo (7) _____ muy orgullosa (*proud*) de él, pero ¿dónde (8) _____ cuando lo necesito? (9) _____ las dos de la tarde y (10) _____ cansada.

La próxima semana, los primos de Raúl van a venir a nuestra casa. Ellos (11) _____ de Los Ángeles. No los conozco pero Raúl me dice que (12) _____ simpáticos. Ahora ellos (13) _____ en Nueva York.

Bueno, ya (14) _____ tarde y me tengo que ir. Cuídense mucho (*Take care of yourselves*).
Besos,
Adriana

B-40 **Así es** Ahora expliquen por qué usaron (*you used*) **ser o estar** en cada parte de **B-39**. ■

MODELO   están: *physical condition*

 B-41 **A conocernos mejor** Túrnense para hacerse y contestar las siguientes preguntas. ■

1. ¿De dónde eres?
2. ¿A qué hora son tus clases?
3. ¿Cómo es tu casa?
4. ¿Dónde está tu casa?
5. ¿Cómo es tu dormitorio?
6. ¿Dónde está tu dormitorio?

7. ¿De qué color es tu casa?
8. ¿Cuál es tu color favorito?
9. ¿Cómo es tu novio/a (esposo/a, amigo/a)?
10. ¿Dónde está él/ella ahora (*now*)?
11. ¿Cómo eres?
12. ¿Cómo estás hoy?

• Capítulo 5 •
Sharing information about different types of music, movies, and television programs, including your personal preferences

B-54 to B-55

33. El mundo de la música. Review the **El mundo de la música** vocabulary on page 172 and then do the following activities.

 B-42 **¿Qué quiere decir?** Lee las siguientes descripciones. Después, túrnate con un/a compañero/a para decir a qué palabra o expresión se refieren. ■

MODELO   E1:   dar conciertos en varias ciudades
         E2:   *Dar conciertos en varias ciudades es "hacer una gira".*

1. ser muy popular y conocido entre muchas personas
2. las palabras que cantas en una canción
3. la música de Mozart y Beethoven, por ejemplo
4. una persona que canta
5. lo que usas para cantar y hablar
6. un instrumento de percusión
7. sinónimo de grupo
8. hacer sonido bonito con un instrumento
9. cuando haces algo muy bien, dicen que tienes mucha _____
10. la música de Jay-Z y Eminem, por ejemplo

B-43 **La música** Túrnense para hacerse esta entrevista. ■

1. ¿Cuál es tu grupo favorito?
2. ¿Cuál es tu cantante favorito/a?
3. ¿Cuál es tu instrumento favorito?
4. ¿Cuál es tu tipo de música favorito?
5. ¿Cuál es tu canción favorita?
6. ¿Sabes tocar un instrumento? ¿Cuál?
7. ¿Te gusta cantar? ¿Cuándo y dónde cantas?
8. ¿En qué tienes mucha habilidad o talento?

B-56
34. Los adjetivos y pronombres demostrativos. How do you say *this, that, these,* and *those* in Spanish? Review the demonstrative adjectives and pronouns on pages 175 and 177 and then do the following activities.

 B-44 **Comparando cosas** Tu mejor amigo/a te propone una cosa pero tú siempre prefieres otra. Túrnense para responder a sus comentarios usando una forma de **este, ese** o **aquel.** ■

MODELO TU MEJOR AMIGO/A: ¿Quieres ir a este cine?

TÚ: *No, no quiero ir a este. Quiero ir a aquel.*

1. ¿Vamos a ir a ese teatro?
2. ¿Tus hermanos tocan en aquel grupo?
3. ¿Quieres escuchar este CD?
3. ¿Piensan ustedes arreglar este cuarto para (*for*) la fiesta?
5. ¿Vas a comprar aquellas entradas?
6. ¿Entiendes la letra de esta canción?

B-45 **En la universidad** Túrnense para hablar de lo que les gusta o no les gusta usando formas de **este, ese** y **aquel.** Hagan por lo menos **cinco** oraciones positivas y **cinco** oraciones negativas. ■

MODELO *Me gusta esta clase. Nuestro profesor de español es interesante, pero aquel profesor de sociología es un poco aburrido. Este libro es bueno, pero ese libro de matemáticas es difícil…*

B-57

35. Los adverbios. In Spanish, how do most adverbs end? How are they formed? Check page 179 to verify your answers. Then do the following activity.

B-46 **¿Qué ocurre en el concierto?** Vas a un concierto de varios conjuntos en el estadio de tu universidad. Para saber qué pasa, completa estas oraciones con los adverbios apropiados. Comparte tus respuestas con un/a compañero/a. ▪

MODELO   E1:   Vamos al concierto (rápido, cuidadoso).

           E2:   *Vamos al concierto rápidamente.*

1. La gente espera a los conjuntos (paciente, lento).
2. El primer conjunto toca (triste, feliz).
3. Un grupo llega tarde y entra al estadio (seguro, nervioso).
4. Los otros músicos escuchan (cansado, atento).
5. El conjunto toca una canción romántica y la gente empieza a bailar (lento, rápido).
6. Terminan el concierto (inmediato, final).

B-58

36. El presente progresivo. How do you form the present progressive in Spanish (*I am* _____*ing, We are* _____*ing*, etc.)? Check your answer on page 180 and then do the following activity.

B-47 **¿Qué están haciendo?** Túrnense para decir qué están haciendo las siguientes personas. ▪

MODELO   E1:   Son las siete y media de la mañana y mi papá está en su terraza.

           E2:   *Está tomando café.*

1. A mi hermano le gusta hacer ejercicio para comenzar su día.
2. A mi prima le gusta la música folklórica y está en una tienda.
3. Mis abuelos van a tener una fiesta esta noche y no tienen comida en casa.
4. Nuestro/a profesor/a está en la computadora y resulta que tiene muchos mensajes de sus estudiantes.
5. Nuestros amigos quieren comer algo ligero (*light*) antes de ir a la fiesta.
6. Estamos con nuestros amigos en la fiesta y un grupo está tocando.

37. El mundo del cine. Review the **El mundo del cine** vocabulary on page 184 and practice it with the following activity.

B-59

 B-48 **En mi opinión** Termina las siguientes oraciones sobre las películas que tú has visto (*have seen*). Pueden ser películas viejas o nuevas, buenas o malas. Comparte tus respuestas con un/a compañero/a. ■

MODELO   E1: La mejor película de terror…

   E2: *La mejor película de terror es* Psycho.

1. La mejor película cómica…
2. Una película épica pésima…
3. La película de misterio que menos me gusta…
4. Mi actor/actriz favorito/a de las películas de acción…
5. La película animada más creativa…
6. La película más conmovedora…

38. Los números ordinales. How do you say *first, second, third,* etc. in Spanish? Check your answers on page 187 and then do the following activity.

B-60

 B-49 **Orden de preferencia** Asigna un orden de preferencia a las actividades de la lista: de la más importante (primero) a la menos importante (octavo). Luego compara tu lista con la de un/a compañero/a usando oraciones completas. ■

MODELO   *Primero, me gusta ver una película de mi actor favorito Johnny Depp. Segundo, me gusta visitar a mis parientes…*

1. ir a un concierto de un grupo fabuloso   _____
2. visitar a tus parientes   _____
3. ver una película de tu actor/actriz favorito/a   _____
4. leer una novela buena   _____
5. ir a un partido de fútbol americano   _____
6. estudiar para un examen   _____
7. viajar a Guatemala   _____
8. conocer a los presidentes de los Estados Unidos   _____

39. *Hay que + infinitivo.* What does **hay que** + **infinitivo** mean? Check your answer on page 188 and then do the following activity.

 B-50 **¿Obligaciones?** Digan qué hay que hacer o cómo hay que ser para tener las siguientes profesiones. ■

MODELO un pintor

E1: *Hay que pintar mucho.*

E2: *Hay que ser muy creativo.*

1. novelista
2. cantante
3. músico/a
4. actriz
5. director/a de cine
6. político/a

40. Los pronombres de complemento directo. What is a *direct object*? What is a *direct object pronoun*? What are the direct object pronouns in Spanish? Where do you place direct object pronouns? Review pages 189–190 and then practice with the following activities.

 B-51 **¿Estás listo/a?** ¡Qué suerte! Vas al concierto del año en un anfiteatro. Revisa la lista de preparativos con un/a compañero/a usando **lo, la, los** o **las.** ■

MODELO E1: ¿Tienes que comprar *las entradas* del concierto?

E2: *Sí, las tengo que comprar hoy. / Tengo que comprarlas hoy.*

1. ¿Vamos a preparar *una comida* (meal)?
2. ¿Llevamos *las bebidas* (beverages)?
3. ¿Vamos a invitar *a nuestros amigos*?
4. ¿Escuchan ellos *los CD del grupo*?
5. ¿Tengo que leer *la reseña* (review)?
6. ¿Vas a llevar *la cámara*?

B-52 **¿Hay deberes?** Siempre hay cosas que hacer. Usen **lo, la, los** y **las** para hablar de sus deberes. ■

MODELO   ¿lavar los pisos todos los días?

E1: *Sí, tengo que lavarlos todos los días. /*
      Sí, los tengo que lavar todos los días.

E2: *No, nunca los lavo. / No, los lavo los fines de semana.*

1. ¿sacudir los muebles?
2. ¿poner la mesa por la tarde?
3. ¿limpiar la cocina los sábados?
4. ¿preparar la comida todos los días?

5. ¿lavar los platos cada (*each*) día?
6. ¿hacer las camas por la mañana?
7. ¿guardar tus cosas?
8. ¿arreglar tu cuarto?

• Ambiciones siniestras •

Depicting what has happened thus far to the protagonists:
Alejandra, Manolo, Cisco, Eduardo, Marisol, and Lupe
Hypothesizing about what you think will happen in future episodes

B-63

41. Ambiciones siniestras. Read and then view the synopsis of the first five text and video episodes of **Ambiciones siniestras.** Then do the following activities.

B-53 **¿Qué pasó?** Escribe un resumen de lo que ha pasado (*has happened*) en **Ambiciones siniestras.** Puedes describir a cada personaje o puedes escribir una síntesis de cada capítulo. ■

Episodio 6

B-54 **¿Qué va a ocurrir?** Escribe un párrafo sobre lo que tú piensas que va a ocurrir en los próximos episodios de **Ambiciones siniestras.** ∎

Estrategia

The *¿Cómo andas?* and *Y por fin, ¿cómo andas?* sections are designed to help you assess your understanding of specific concepts. In *Capítulo Preliminar B,* there is one opportunity for you to reflect on how well you understand the concepts. Beginning with *Capítulo 7* there will be three opportunities in each chapter for you to stop and reflect on what you have learned. These checks help you become accountable for your own learning, and help you determine what you need to review. Also use the checklist as a way to communicate with your instructor about any concepts you still need to review. Additionally, you might also use your checklist as a way to study with a peer group or peer tutor. If you need to review a particular concept, more practice is available on MySpanishLab.

Y por fin, ¿cómo andas?

	Feel confident	Need to review
Having completed this chapter, I now can . . .		
Comunicación		
• greet, say good-bye, and introduce others	☐	☐
• describe myself and others	☐	☐
• share information about school and life as a student	☐	☐
• offer opinions about sports and pastimes that I and others like and dislike	☐	☐
• describe homes and household chores	☐	☐
• identify places in and around town	☐	☐
• relate things that happen and things that have to be done	☐	☐
• convey what will take place in the future	☐	☐
• impart information about service opportunities	☐	☐
• share information about different types of movies, music, and television programs, including my own personal preferences	☐	☐
Ambiciones siniestras		
• depict what has happened thus far to the protagonists: Alejandra, Manolo, Cisco, Eduardo, Marisol, and Lupe	☐	☐
• hypothesize about what I think will happen in future episodes	☐	☐
Comunidades		
• use Spanish in real-life contexts (SAM)	☐	☐

7

¡A comer!

Comer bien es un gran placer (*pleasure*). Dentro del mundo hispanohablante hay una tremenda variedad de comidas (*foods*) y la comida tiene una función social muy importante.

PREGUNTAS

1 ¿Cuáles son tus platos (*dishes*) favoritos?

2 ¿Hay alguna comida típica de la región donde vives tú? ¿Cuáles son algunas comidas típicas de los Estados Unidos?

3 ¿Qué platos de otras culturas te gustan? ¿Qué platos hispanos te gustan?

Comunicación I

La comida Discussing food

07-01 to 07-07

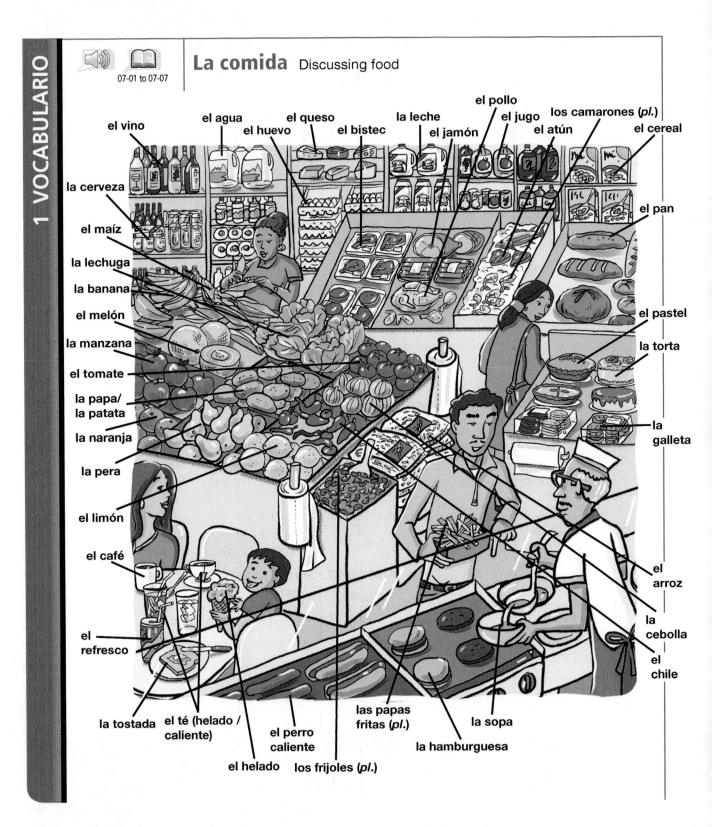

el vino
el agua
el huevo
el queso
el bistec
la leche
el jamón
el pollo
el jugo
el atún
los camarones (pl.)
el cereal
la cerveza
el maíz
la lechuga
la banana
el melón
la manzana
el tomate
la papa/ la patata
la naranja
la pera
el limón
el café
el refresco
la tostada
el té (helado / caliente)
el perro caliente
el helado
los frijoles (pl.)
las papas fritas (pl.)
la hamburguesa
la sopa
el pan
el pastel
la torta
la galleta
el arroz
la cebolla
el chile

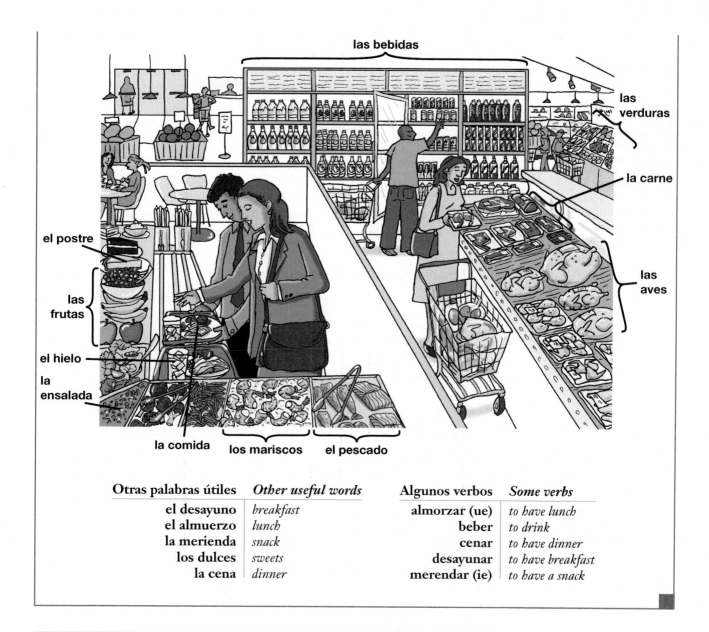

las bebidas

las verduras

la carne

las aves

el postre

las frutas

el hielo

la ensalada

la comida   los mariscos   el pescado

Otras palabras útiles	*Other useful words*		Algunos verbos	*Some verbs*
el desayuno	*breakfast*		almorzar (ue)	*to have lunch*
el almuerzo	*lunch*		beber	*to drink*
la merienda	*snack*		cenar	*to have dinner*
los dulces	*sweets*		desayunar	*to have breakfast*
la cena	*dinner*		merendar (ie)	*to have a snack*

PRONUNCIACIÓN

The different pronunciations of *r* and *rr*

07-08 to 07-11

Go to MySpanishLab / Student Activities Manual to learn about the letters *r* and *rr*.

7-1 Concurso

Escoge **cinco** letras diferentes. Bajo cada letra escribe todas las palabras del vocabulario de **La comida** que recuerdes. Después, compara tu lista con la de un/a compañero/a. ■

MODELO

a	d	p
arroz	desayuno	papas fritas
agua	dulce	

7-2 ¡Ay, las calorías!

Túrnense para decir a qué comida corresponden las siguentes descripciones. Usen el cuadro de los valores nutritivos. ■

CUADRO DE LOS VALORES NUTRITIVOS

Comida	Calorías	Proteínas (gramos)	Grasas (gramos)	Carbohidratos (gramos)	Vitaminas
bistec	455	27	36	0	A, B
hamburguesa con queso	950	50	60	54	B
jugo de naranja	100	1	0	16	A, B, C
naranja	50	1	0	16	A, B, C
pan	150	6	2	38	B
papa	100	3	0	23	B, C
perro caliente	200	5	14	1	B, C
salmón	200	24	10	0	A, B
torta	455	4	13	76	A, B, C
lechuga	10	1	0	2	A, B, C

Capítulo Preliminar A. Los números 0–30, pág. 16; Capítulo 1. Los números 31–100, pág. 47; Capítulo 2. Los números 100–1.000, pág. 72.

Estrategia

¡Anda! Curso elemental has provided you with recycling references to help guide your continuous review of previously learned material. Make sure to consult the indicated pages if you need to refresh your memory about numbers.

MODELO   E1: *Esta comida tiene mucha agua, es verde y tiene diez calorías.*

E2: *Es la lechuga.*

Esta comida tiene...

1. 60 gramos (*grams*) de grasas, 50 gramos de proteínas y 950 calorías.
2. muchas proteínas, es un pescado y tiene 200 calorías.
3. vitamina C, es una verdura y tiene 100 calorías.
4. muchos carbohidratos y 150 calorías.
5. 27 gramos de proteínas, es una carne y tiene 455 calorías.
6. 50 calorías y es una fruta.
7. 16 gramos de carbohidratos y es una bebida.
8. las vitaminas B y C, sólo un gramo de carbohidratos y 14 gramos de grasa.

Capítulo 2. El verbo *gustar*. pág. 80.

Workbooklet

7-3 **¿Cuáles son tus preferencias?** ¿Qué comidas te gustan? ∎

Paso 1 Completa el cuadro según tus preferencias.

Estrategia

You may want to talk about foods that are not included here. Refer to the *También se dice…* section in Appendix 3 for additional vocabulary.

1. Las carnes, las aves, el pescado y los mariscos que…	
a. más me gustan son…	b. menos me gustan son…
1.	1.
2.	2.

2. Las frutas y verduras que…	
a. más me gustan son…	b. menos me gustan son…
1.	1.
2.	2.

Paso 2 Ahora, compara tus preferencias con las de los compañeros de la clase: ¿Cuáles son sus comidas favoritas? ¿Qué comidas les gustan menos?

MODELO E1: *¿Cuál es tu carne favorita?*

E2: *No me gusta la carne, pero me gusta mucho el pollo. ¿Y a ti?*

Capítulo Preliminar A. La hora, pág. 18; Capítulo Preliminar A. Los días, los meses y las estaciones, pág. 20.

Workbooklet

7-4 **La dieta de Nico** Nico es un estudiante universitario de Santiago de Chile. Mira lo que (*what*) come normalmente y cuándo lo come. Después completa los siguientes pasos. ∎

LA DIETA DE NICO

	DESAYUNO	ALMUERZO	MERIENDA	CENA
	8:30	12:00	5:30	8:00
DÍA 1:	té con galletas	ensalada, arroz con pollo y uvas	manzana	atún con una ensalada de lechuga con tomate y fruta
DÍA 2:	té y pan con mantequilla	sopa, tortilla de papas y flan	galletas	pan con mermelada

Fíjate

The word *galleta* means both *cookie* and *cracker*.

Fíjate

While *patata* is used in Spain, *papa* is widely used in Latin America.

Paso 1 Ahora completa el cuadro con tu información.

TU DIETA

	DESAYUNO	ALMUERZO	MERIENDA	CENA
DÍA 1:				
DÍA 2:				

Paso 2 Con un/a compañero/a, comparen su información con la de Nico.

MODELO E1: *Yo nunca tomo té en el desayuno. Generalmente desayuno más temprano que Nico. ¿Y tú?*

E2: *Yo desayuno a las siete y media y generalmente como huevos y tostadas.*

Vocabulario útil

más temprano que	*earlier than*
más tarde que	*later than*

Paso 3 Miren la pirámide de alimentación para determinar si todos los grupos están representados en sus dietas.

MODELO E1: *Comemos pan en el desayuno y a veces en la cena.*

E2: *Comemos papas y ensaladas de lechuga y tomate, pero no comemos muchas otras verduras.*

E1: *Tienes razón, pero comemos mucha fruta…*

Mi pirámide
PASOS HACIA UNA SALUD MEJOR

AGUA

DIARIAMENTE

Haga ejercicio casi todos los días 30 minutos

Recomendación diaria para cada grupo de alimentos.

ACEITE GRASAS AZÚCAR OCASIONALMENTE

GRANOS	VERDURAS	FRUTAS	PRODUCTOS LÁCTEOS	CARNES Y FRIJOLES
7 onzas	3 tazas	2 tazas	3 tazas	6 onzas
Consuma la mitad en granos integrales Trate de consumir por lo menos **3 onzas y media** de granos integrales cada día	**Varíe las verduras** Intente alcanzar estas cantidades cada semana: **Verduras verdes -** 3 tazas **Verduras con almidón -** 6 tazas **Otras verduras -** 7 tazas	**Enfóquese en las frutas** Coma frutas variadas No tome mucha cantidad de jugo de frutas	**Coma alimentos ricos en calcio** Al escoger leche, yogur o queso, opte por productos bajos en contenido graso	**Escoja proteínas bajas en grasas** Escoja carnes y aves de bajo contenido graso o magras Varíe su rutina de proteínas; coma más pescado, frijoles, guisantes, nueces y semillas

Encuentre un equilibrio entre la alimentación y la actividad física

Manténgase físicamente activo por lo menos durante 30 minutos la mayoría de los días de la semana

Conozca los límites de las grasas, los azúcares y el sodio

Su dosis de aceites es **6 cucharaditas por día**

Limite las grasas sólidas y azúcares - **a 290 calorías por día**

7-5 **¿Qué comes tú?** Entrevista a un/a compañero/a usando las siguientes preguntas. ■

1. ¿Comes bien o mal? Explica.
2. ¿Qué tipo de comida prefieres?
3. ¿Qué te gusta merendar?
4. ¿Qué comidas tienen vitamina C y calcio?
5. ¿Qué comidas tienen mucha proteína?
6. ¿Qué comidas no te gustan?

NOTA CULTURAL

Las comidas en el mundo hispano

07-12

La palabra "comida" significa varias cosas en español: *food, meal* y *lunch* (the main meal of the day). Las comidas en los países hispanoamericanos son similares a las comidas norteamericanas pero también existen algunas diferencias. Por ejemplo, el desayuno en el mundo hispano normalmente consiste en café y pan o panes dulces. Generalmente es una comida ligera (*light*).

El almuerzo es normalmente la comida más grande y más fuerte del día. En lugares con una cultura más tradicional, el almuerzo puede empezar a eso de (*around*) las dos de la tarde. Los niños regresan de la escuela y el papá (y la mamá si trabaja fuera [*outside*] de la casa) comen juntos en casa. Entonces, hay tiempo para descansar (*to rest*) antes de volver al trabajo y a la escuela. En los países y las zonas con más industria y comercio puede haber un horario de almuerzo similar al horario de los Estados Unidos.

La cena generalmente es una comida más ligera. La gente en los países hispanohablantes cena más tarde que la mayoría de los norteamericanos. En España, por ejemplo, ¡muchas personas no cenan hasta las diez o las once de la noche!

Preguntas

1. ¿Cómo es un desayuno típico en el mundo hispano? ¿un almuerzo? ¿una cena?
2. Generalmente, ¿cuál es el horario de las comidas en los países hispanos?

---

2 GRAMÁTICA

 ¡Hola!
07-13 to 07-17   Spanish/English Tutorials

Repaso del complemento directo
Communicating with less repetition

¿Postre? Tenemos…

¡Los quiero todos!

In **Capítulo 5** you learned to use **direct object pronouns** in Spanish. Return to pages 189–190 for a quick review, then answer the following questions:

¡Explícalo tú!

1. What are **direct objects**? What are **direct object pronouns**?
2. What are the pronouns (forms)? With what must they agree?
3. Where are direct object pronouns placed in a sentence?

✓ Check your answers to the preceding questions in Appendix 1.

7-6 **Las dietas** ¿Piensas mucho en lo que comes? ■

Paso 1 Subraya (*Underline*) los complementos directos en las siguientes preguntas. Compara tus respuestas con las de un/a compañero/a.

MODELO *¿Conoces la dieta Weight Watchers?*

1. ¿Sigues la dieta Nutrisystem?
2. ¿Prefieres los postres de chocolate?
3. ¿Sabes preparar bien el arroz?
4. ¿Comes muchas frutas diferentes?
5. ¿Preparas los huevos con queso?
6. ¿Lavas la lechuga bien antes de comerla?

Paso 2 Ahora contesten juntos las preguntas de Paso 1, usando los pronombres de complemento directo en sus respuestas.

MODELO E1: ¿Conoces la dieta Weight Watchers?

E2: *Sí, la conozco. / No, no la conozco.*

 7-7 **Las buenas decisiones** Túrnense para expresar cómo les gusta tomar las siguientes comidas y bebidas y con qué frecuencia las toman. ■

| nunca | algunas veces | generalmente | constantemente | siempre |

MODELO E1: *la torta*

E2: *La como con helado. La como algunas veces. /
No la como nunca.*

1.

2.

3.

4.

5.

6.

07-18 to 07-22 ¡Hola! Spanish/ English Tutorials

El pretérito (Parte I)
Describing things that happened in the past

Up to this point, you have been expressing ideas or actions that take place in the present and future. To talk about something you did or something that occurred in the past, you can use the **pretérito** (*preterit*). Below are the endings for regular verbs in the **pretérito.**

¿Dónde compraste el helado?

en Big Scoop.

Los verbos regulares

Note the endings for regular verbs in the **pretérito** below and answer the questions that follow.

	-ar: comprar	-er: comer	-ir: vivir
yo	compré	comí	viví
tú	compraste	comiste	viviste
Ud.	compró	comió	vivió
él/ella	compró	comió	vivió
nosotros/as	compramos	comimos	vivimos
vosotros/as	comprasteis	comisteis	vivisteis
Uds.	compraron	comieron	vivieron
ellos/as	compraron	comieron	vivieron

¡Explícalo tú!
1. What do you notice about the endings for **-er** and **-ir** verbs?
2. Where are accent marks needed?

 Check your answers to the preceding questions in Appendix 1.

—¿Dónde está el vino que **compré** ayer?
—Mis primos **bebieron** la botella entera anoche.
—¿Ah, sí? ¿**Comieron** ustedes en casa?
—No, **comimos** en un restaurante chino. ¡Ellos **terminaron** el vino antes de salir a cenar!

Where is the wine that I bought yesterday?
My cousins drank the whole bottle last night.
Really? Did you all eat at home?
No, we ate at a Chinese restaurant. They finished the wine before we went out to dinner!

7-8 **De la teoría a la práctica** Write six different infinitives on six small pieces of paper. Next, on six different small pieces of paper, write six different subject pronouns. Take turns selecting a paper from each pile and give the correct **pretérito** form of the verb. After several rounds, write another six verbs. ▪

 7-9 *Tic-tac-toe* Make a grid, like one for tic-tac-toe. With a partner, select one **-ar** verb. Write a different preterit form of the verb in each blank space on your grid. Each of you should write each preterit form with a different pronoun. Do not show your partner what you have written. Take turns randomly selecting pronouns and say the corresponding verb forms. When you say a form of the verb that your partner has, your partner marks an X over the word. The first person to get three X's either vertically, horizontally, or diagonally wins the round. After doing a round with **-ar** verbs, repeat with **-er** and **-ir** verbs. ▪

MODELO   E1:   *tú comiste*
                E2:   (marks X over *tu comiste*)

tú comiste	ellos comieron	ellas comieron
yo comí	Uds. comieron	nosotros comimos
él comió	Ud. comió	ella comió

 7-10 **Cocinero/a** Tu compañero/a y tú van a preparar una cena especial para sus amigos. Para saber si todo está listo, túrnense para contestar las siguientes preguntas usando el pretérito y un pronombre de complemento directo (**lo, la, los, las**). ▪

MODELO   E1:   ¿Compraste la carne?
                E2:   *Sí, la compré.*

1. ¿Compraste los refrescos?
2. ¿Cocinaste tus platos (*dishes*) favoritos?
3. ¿Preparaste una mesa bonita?
4. ¿Limpiaste el comedor?
5. ¿Mandaste las invitaciones?

 7-11 **Una comida** Escribe un párrafo sobre una comida que preparaste para un amigo. Usa por lo menos **cinco** verbos en el pretérito. Lee tu párrafo a un/a compañero/a de clase y comparen sus experiencias. ▪

07-23 to 07-26   Spanish/English Tutorials

El pretérito (Parte II)
Describing things that happened in the past

Los verbos que terminan en *-car*, *-zar* y *-gar* y el verbo *leer*

Several verbs have small spelling changes in the preterit. Look at the following charts.

> **Fíjate**
> The *-ar* and *-er* stem-changing verbs in the present tense do not have stem changes in the preterit. There may be spelling changes, however, as with *empezar* and *jugar*.

Hoy corrí cinco millas, jugué al tenis, toqué el piano por dos horas, leí una novela, empecé la tarea para la clase de español. . .

tocar (c → qu)

yo	toqué
tú	tocaste
Ud.	tocó
él/ella	tocó
nosotros/as	tocamos
vosotros/as	tocasteis
Uds.	tocaron
ellos/ellas	tocaron

* (**sacar** and **buscar** have the same spelling change)

empezar (z → c)

yo	empecé
tú	empezaste
Ud.	empezó
él/ella	empezó
nosotros/as	empezamos
vosotros/as	empezasteis
Uds.	empezaron
ellos/ellas	empezaron

* (**comenzar** and **organizar** have the same spelling change)

jugar (g → gu)

yo	jugué
tú	jugaste
Ud.	jugó
él/ella	jugó
nosotros/as	jugamos
vosotros/as	jugasteis
Uds.	jugaron
ellos/as	jugaron

* (**llegar** has the same spelling change)

leer (i → y)

yo	leí
tú	leíste
Ud.	leyó
él/ella	leyó
nosotros/as	leímos
vosotros/as	leísteis
Uds.	leyeron
ellos/as	leyeron

* (**creer** and **oír** have the same spelling change)

—**Toqué** la guitarra con el conjunto de mariachi en un restaurante mexicano anoche.

I played the guitar with a mariachi band at a Mexican restaurant last night.

—¿A qué hora **empezaste**?

At what time did you begin?

—**Empecé** a las nueve.

I began at nine.

—¿**Jugaron** tus hermanos al béisbol hoy?

Did your brothers play baseball today?

—No, **leyeron** un libro de recetas porque van a preparar una cena especial para nuestros padres.

No, they read a recipe book because they are going to prepare a special dinner for our parents.

(continued)

Some things to remember:

1. With verbs that end in **-car,** the **c** changes to **qu** in the **yo** form to preserve the sound of the hard **c** of the infinitive.
2. With verbs that end in **-zar,** the **z** changes to **c** before **e.**
3. With verbs that end in **-gar,** the **g** changes to **gu** to preserve the sound of the hard **g** (**g** before **e** or **i** sounds like the **j** sound in Spanish).
4. For **leer, creer,** and **oír,** change the **i** to **y** in the third-person singular and plural.

 7-12 **¡Apúrate!** One person makes a ball out of a piece of paper, says a subject pronoun and a verb in its infinitive form, and tosses the ball to someone in the group. That person catches it, gives the corresponding form of the verb in the preterit, then says another pronoun and tosses the ball to someone else. ■

MODELO
E1: *yo; comprar*

E2: *compré; ellas escribir*

E3: *escribieron; usted comer*

E4: *comió;…*

7-13 Creaciones

Paso 1   Combinen elementos de las tres columnas para escribir **ocho** oraciones que describan lo que hicieron las siguientes personas.

MODELO   Yolanda   comprar   mucho helado
Yolanda compró mucho helado.

Yolanda	beber	la televisión durante la cena
usted	limpiar	cuatro botellas de agua
los estudiantes	preparar	mucho helado
yo	buscar	dos hamburguesas con queso
mi mejor amigo y yo	leer	la cocina después del almuerzo
tú	ver	una cena deliciosa
mis primos	comprar	el restaurante La Frontera
el/la profesor/a	comer	sobre el gran cocinero Emeril Lagasse

Paso 2   Túrnense para preguntarse cuándo ocurrió cada actividad mencionada en **Paso 1.**

E1: *¿Cuándo compró Yolanda mucho helado?*

E2: *Compró mucho helado ayer. / Lo compró ayer.*

Fíjate

In the list of *Vocabulario útil*, note that for the words "last weekend" (*el fin de semana pasado*), the adjective *pasado* agrees with the masculine noun *el fin* and not *semana*. In contrast, for "last week" (*la semana pasada*), the word "last" agrees with the feminine noun *semana*.

Vocabulario útil

anoche	*last night*
anteayer	*the day before yesterday*
ayer	*yesterday*
el año pasado	*last year*
el fin de semana pasado	*last weekend*
el martes / viernes / domingo, etc., pasado	*last Tuesday / Friday / Sunday, etc.*
la semana pasada	*last week*

Capítulo 3. La casa, pág. 98; Capítulo 3. Los quehaceres de la casa, pág. 109.

7-14 Los quehaceres de Inés

Paso 1 Escribe una oración sobre cada quehacer que terminó Inés.

MODELO *Inés barrió el suelo.*

1. la ropa
2. la aspiradora
3. el baño
4. los muebles
5. la basura
6. el armario

Paso 2 Comparte tus oraciones con un/a compañero/a.

MODELO E1: el suelo

E2: *Inés barrió el suelo.*

E1: *Inés…*

Paso 3 Túrnense para decir qué hizo Inés en el centro después de terminar sus quehaceres. Sigan el modelo.

MODELO E1: el correo

E2: *Compró sellos.*

1. la librería
2. el cine
3. el banco
4. el cibercafé
5. la biblioteca
6. el café
7. el supermercado
8. la tienda

7-15 ¿Y cuándo…? Entrevista a un/a compañero/a para saber cuándo ocurrieron las siguientes cosas. ■

MODELO ¿Cuándo… (tú) comprar la lechuga?

E1: *¿Cuándo compraste la lechuga?*

E2: *La compré el sábado pasado.*

¿Cuándo…?

1. (tú) tocar el piano
2. (tus amigos) visitar a sus padres
3. (tú) comprar un CD nuevo
4. (tus amigos y tú) comer un plato increíble en un restaurante
5. (tú) empezar tus estudios universitarios
6. (tu profesor/a) leer una novela de John Grisham
7. (tus amigos y tú) bailar el tango
8. (ustedes) invitar a un amigo a una fiesta

Capítulo 2. La formación de preguntas, pág. 70; Capítulo 5. Los pronombres de complemento directo, pág. 189.

Workbooklet

7-16 ¿Te puedo hacer una pregunta?

Entrevista a cinco estudiantes diferentes y anota sus respuestas (**sí** o **no**). Después, compara tus respuestas con las de los otros estudiantes de la clase. ¿Cuáles son las tendencias? ▪

MODELO   arreglar el cuarto hoy

TÚ: *¿Arreglaste tu cuarto hoy?*

E1:   *Sí, lo arreglé.*

E2:   *No, no lo arreglé.*

E3:   *Sí, arreglé mi cuarto.*

E4:   *No, no arreglé mi cuarto.*

E5:   *No, yo no lo arreglé, pero mi compañero lo arregló.*

	E1	E2	E3	E4	E5
1. arreglar el cuarto hoy					
2. comer en un restaurante el sábado pasado					
3. estudiar anoche					
4. lavar los platos ayer					
5. hablar por teléfono con los padres anteayer					
6. jugar al golf el verano pasado					
7. escribir un ensayo para la clase de inglés la semana pasada					
8. terminar la tarea para la clase de español anoche					

¿Cómo andas? I

Having completed **Comunicación I**, I now can . . .

	Feel confident	Need to review
• discuss food (p. 256)	☐	☐
• pronounce the different sounds of **r** and **rr** (MSL/SAM)	☐	☐
• discuss eating habits (p. 261)	☐	☐
• communicate with less repetition using direct object pronouns (p. 261)	☐	☐
• describe things that happened in the past (Part I) (p. 263)	☐	☐
• describe things that happened in the past (Part II) (p. 265)	☐	☐

Comunicación II

07-27 to 07-30

La preparación de las comidas
Explaining food preparation

5 VOCABULARIO

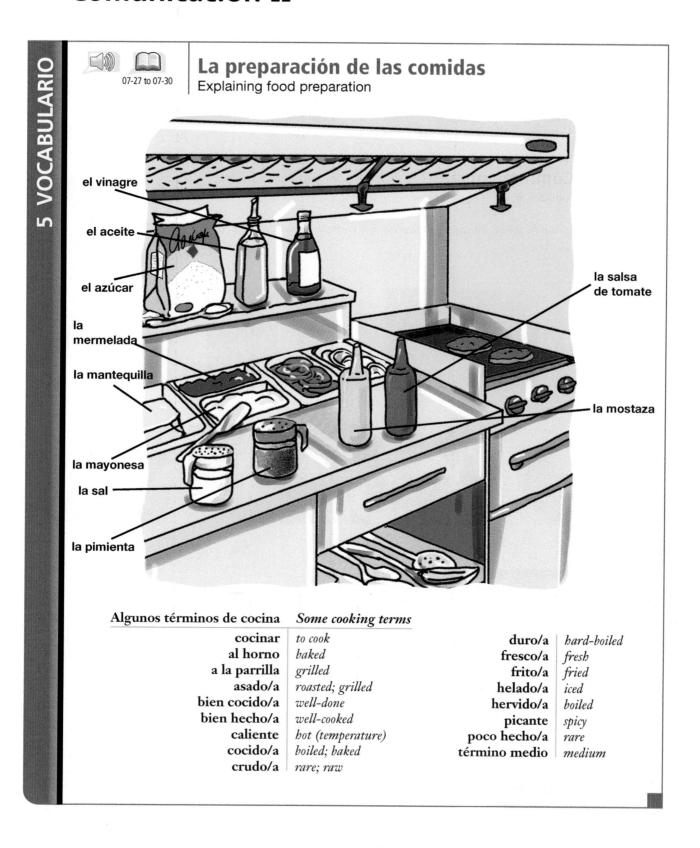

el vinagre

el aceite

el azúcar

la mermelada

la mantequilla

la mayonesa

la sal

la pimienta

la salsa de tomate

la mostaza

Algunos términos de cocina	*Some cooking terms*			
cocinar	*to cook*		**duro/a**	*hard-boiled*
al horno	*baked*		**fresco/a**	*fresh*
a la parrilla	*grilled*		**frito/a**	*fried*
asado/a	*roasted; grilled*		**helado/a**	*iced*
bien cocido/a	*well-done*		**hervido/a**	*boiled*
bien hecho/a	*well-cooked*		**picante**	*spicy*
caliente	*hot (temperature)*		**poco hecho/a**	*rare*
cocido/a	*boiled; baked*		**término medio**	*medium*
crudo/a	*rare; raw*			

7-17 **La asociación** Digan una palabra o expresión que asocian con cada condimento, especia o término de la siguiente lista. ■

MODELO E1: picante

E2: *salsa*

1. frito/a
2. la salsa de tomate
3. crudo/a
4. la mayonesa
5. el azúcar
6. a la parrilla
7. fresco/a
8. al horno
9. la mostaza
10. la mantequilla

 7-18 **¡Cómo me gustan!** Digan cómo les gusta preparar las siguientes comidas. ■

MODELO *Me gustan los perros calientes a la parrilla con mostaza y salsa de tomate.*

1. 2. 3. 4.

5. 6. 7. 8.

 Capítulo 4. Los verbos con cambio de raíz, pág. 142, Capítulo 5. Los pronombres de complemento directo, pág. 189.

 7-19 **¿Cómo lo prefieres?** Entrevista a un/a compañero/a para conocer sus preferencias. Después cambien de papel. ■

MODELO E1: ¿Cómo prefieres tu hamburguesa?

E2: *La quiero término medio.*

1. ¿Cómo prefieres tu bistec?
2. ¿Qué condimentos usaste la última vez que comiste el bistec?
3. ¿Cómo pides tu refresco, con o sin hielo?
4. ¿Cómo preparaste los huevos la última vez que los comiste?
5. ¿Cómo prefieres la pizza?
6. ¿Cómo tomaste el té la última vez que lo bebiste, helado o caliente? ¿Lo tomaste con o sin azúcar?
7. ¿Cómo prefieres la sopa, con mucha o poca sal?
8. ¿Cómo tomaste el café esta mañana?

La comida hispana

07-31

La parrillada

La comida hispana es muy variada. En España se come mucho pescado y mariscos, pero cada región tiene sus platos típicos. Por ejemplo, en Asturias tienen la fabada (*bean stew*), en Valencia la paella y en Andalucía el gazpacho. La parte central de España es conocida por su carne asada.

La comida mexicana se define por sus técnicas y por los ingredientes propios del país. En México, el maíz y los chiles son ingredientes importantes en la cocina mexicana; también se destacan (*they distinguish themselves*) en la manera de cocinar verduras, carnes, mariscos, huevos, salsas, sopas y aves. Desde Baja California hasta la península de Yucatán, se encuentran platos típicos mexicanos de cada región.

Las islas del Caribe tienen en común la herencia de las culturas española, indígena y africana. Las comidas de estos países llevan una gran variedad de condimentos (*seasonings*) como la bija (*annatto*) o el achiote, el orégano, la cebolla, el ajo, el cilantro y muchos más. El arroz es indispensable en la dieta caribeña: también los plátanos, los mariscos y los frijoles (o habichuelas). El arroz es muy importante también en la dieta centroamericana, igual que el maíz, los frijoles, las tortillas, las enchiladas, las verduras, el pollo, los tamales y las frutas.

En los países de Sudamérica comen mucho arroz, frijoles, pollo, carne, frutas y mariscos. En Chile, Argentina, Paraguay y Uruguay las parrilladas o los asados (*mixed grills*) son muy populares. Las empanadas o empanadillas (un *turnover* de carne de res, legumbres, queso, mariscos o pollo) son famosas en toda la América Latina, desde Cuba hasta Argentina.

Preguntas

1. ¿Cuáles de los platos típicos (o ingredientes) mencionados te gustan?
2. ¿Cómo se compara la comida del Caribe con la comida de otras partes del mundo hispanohablante?

Hola!
Spanish/
English
Tutorials

Algunos verbos irregulares en el pretérito
Describing things that happened in the past

In **Comunicación I** you learned about verbs that are regular in the **pretérito** and others that have spelling changes. The following verbs are *irregular* in the **pretérito;** they follow patterns of their own. Study the verb charts to determine the similarities and differences among the forms.

Ayer anduvimos diez millas.

	andar (*to walk*)	estar	tener
yo	anduve	estuve	tuve
tú	anduviste	estuviste	tuviste
Ud.	anduvo	estuvo	tuvo
él/ella	anduvo	estuvo	tuvo
nosotros/as	anduvimos	estuvimos	tuvimos
vosotros/as	anduvisteis	estuvisteis	tuvisteis
Uds.	anduvieron	estuvieron	tuvieron
ellos/ellas	anduvieron	estuvieron	tuvieron

—El lunes pasado llegamos a Santiago y **anduvimos** mucho por la ciudad.
—¿**Estuvieron** en un restaurante o bar interesante?
—Sí, **tuvimos** mucha suerte y comimos en el mejor restaurante de la ciudad.

Last Monday we arrived in Santiago and walked a lot throughout the city.
Were you all in an interesting restaurant or bar?

Yes, we were very lucky and we ate at the best restaurant in the city.

	conducir (*to drive*)	traer	decir
yo	conduje	traje	dije
tú	condujiste	trajiste	dijiste
Ud.	condujo	trajo	dijo
él/ella	condujo	trajo	dijo
nosotros/as	condujimos	trajimos	dijimos
vosotros/as	condujisteis	trajisteis	dijisteis
Uds.	condujeron	trajeron	dijeron
ellos/as	condujeron	trajeron	dijeron

> **Fíjate**
> Note that the third-person plural ending of *conducir, decir,* and *traer* is *-eron.*

—¿**Condujiste** de Santiago a Valparaiso?
—No pude conducir porque no **traje** mi licencia.
—¿Qué te **dijeron** en la agencia Avis?

Did you drive from Santiago to Valparaiso?
I couldn't drive because I didn't bring my driver's license.
What did they tell you at the Avis (car rental) agency?

	ir	ser
yo	fui	fui
tú	fuiste	fuiste
Ud.	fue	fue
él/ella	fue	fue
nosotros/as	fuimos	fuimos
vosotros/as	fuisteis	fuisteis
Uds.	fueron	fueron
ellos/as	fueron	fueron

Fíjate

Note that ⬚ ⬚ ⬚ the same ⬚ preterit. You must rely on the context of the sentence or conversation to determine the meaning.

—¿Cómo **fue** el viaje a Chile?
—¡**Fue** increíble! Después de Valparaiso **fuimos** a Patagonia.

How was the trip to Chile?
It was incredible! After Valparaiso, we went to Patagonia.

	dar	ver	venir
yo	di	vi	vine
tú	diste	viste	viniste
Ud.	dio	vio	vino
él/ella	dio	vio	vino
nosotros/as	dimos	vimos	vinimos
vosotros/as	disteis	visteis	vinisteis
Uds.	dieron	vieron	vinieron
ellos/as	dieron	vieron	vinieron

	hacer	querer
yo	hice	quise
tú	hiciste	quisiste
Ud.	hizo	quiso
él/ella	hizo	quiso
nosotros/as	hicimos	quisimos
vosotros/as	hicisteis	quisisteis
Uds.	hicieron	quisieron
ellos/as	hicieron	quisieron

Fíjate

The third-person singular form of *hacer* has a spelling change (*c* to *z*): *hizo*.

	poder	poner	saber
yo	pude	puse	supe
tú	pudiste	pusiste	supiste
Ud.	pudo	puso	supo
él/ella	pudo	puso	supo
nosotros/as	pudimos	pusimos	supimos
vosotros/as	pudisteis	pusisteis	supisteis
Uds.	pudieron	pusieron	supieron
ellos/as	pudieron	pusieron	supieron

— En Santiago **vimos** a mucha gente de la familia de Carlos.
— Sí, ¿y les **diste** los regalos que tu familia mandó?
— Mi madre **vino** con nosotros y ella misma **pudo** darles los regalos.
—¿Qué **hiciste** después de visitar a la familia de Carlos?

In Santiago we saw a lot of people in Carlos's family.
Yes, and did you give them the gifts your family sent?
My mother came with us and she was able to give them the gifts herself.
What did you do after visiting Carlos's family?

(continued)

Verbos con cambio de raíz

The next group of verbs also follows its own pattern. In these stem-changing verbs, the first letters next to the infinitives, listed in parentheses, represent the present-tense spelling changes; the last letter indicates the spelling change in the **él/ella** and **ellos/ellas** forms of the **pretérito**.

¿Cuántas horas durmió anoche?

Por lo menos doce.

	dormir (o → ue → u)	**pedir** (e → i → i)	**preferir** (e → ie → i)
yo	dormí	pedí	preferí
tú	dormiste	pediste	preferiste
Ud.	durmió	pidió	prefirió
él/ella	durmió	pidió	prefirió
nosotros/as	dormimos	pedimos	preferimos
vosotros/as	dormisteis	pedisteis	preferisteis
Uds.	durmieron	pidieron	prefirieron
ellos/as	durmieron	pidieron	prefirieron

> **Fijate**
> The *-ir* stem-changing verbs are irregular in the third-person singular and plural forms only.

—Cuando fuiste al restaurante en Valparaíso, ¿qué **pediste**?

— **Pedí** carne de res, pero mi madre **prefirió** pescado. Y después de comer mi madre **durmió** la siesta.

What did you order when you went to the restaurant in Valparaíso?

I ordered beef, but my mother preferred fish. And after eating, my mother took a nap.

 7-20 **Más práctica** Repite el juego de verbos de la actividad **7-8**, esta vez usando los verbos irregulares. ■

 7-21 **¿Qué dijo?** Form groups of at least six students and sit in a circle. **Estudiante 1** starts by saying his/her name and something that he/she did yesterday, last week, or last year. **Estudiante 2** gives his/her name, says something he/she did, and then tells what the preceding person (**Estudiante 1**) did. **Estudiante 3** tells his/her name, says what he/she did, and then tells what **Estudiante 2** and **Estudiante 1** did (in that order). Follow the model. ■

MODELO E1: *Soy Fran y ayer fui a un restaurante mexicano.*

E2: *Soy Tom y ayer jugué al tenis. Fran fue a un restaurante mexicano.*

E3: *Soy Chris y ayer tuve que preparar la cena. Tom jugó al tenis y Fran fue a un restaurante mexicano.*

7-22 El mercado

El año pasado, Amanda fue estudiante de intercambio y vivió con una familia en Asunción. Completa el siguiente párrafo sobre su primera visita al mercado y después compártelo con un/a compañero/a. ■

andar	traer	decidir	ir
pedir	poder	poner	tener

Ayer mis nuevas "hermanas", Patricia y Gloria, y yo (1) _____ al mercado por primera vez. Como perdimos el autobús, (2) _____ que ir caminando. (3) ¡Nosotras _____ por más de media hora! Por fin llegamos y (4) _____ tomar un café antes de entrar en el mercado. Yo pedí un café doble con leche y ellas (5) _____ café con leche y tostada. Cuando el señor nos (6) _____ los cafés, Patricia (7) _____ seis cucharadas (*spoonfuls*) de azúcar en el suyo (*hers*). (Yo) No lo (8) _____ creer: ¡demasiado dulce para mí!

comprar	decir	estar	poner
ser	tomar	ver	volver

Al entrar en el mercado, yo (9) _____ un montón (*a pile*) de verduras y frutas de muchos colores brillantes. (10) _____ impresionante. Después yo les (11) _____ varias fotos a las chicas. Primero compramos una lechuga, dos cebollas, ajo, medio kilo de zanahorias y un pimiento verde. Hablamos unos cinco minutos con la vendedora sobre su sobrina. Ella (12) _____ seis meses en los Estados Unidos como estudiante de intercambio. Después miramos las frutas y por fin escogimos dos melones y medio kilo de peras. Las chicas (13) _____ las verduras en el bolso grande y la fruta en el bolso más pequeño. Entonces pasamos a la parte del pescado donde nosotras (14) _____ atún. La señora lo envolvió (*wrapped*) en papel antes de ponerlo en una bolsa de plástico. Hicimos las compras en menos de media hora. A las nueve y cuarto les (15) _____ adiós a todos y (16) _____ a casa… esta vez en autobús.

Fíjate

Amanda refers to a *medio kilo de zanahorias*. Remember that in most parts of the world the metric system is the preferred system of measurement.

7-23 ¿Hay rutina en tu semana?

¿Cuántas veces hiciste cada una de estas cosas la semana pasada? ■

Paso 1   Di las respuestas a las siguientes preguntas, según el modelo.

MODELO   ver una película en la televisión

E1: La semana pasada, ¿cuántas veces viste una película en la televisión?

E2: *Vi una película en la televisión una vez (dos veces, tres veces, etc.).*

La semana pasada, ¿cuántas veces… ?

1. hacer la tarea
2. dar la respuesta correcta en clase
3. venir a la clase de español
4. conducir a la universidad
5. dormir ocho horas
6. andar por el centro
7. ir al cine
8. jugar un deporte
9. ver un partido en la televisión
10. comer comida rápida

Estrategia

Remember that *una vez* means *once* and *veces* means *times: Yo fui al restaurante una vez pero tú fuiste tres veces.* = I went to the restaurant once but you went three times.

Paso 2 Pídele a tu compañero/a que adivine (*guess*) cuántas veces hiciste las actividades del **Paso 1**. Sigue el modelo.

MODELO E1: *La semana pasada, ¿cuántas veces piensas que (yo) hice la tarea?*

E2: *Pienso que la hiciste tres veces.*

E1: *Sí, tienes razón. ¡La hice tres veces!*

E1: *¿Cuántas veces piensas que fui al cine?*

E2: *Pienso que no fuiste.*

E1: *No, no tienes razón. Fui una vez.*

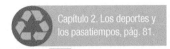
Capítulo 2. Los deportes y los pasatiempos, pág. 81.

 7-24 **¿Adónde fui?** Hazle a tu compañero/a las siguientes preguntas para averiguar adónde fue de vacaciones. Después, cambien de papel. (**¡OJO!** *Before asking the last question, try to guess where he or she went.*) ■

MODELO E1: ¿Fuiste en verano?

E2: *No, fui en otoño. / Sí, fui en verano.*

1. ¿Fuiste a la playa?
2. ¿Visitaste un museo?
3. ¿Viste un partido de béisbol?
4. ¿Montaste en bicicleta?
5. ¿Qué compraste?
6. ¿Comiste mariscos?
7. ¿Tomaste el sol?
8. ¿Jugaste al golf?
9. ¿Nadaste?
10. ¿Dormiste en un hotel?
11. ¿Jugaste al tenis?
12. ¿Fuiste a un parque?
13. ¿Qué más hiciste?
14. ¿Adónde fuiste?

Workbooklet

 7-25 **Chismes (*Gossip*)** Imagina que eres el/la editor/a de la columna de chismes de un periódico. Escribe en el cuadro tus respuestas a las siguientes preguntas. Después, entrevista a tres compañeros/as y anota sus respuestas. ¿Están de acuerdo? ■

1. ¿Qué película tuvo mucho éxito el año pasado?
2. ¿Qué actor salió en una película que **no** tuvo éxito?
3. ¿Qué miembro del gobierno (*member of the government*) dijo algo tonto?
4. ¿Quién hizo un CD recientemente?
5. ¿Cuál de tus amigos estuvo en la playa recientemente?
6. ¿Quién vino tarde a la clase una vez?
7. ¿Quién no trajo sus libros a clase?
8. ¿Quién les dio un examen muy difícil la semana pasada?

YO	ESTUDIANTE 1	ESTUDIANTE 2	ESTUDIANTE 3
1.			
2.			
3.			
4.			
5.			
6.			
7.			
8.			

7 VOCABULARIO

07-38 to 07-42

En el restaurante Explaining restaurant activity

el vaso

la cocinera
(el cocinero)

el camarero
(la camarera)

EL COCO LOCO

el menú

la taza

el mantel

el cuchillo

el plato   el tenedor   la servilleta   la cucharita   la cuchara

(continued)

Otras palabras y expresiones útiles	*Other words and useful expressions*
barato/a	*cheap*
¡Buen provecho!	*Enjoy your meal!*
caro/a	*expensive*
el/la cliente/a	*customer; client*
la especialidad de la casa	*specialty of the house*
La cuenta, por favor.	*The check, please.*
la propina	*tip*
la tarjeta de crédito	*credit card*
la tarjeta de débito	*debit card*

Algunos verbos	*Some verbs*
pagar	*to pay*
pedir	*to order*
reservar una mesa	*to reserve a table*

Workbooklet

7-26 La organización es clave Juntos escriban las siguientes categorías: **cosas en la mesa, pedir y pagar** y **personas en el restaurante.** Después, organicen el vocabulario de **En el restaurante** bajo esas categorías. ■

MODELO	COSAS EN LA MESA	PEDIR Y PAGAR	PERSONAS EN EL RESTAURANTE
	el cuchillo	la propina	el camarero

7-27 ¿Cómo se dice? Túrnense para decir qué palabra o frase corresponde a las siguientes descripciones. ■

MODELO   E1: el "Gran Especial"

E2: *la especialidad de la casa*

1. persona que sirve la comida
2. dinero que das por buen servicio
3. lista de comidas y bebidas
4. es necesario para limpiar las manos
5. persona que prepara la comida en un restaurante
6. es necesario para comer *Frosted Flakes*
7. es necesario para beber café
8. persona que come en el restaurante

Estrategia

As you acquire more Spanish in each chapter, try to write definitions in Spanish of your new vocabulary words as in the model. Learning new vocabulary will become easier the more you practice. Also, it will help you use your new vocabulary in sentences.

Capítulo 2. El verbo *estar*, pág. 76;
Capítulo 3. *Hay*, pág. 119.

 7-28 Una mesa bien puesta Dibuja la mesa de tu familia o de
la familia de un/a buen/a amigo/a para una cena especial con todo bien puesto
(*well set*). Ahora, sin mostrar tu dibujo, descríbeselo a un/a compañero/a mientras
él/ella lo dibuja. ¿Lo dibujó bien? Luego cambien de papeles. ∎

Vocabulario útil	
al lado (de)	*beside; next to*
a la izquierda (de)	*to the left (of)*
a la derecha (de)	*to the right (of)*
cerca (de)	*near*
debajo (de)	*under; underneath*
encima (de)	*on top of; above*

 **7-29 ¿Qué pasó?** Miren el dibujo en la página 277 y digan por lo menos
cinco oraciones acerca de lo que pasó anoche en el restaurante El Coco Loco. ∎

7-30 **¿Me puede servir...?** Vas con dos amigos/as al restaurante más popular de Asunción para cenar. ◼

Paso 1   Miren el menú y determinen qué van a pedir sabiendo que tienen 60.000 guaraníes para pagar.

EL RESTAURANTE BUEN PROVECHO

SÁNDWICHES CALIENTES	
Sándwich de queso	36.000
Sándwich de pollo, jamón y queso	48.000
Sándwich de jamón	38.000

SÁNDWICHES FRÍOS	
Sándwich de pollo, tomate y lechuga	43.000
Sándwich de ensalada de pollo	45.000
Sándwich de jamón y queso	46.000

HELADOS Y POSTRES	
Tres Marías	14.500
Helado de chocolate	12.000
Helado especial	12.000
Flan de la casa	14.500

SOPAS Y CREMAS	
Sopa de cebolla gratinada	15.500 PYG
Sopa de pescado	32.000
Sopa de pollo y verduras	27.000
Consomé de pollo	17.000

ENSALADAS	
Mixta de verduras	19.500
Ensalada de jamón, pollo o atún	45.000
Ensalada de frutas	35.000

BEBIDAS Y REFRESCOS	
Café	5.500
Vaso de leche	6.600
Chocolate en taza	7.200
Té caliente	5.500
Té frío	5.500
Refrescos fríos	7.000
Cervezas	12.500
Copa de vino	14.000

Paso 2   Ahora, utilizando esa información, realicen (*act out*) una escena en un restaurante para la clase. Una persona debe ser el/la camarero/a y las otras personas deben ser los clientes.

Capítulo 2. Presente indicativo de verbos regulares, pág. 67.

 7-31 **De compras en el mercado** Algunos estudiantes van a hacer el papel de vendedores y otros de clientes. Tu profesor/a te va a dar una lista de los productos que tienes para vender o de los que necesitas comprar. Los vendedores deben ganar cincuenta mil guaraníes y los clientes sólo pueden gastar cincuenta mil guaraníes. Va a haber competencia entre los vendedores y sí, ¡puedes regatear (*bargain; negotiate the price*)! ◼

07-43

Las compras en el mercado

Estrategia	To begin the new term it is useful to review and combine all the listening strategies you have practiced thus far. Remember to use all clues available to you to anticipate what you are about to hear, including photos, captions, and pre-listening synopses or questions. If you are	performing a listening activity like the one to follow, also look ahead at the comprehension questions. Once you have an idea of the context, consider what you already know about it. Taking time to think about and practice these specific strategies will enhance your ability to listen effectively.
Combining strategies		

7-32 **Antes de escuchar** Contesta las siguientes preguntas. ■

1. Mira la foto. ¿Dónde está la mujer? ¿Qué hace?
2. ¿Haces las compras (*Do you shop*) en un mercado como este, donde hay muchos vendedores en un solo lugar, o en un supermercado?
3. ¿Qué tipo de vocabulario necesitas saber para poder hacer las compras en un mercado?

7-33 **A escuchar** Escucha la conversación entre la madre de Alejandra y un vendedor para averiguar el propósito (*purpose*) de la conversación. Después, escucha una vez más para contestar las siguientes preguntas. ■

1. ¿Qué compra? Marca (✓) delante de los ingredientes o condimentos que ella compra.

_____ mantequilla   _____ vinagre

_____ azúcar   _____ huevos

_____ queso   _____ pan

_____ mayonesa   _____ leche

2. Determina si las siguientes oraciones son ciertas (**C**) o falsas (**F**).
   a. La madre necesita ingredientes para preparar un plato nuevo.
   b. El Sr. Gómez tiene huevos blancos y marrones.
   c. La madre compra seis huevos.
   d. El Sr. Gómez también vende verduras.
   e. El Sr. Gómez tiene todo lo que la madre necesita comprar.

7-34 **Después de escuchar** Realiza (*Act out*) con un/a compañero/a la escena entre la madre y el Sr. Gómez. ■

¡CONVERSEMOS!
07-44

 7-35 **De compras** Descríbele a un/a compañero/a lo que compraste la última vez que fuiste al supermercado. Di por lo menos **diez** oraciones e incluye detalles como los siguientes: ■

- Lo que (no) tuviste que comprar (*tener que + infinitivo*)
- Los precios de la comida y de las bebidas
- Quien preparó la comida y cómo la preparó

Tu compañero/a va a comparar lo que él/ella compró con tus compras.

 7-36 **¡Qué fiesta!** Colin Cowie, un famoso organizador de fiestas para las grandes estrellas de Hollywood, te contrató para ayudarle a planear una fiesta para tu músico o actor favorito. Descríbele a un/a compañero/a (Colin Cowie) en por lo menos **diez** oraciones todo lo que tuviste que hacer. Incluye la comida que compraste, lo que preparaste para comer, cómo pusiste la mesa, quiénes vinieron a la fiesta, etc. Tu compañero/a (Colin Cowie) va a decirte si le gustó lo que hiciste. ■

ESCRIBE

07-45 to 07-46

Una descripción

In writing for any audience, it is important to both capture the interest of the reader with a strong topic sentence, preparing him/her | for what he/she is about to read, and end with a strong conclusion, restating or summarizing the main points for the reader.

7-37 **Antes de escribir** Piensa en el mejor día festivo que pasaste. Haz una lista de los siguientes detalles: ■

- las personas con quienes celebraste o las que fueron a la fiesta
- lo que comieron y bebieron
- las cosas que hicieron
- los regalos que dieron y recibieron

7-38 **A escribir** Ahora, usando los detalles de la lista, escribe un párrafo bien desarrollado (*well developed*) sobre ese día, con introducción y conclusión. ■

7-39 **Después de escribir** En grupos de cuatro o cinco estudiantes, lean los párrafos de la actividad **7-38**. Ofrezcan (*Offer*) ideas a sus compañeros para mejorar su trabajo. Después, escriban la versión final para entregársela (*turn it in*) a su profesor/a. ■

¿Cómo andas? II

	Feel confident	Need to review
Having completed **Comunicación II,** I now can . . .		
• explain food preparation (p. 269)	☐	☐
• survey foods from different parts of the Hispanic world (p. 271)	☐	☐
• express things that happened in the past using irregular forms (p. 272)	☐	☐
• explain restaurant activity (p. 277)	☐	☐
• combine listening strategies (p. 281)	☐	☐
• communicate about food shopping and party planning (p. 282)	☐	☐
• relate a memory (p. 283)	☐	☐

07-47 to 07-48

Les presento mi país

Gino Breschi Arteaga

Mi nombre es Gino Breschi Arteaga y soy de Viña del Mar, Chile. Viña del Mar es una ciudad turística en la costa y tiene una playa hermosa. El país es muy largo y estrecho, con un promedio (*average*) de 180 kilómetros de ancho (*wide*) y aproximadamente 4.300 kilómetros de largo. Al oeste, tenemos el océano Pacífico y al este, la cordillera majestuosa de los Andes, donde hay unas minas impresionantes de carbón, oro, cobre y otros minerales importantes. **¿Prefieres vivir cerca del océano o de las montañas?** Al norte, está el desierto de Atacama, el más árido del mundo. Al sur, hay una serie de glaciares en parques nacionales. Estudié geografía y ahora trabajo para el Ministerio del Medio Ambiente, específicamente con la división que supervisa el manejo (*management*) de las áreas protegidas, como el glaciar San Rafael. **¿Cuáles áreas están protegidas en tu país?**

La playa en Viña del Mar

El pastel de choclo es un plato favorito de los chilenos

El glaciar San Rafael, Patagonia

OCÉANO PACÍFICO

Arica
Iquique
San Pedro
Antofagasta   Lascar
La Serena
Viña del Mar
Valparaíso
Santiago
Concepción
Río Bío Bío
Puerto Montt
Isla de Chiloé
Archipiélago de Los Hornos

BOLIVIA
BRASIL
PARAGUAY
ARGENTINA
URUGUAY

CORDILLERA DE LOS ANDES

Estrecho de Magallanes
Isla Grande de Tierra del Fuego
Punta Arenas
Cabo de Hornos

Isla de Pascua

ALMANAQUE

Nombre oficial: República de Chile
Gobierno: República
Población: 16.746.491 (2010)
Idioma: español
Moneda: Peso chileno ($)

¿Sabías que…?

- Además del (*In addition to*) desayuno, el almuerzo y la cena, los chilenos toman una merienda llamada "las onces", que comen entre las 4:00 y las 7:00 de la tarde.
- El baile nacional de Chile es la cueca. Este baile se inspira en el rito de cortejo (*courting*) del gallo (*rooster*) y la gallina (*hen*).

Preguntas

1. ¿Qué extremos geográficos y climatológicos se mencionan? ¿Hay algo parecido en los Estados Unidos?
2. ¿Qué tipos de minas hay en Chile? ¿Hay minas parecidas en los Estados Unidos?
3. Un plato popular en Chile es el pastel de choclo. ¿Cuáles son unos platos populares donde tú vives?

 Amplía tus conocimientos sobre Chile en MySpanishLab.

Paraguay

07-49 to 07-50

Sandra Manrique
Esquivel

Les presento mi país

Mi nombre es Sandra Manrique Esquivel y vivo en Villa Rica, Paraguay. Como un gran porcentaje de los paraguayos, soy bilingüe: hablo español y guaraní. **¿En qué otros países hay una población bilingüe?** El guaraní es el idioma hablado por los indígenas originales del país: los guaraníes. Hoy día, el noventa por ciento de los paraguayos somos **mestizos,** una mezcla (*mixture*) de los indígenas y los conquistadores españoles. Los indígenas cultivaron la mandioca (*yucca*), la batata (*yam*), el maíz y la yerba mate entre otras cosechas (*crops*). Villa Rica es importante por la producción de tabaco y yerba mate. Durante el día, se ve a los paraguayos tomando su **tereré,** una infusión fría de yerba mate. **¿Qué refresco te gusta tomar?**

La Represa Hidroeléctrica de Itaipú, en la frontera entre Paraguay y Brasil

El ñandú es una especie de ave nativa y amenazada (*endangered*) de El Chaco

El tereré, una infusión fría de yerba mate, es la bebida preferida en Paraguay

ALMANAQUE

Nombre oficial: República del Paraguay
Gobierno: República constitucional
Población: 6.375.830 (2010)
Idiomas: español (oficial); guaraní (oficial)
Moneda: Guaraní (G)

¿Sabías que…?

- Muchos paraguayos son aficionados a los remedios caseros (*home-made remedies*), por ejemplo los usos de la planta guaraná, un arbusto (*bush; shrub*) indígena, para calmar los nervios y ayudar con la digestión.
- El Chaco cubre el 60% de la superficie de Paraguay pero contiene solamente un 2% de la población del país.

Preguntas

1. ¿Qué comidas se comen en Paraguay?
2. ¿Por qué son bilingües muchos paraguayos?
3. ¿En qué aspectos son Chile y Paraguay diferentes y similares? ¿Cómo se comparan con los otros países que hemos estudiado?

 Amplía tus conocimientos sobre Paraguay en MySpanishLab.

07-53 to 07-54

Ambiciones siniestras
EPISODIO 7

Lectura

Estrategia ····· Predicting

To predict what a reading passage is about, first anticipate the content by considering the title, visual cues (illustrations, photos), and comprehension questions. Once you have a general idea of what the passage is about, connect any personal knowledge or experience you have with it. Then, quickly skim the reading for the main idea(s). At that point you can predict what will happen in the reading.

7-40 **Antes de leer** En el **Episodio 5,** Eduardo desaparece. Cisco no sabe qué hacer y le pide consejo a su primo, Manolo. Después, todos los estudiantes menos Eduardo y Alejandra tienen una videoconferencia. Antes de continuar con el siguiente episodio contesta las siguientes preguntas. ■

1. Mira el título. ¿Cuál es un ejemplo de un rompecabezas? ¿Qué experiencia tienes con los rompecabezas?
2. ¿Quién está en la foto? ¿Qué hace?

7-41 **A leer** Completa los siguientes pasos. ■

1. Lee superficialmente (*skim*) el episodio para averiguar cuáles son los personajes y dónde están.
2. Escribe **dos** predicciones de lo que crees que va a ocurrir en el episodio.
3. Lee el episodio y determina si las predicciones que hiciste son correctas.

riddle # El rompecabezas°

Cisco está muy preocupado por Alejandra. Por eso después de la videoconferencia llamó a Manolo y le preguntó por ella. Manolo le dijo que Alejandra no respondió al último correo

Nor electrónico. Tampoco° estuvo en la clase de literatura. Manolo le dijo a Cisco que la esperó por media hora después de la clase y no vino. No sabe nada de ella.

Ellos dos están muy preocupados acerca de lo que está pasando. ¿Por qué fueron

selected escogidos°? ¿Qué pasó con Eduardo? ¿Dónde está Eduardo? ¿Y dónde está Alejandra?

Con los nervios y la preocupación, Cisco tenía mucha hambre así que decidió ir a su restaurante favorito, Mamá Mía. Ahí siempre puede comer algo y pensar en todo lo que está pasando. Pidió lo que su madre llama *comfort food:* pollo frito, papas, maíz y frijoles. Durante la comida, conversó con sus amigos que trabajan allí. Cuando pagó, le sonó el

teléfono celular. Cisco contestó y oyó una voz de hombre: *Cisco Quiroga. Tiene cuatro*
clues *pistas° para resolver este rompecabezas o Eduardo va a morir. Aquí están:*

Conocido por su longitud

Por la razón o la fuerza

Qué rico está el pisco

Para quien baile la cueca

Recuerde, tiene dos días para resolver el rompecabezas o Eduardo va a morir. No vaya a
la policía.

CLIC…

Cisco se quedó sin palabras; le temblaron las manos. Tomó el teléfono y llamó a Manolo. La
(colgar) *hang up* línea estaba ocupada. —Vamos, Manolo, cuelga° el teléfono, pensó Cisco, necesito hablar
contigo. Por fin, después de llamar varias veces, Manolo contestó con voz de pánico.

—¿Quién es? —contestó Manolo.

—Soy yo, Cisco —respondió Cisco—. Mira…

(Manolo interrumpe)

yours —Cisco, recibí una llamada antes de la tuya°…

—¿De un hombre con una voz muy rara? —le preguntó Cisco.

—Así que te llamó a ti también —respondió Manolo—. Cisco, tenemos que llamar
a los demás. Yo llamo a Lupe y a Alejandra y tú llamas a Marisol, ¿está bien?

—De acuerdo. Muy bien —dijo Cisco.

Manolo llamó a Alejandra pero no pudo hablar con ella. La voz del contestador automático
era la de un hombre… *"Lo sentimos, no estamos en casa en estos momentos. Pueden dejar*
un mensaje". Intentó llamar de nuevo. Otra vez el contestador. ¿Dónde está Alejandra?
Cree que conoce la voz del hombre del contestador.

Suddenly De repente°, Manolo, pensando en voz alta y horrorizado, gritó: ¡Por favor no…
No puede ser…!

7-42 **Después de leer** Contesta las siguientes preguntas. ∎

1. ¿Qué dijo Manolo de Alejandra?
2. ¿Dónde estaba (*was*) Cisco cuando recibió la llamada misteriosa?
3. ¿Qué acababa de hacer (*had just done*) cuando recibió la llamada?
4. ¿De qué se trató la llamada?
5. ¿Por qué estaba Cisco asustado (*frightened*)?
6. ¿Qué hizo Cisco después de colgar el teléfono?
7. ¿Qué ocurrió cuando Manolo llamó a Alejandra?

Video

07-55 to 07-57

7-43 **Antes del video** ¿Dónde puede estar Alejandra? ¿De quién es la voz en su contestador automático? ¿Quién más recibió el rompecabezas? En la segunda parte del episodio, vas a ver a Lupe trabajando en su computadora. ¿Qué piensas que está haciendo? También Manolo, Cisco, Marisol y Lupe van a tener otra videoconferencia. ¿De qué necesitan hablar ahora? ∎

¿Qué lees?

Esto es muy peligroso.

¡No tengo nada que ver con la desaparición de Eduardo!

Episodio 7

«¡Qué rico está el pisco!»

Relájate y disfruta el video.

7-44 **Después del video** Contesta las siguientes preguntas. ∎

1. ¿Dónde estaba Lupe? ¿Qué hizo?
2. ¿Dónde estaba Cisco? ¿Qué hizo?
3. ¿Cuál es la mentira (*lie*) de Lupe?
4. ¿Qué **no** les va a mencionar Cisco a los otros?
5. ¿De qué le "acusó" Manolo a Lupe?
6. ¿Por qué le respondió Cisco a Manolo de una manera defensiva?
7. ¿Qué descubrió Cisco al final del episodio?

Y por fin, ¿cómo andas?

	Feel confident	Need to review
Having completed this chapter, I now can . . .		

Comunicación I

- discuss food (p. 256) ☐ ☐
- pronounce **r** and **rr** correctly (MSL/SAM) ☐ ☐
- communicate with less repetition using direct object pronouns (p. 261) ☐ ☐
- express things that happened in the past (Part I) (p. 263) ☐ ☐
- describe things that happened in the past (Part II) (p. 265) ☐ ☐

Comunicación II

- explain food preparation (p. 269) ☐ ☐
- express things that happened in the past using irregular forms (p. 272) ☐ ☐
- explain restaurant activity (p. 277) ☐ ☐
- combine listening strategies (p. 281) ☐ ☐
- communicate about food shopping and party planning (p. 282) ☐ ☐
- relate a memory (p. 283) ☐ ☐

Cultura

- compare and contrast eating habits (p. 261) ☐ ☐
- survey foods from different parts of the Hispanic world (p. 271) ☐ ☐
- list interesting facts about this chapter's featured countries: Chile and Paraguay (pp. 284–285) ☐ ☐

Ambiciones siniestras

- predict what will happen in a reading and discover the voice-mail message that frightens Cisco (p. 286) ☐ ☐
- determine who has received the riddle, and what they have figured out so far (p. 288) ☐ ☐

Comunidades

- use Spanish in real-life contexts (SAM) ☐ ☐

VOCABULARIO ACTIVO

Las carnes y las aves	Meat and poultry
las aves	poultry
el bistec	steak
la carne	meat
la hamburguesa	hamburger
el jamón	ham
el perro caliente	hot dog
el pollo	chicken

El pescado y los mariscos	Fish and seafood
el atún	tuna
los camarones (pl.)	shrimp
el pescado	fish

Las frutas	Fruit
la banana	banana
el limón	lemon
la manzana	apple
el melón	melon
la naranja	orange
la pera	pear
el tomate	tomato

Las verduras	Vegetables
la cebolla	onion
el chile	chili pepper
la ensalada	salad
los frijoles (pl.)	beans
la lechuga	lettuce
el maíz	corn
la papa/la patata	potato
las papas fritas (pl.)	french fries; potato chips
la verdura	vegetable

Los postres	Desserts
los dulces	candy; sweets
las galletas	cookies; crackers
el helado	ice cream
el pastel	pastry; pie
el postre	dessert
la torta	cake

Las bebidas	Beverages
el agua (con hielo)	water (with ice)
el café	coffee
la cerveza	beer
el jugo	juice
la leche	milk
el refresco	soft drink
el té (helado / caliente)	tea (iced / hot)
el vino	wine

Más comidas	More foods
el arroz	rice
el cereal	cereal
el huevo	egg
el pan	bread
el queso	cheese
la sopa	soup
la tostada	toast

Las comidas	Meals
el almuerzo	lunch
la cena	dinner
la comida	food; meal
el desayuno	breakfast
la merienda	snack

Verbos / Verbs

almorzar (ue)	to have lunch
andar	to walk
beber	to drink
cocinar	to cook
conducir	to drive
cenar	to have dinner
desayunar	to have breakfast
merendar	to have a snack

Los condimentos y las especias / Condiments and spices

el aceite	oil
el azúcar	sugar
la mantequilla	butter
la mayonesa	mayonnaise
la mermelada	jam; marmalade
la mostaza	mustard
la pimienta	pepper
la sal	salt
la salsa de tomate	ketchup
el vinagre	vinegar

Algunos términos de cocina / Cooking terms

a la parrilla	grilled
al horno	baked
asado/a	roasted; grilled
bien cocido/a	well done
bien hecho/a	well cooked
caliente	hot (temperature)
cocido/a	boiled; baked
crudo/a	rare; raw
duro/a	hard-boiled
fresco/a	fresh
frito/a	fried
helado/a	iced
hervido/a	boiled
picante	spicy
poco hecho/a	rare
término medio	medium

En el restaurante / In the restaurant

el/la camarero/a	waiter/waitress
el/la cliente/a	customer; client
el/la cocinero/a	cook
la cuchara	soup spoon; tablespoon
la cucharita	teaspoon
el cuchillo	knife
la especialidad de la casa	specialty of the house
el mantel	tablecloth
el menú	menu
el plato	plate; dish
la propina	tip
la servilleta	napkin
la tarjeta de crédito	credit card
la tarjeta de débito	debit card
la taza	cup
el tenedor	fork
el vaso	glass

Verbos / Verbs

pagar	to pay
pedir	to order
reservar una mesa	to reserve a table

Otras palabras útiles / Other useful words

anoche	last night
anteayer	the day before yesterday
el año pasado	last year
ayer	yesterday
barato/a	cheap
¡Buen provecho!	Enjoy your meal!
caro/a	expensive
cerca (de)	near
debajo (de)	under; underneath
encima (de)	on top (of); above
el fin de semana pasado	last weekend
el… (jueves) pasado	last . . . (Thursday)
La cuenta, por favor.	The check, please.
la semana pasada	last week
más tarde que	later than
más temprano que	earlier than

8

¿Qué te pones?

En los países hispanohablantes la gente lleva (*wear*) ropa (*clothing*) muy similar a la que llevan por todo el mundo pero también se usa ropa más tradicional. Por ejemplo, en México se encuentran sarapes, ponchos y huaraches y en Colombia usan ruanas (ponchos) y alpargatas (*espadrilles*).

PREGUNTAS

1 ¿Qué tipo de ropa te gusta? ¿Prefieres la ropa formal o la ropa informal? ¿Qué ropa llevas normalmente?

2 ¿Te interesa la moda (*fashion*)? ¿Te gusta experimentar con diferentes estilos de ropa? Explica.

3 ¿Cómo influye el lugar donde vive una persona en la ropa que lleva?

Comunicación I

La ropa Describing clothing

08-01 to 08-07

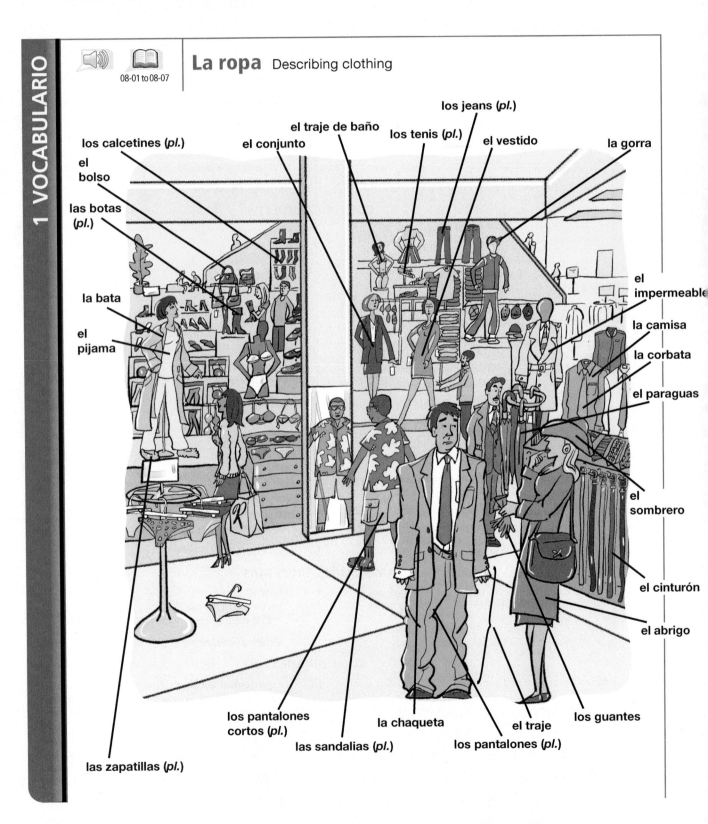

los calcetines (pl.)

el bolso

las botas (pl.)

la bata

el pijama

el conjunto

el traje de baño

los tenis (pl.)

los jeans (pl.)

el vestido

la gorra

el impermeable

la camisa

la corbata

el paraguas

el sombrero

el cinturón

el abrigo

los guantes

los pantalones cortos (pl.)

la chaqueta

las sandalias (pl.)

el traje

los pantalones (pl.)

las zapatillas (pl.)

la camiseta

el suéter

los zapatos (*pl.*)

las medias (*pl.*)

la sudadera

la ropa interior

la falda

la blusa

Un verbo	A verb		Otras palabras útiles	Other useful words
llevar	*to wear; to take; to carry*		la moda	*fashion; style*
			las prendas	*articles of clothing*

Fíjate

In your vocabulary list you see the letters (*pl.*) beside words such as *las medias* or *los jeans* to indicate that they are plural in Spanish. You will also notice (*pl.*) beside *los calcetines*. Each sock is a *calcetín*.

PRONUNCIACIÓN

The letters *ll* and *ñ*

 ¡Hola!

Go to MySpanishLab / Student Activities Manual to learn about the letters *ll* and *ñ*.

08-08 to 08-10

 8-1 **Categorías** Escribe todas las palabras nuevas del vocabulario que corresponden a las siguientes categorías. Luego, compara tu lista con la de un/a compañero/a. ■

¿Qué ropa usas para... ?

1. hacer ejercicio y jugar a los deportes
2. ir a la cama
3. cubrir (*to cover*) los pies (*feet*)
4. ir a clase
5. trabajar en una oficina

8-2 **¡Señoras y señores!** Dibujen un diagrama de Venn según
el modelo. En el círculo izquierdo, hagan una lista de la ropa que generalmente
llevan las mujeres. En el círculo derecho, hagan una lista de la ropa que generalmente
llevan los hombres. En el centro donde se juntan los círculos (*where the circles
overlap*), hagan una lista de la ropa que los hombres y las mujeres llevan. ¿Que lista
es más larga? ■

MODELO

la ropa
de mujeres

la ropa que
sirve para
hombres
y
mujeres

la ropa
de hombres

 Capítulo 3. Los colores,
pág. 111.

 8-3 **¿Cómo se visten?** Túrnense para describir qué ropa llevan las
personas en las fotos. ■

MODELO   *El hombre y los chicos llevan sombreros…*

8-4 El juego del viaje (*travel*)

¿Te gusta viajar? Formen un círculo de cinco estudiantes o más. Primero, decidan dónde quieren ir de viaje. Después, túrnense para decir sus nombres y un artículo de ropa que quieren llevar. Cada estudiante tiene que repetir lo que dijeron los estudiantes anteriores. **¡OJO!** Si no recuerdan (*If you don't remember*), tienen que preguntar: **¿Qué dijiste, por favor?** o **¿Puedes repetir, por favor?** ■

MODELO   Vamos a Cancún.

E1: *Soy Beverly y voy a llevar un traje de baño.*

E2: *Soy Tim y voy a llevar una camiseta blanca. Beverly va a llevar un traje de baño.*

E3: *Soy Kelly y voy a llevar una chaqueta. Tim va a llevar una camiseta blanca. Beverly va a llevar un traje de baño.*

E4: …

Estrategia

It is important to be supportive of your fellow classmates during these activities, which includes making suggestions and helpful comments and corrections. Because you will be learning from each other, it is good to know the following expressions to help you interact with each other:

(No) Estoy de acuerdo.	*I agree. / I don't agree.*
Yo pienso que es…	*I think it's . . .*
¿No debería ser…?	*Shouldn't it be . . . ?*

 Capítulo Preliminar A. Los días, los meses y las estaciones, pág. 20.

8-5 Señora, ¿qué debo llevar?

Trabajas para una agencia de viajes y, para ayudar a tus clientes, tienes que preparar una lista de la ropa que deben llevar a cada destino (*destination*). Compara tu lista con la de un/a compañero/a. ■

MODELO   La República Dominicana en agosto
los trajes de baño, los pantalones cortos, las camisetas, los jeans, los tenis y el paraguas

1. Argentina en julio
2. Costa Rica en junio
3. México en septiembre
4. Cuba en diciembre
5. Uruguay en marzo
6. España en febrero

Fíjate

Remember that the seasons south of the equator are the opposite of those in the northern hemisphere, so that when it is summer in the northern hemisphere it is winter in the southern hemisphere.

Capítulo 3. Los colores, pág. 111; Capítulo 4. *Ir + a + infinitivo*, pág. 147; Capítulo 5. Los pronombres de complemento directo, pág. 189; Capítulo 7. El pretérito, pág. 263.

Workbooklet

8-6   **¿Tienes un presupuesto (*budget*)?**   Completa el siguiente cuadro con las prendas que acabas de comprar (*have just bought*) y con las que necesitas comprar. Luego, comparte tus respuestas con un/a compañero/a. ■

Fíjate

The expression *acabar de + infinitive* means *to have just done something*. Use this expression in the present tense when you want to refer to the very recent past. As in the *modelo*, this expression is useful for establishing a context for the use of the preterit.

MODELO   *Acabo de comprar una blusa blanca muy elegante. La compré en Macy's la semana pasada. Pagué cuarenta y cinco dólares. Necesito comprar una falda negra.*

ACABO DE COMPRAR...	LO(S)/LA(S) COMPRÉ...	PAGUÉ...	VOY A / NECESITO COMPRAR...
1. una blusa blanca	en Macy's	$45	una falda negra
2.			
3.			

NOTA CULTURAL

Zara: la moda internacional

08-11 to 08-12

En España, uno de los negocios más florecientes (*flourishing*) es la empresa de ropa Zara. El fundador, Amancio Ortega Gaona, empezó el negocio (*business*) en La Coruña, en el norte de España, con unas 5.000 pesetas ($83,00 US). Ahora el Sr. Ortega es uno de los hombres más ricos de este país.

Una de las razones del gran éxito del negocio es que continuamente ofrece lo que la gente quiere. Su filosofía es vender ropa "barata y de buena calidad". Tiene unos doscientos diseñadores (*designers*) que son los responsables de crear la moda Zara. Las diferentes líneas creadas por los diseñadores proporcionan un *look* completo para hombres y mujeres.

Fíjate

In 2002, Spain converted to the *euro*. Previously, its currency was the *peseta*.

La mayoría de la ropa se hace en una fábrica (*factory*) muy moderna en La Coruña. Desde el momento que surge la idea hasta que la prenda llega a la tienda, sólo pasan unas tres semanas. Dos o tres veces por semana llegan productos nuevos a las tiendas y así se renueva más del cuarenta por ciento del inventario.

Ahora se puede comprar la moda Zara en más de 1.600 tiendas en 74 países, por catálogo y por el Internet. Para conocer la moda internacional del momento, hay que conocer Zara.

Preguntas

1. ¿Quién empezó la empresa Zara y dónde? ¿Cuánto le costó?
2. ¿Por qué tiene tanto éxito el negocio?

08-13 to 08-17 · ¡Hola! Spanish/ English Tutorials

Los pronombres de complemento indirecto
Stating to whom and for whom things are done

¿Éste es el vestido que mi madre me compró?

The indirect object indicates *to whom* or *for whom* an action is done. Note these examples:

A: My mom bought this dress *for whom*?

B: She bought this dress *for you*.

A: Yes, she bought *me* this dress.

Review the chart of the indirect object pronouns and their English equivalents:

Los pronombres de complemento indirecto

me	*to / for me*
te	*to / for you*
le	*to / for you* (Ud.)
le	*to / for him, her*
nos	*to / for us*
os	*to / for you all* (vosotros)
les	*to / for you all* (Uds.)
les	*to / for them*

¡Explícalo tú!

Now study the sentences and answer the questions that follow.

Mi madre	**me**	compra mucha ropa.
Mi madre	**te**	compra mucha ropa.
Mi madre	**le**	compra mucha ropa a usted.
Mi madre	**le**	compra mucha ropa a mi hermano.
Mi madre	**nos**	compra mucha ropa.
Mi madre	**os**	compra mucha ropa.
Mi madre	**les**	compra mucha ropa a ustedes.
Mi madre	**les**	compra mucha ropa a mis hermanos.

In each of the above sentences:

1. Who is *buying* the clothing?
2. Who is *receiving* the clothing?

✔ Check your answers to the preceding questions in Appendix 1.

Now, look at the following examples. Identify the **direct objects** and the **indirect object pronouns**.

¿Me traes la falda gris?	*Will you bring me the gray skirt?*
Su novio le regaló la chaqueta más formal.	*Her boyfriend gave her the more formal jacket.*
Mi hermana me compró la blusa elegante.	*My sister bought me the elegant blouse.*
Nuestra compañera de cuarto nos lavó la ropa.	*Our roommate washed our clothes for us.*

(continued)

Some things to remember:

1. Like direct object pronouns, indirect object pronouns *precede* verb forms and can also be *attached to infinitives and present participles* (**-ando, -iendo**).

¿**Me** quieres dar la chaqueta?
¿Quieres dar**me** la chaqueta? } *Do you want to give me the jacket ?*

¿**Me** vas a dar la chaqueta?
¿Vas a dar**me** la chaqueta? } *Are you going to give me the jacket?*

¿**Me** estás dando la chaqueta?
¿Estás dánd**ome** la chaqueta? } *Are you giving me the jacket?*

Manolo **te** puede comprar la gorra en la tienda.
Manolo puede comprar**te** la gorra en la tienda. } *Manolo can buy you the cap at the store.*

Su hermano **le** va a regalar una camiseta.
Su hermano va a regalar**le** una camiseta. } *Her brother is going to give her a T-shirt.*

2. To clarify or emphasize the indirect object, a prepositional phrase (**a** + *prepositional pronoun*) can be added, as in the following sentences. Clarification of **le** and **les** is especially important since they can refer to different people (*him, her, you, them, you all*).

Le presto el abrigo **a él** pero no **le**   *I'm loaning him my coat, but I'm not*
    presto nada **a ella.**   *loaning her anything.* (clarification)
¿**Me** preguntas **a mí**?   *Are you asking me?* (emphasis)

Fíjate

Remember that indirect object pronouns indicate to whom (*a quién*) and for whom (*para quién*) something is done.

3. It is common for Spanish speakers to include both an indirect object noun and pronoun in the same sentence, especially when the third person form is used. This is most often done to clarify or emphasize something.

 8-7 Amigos perfectos Cuando sus mejores amigos celebran sus cumpleaños, tu compañero/a y tú siempre organizan las fiestas. Juntos escriban oraciones sobre las cosas que hacen, usando **me, te, nos, le y les.** ■

MODELO   E1: yo / preparar / las fiestas de cumpleaños / para
                    mis amigos

              E2: *Yo preparo las fiestas de cumpleaños para mis amigos.* /
                   Les preparo las fiestas.

1. yo / preparar / una fiesta sorpresa (*surprise*) / para él
2. yo / mandar / invitaciones / a todos nuestros amigos
3. mis amigos y yo / comprar / unos regalos cómicos / para ella
4. yo / hacer / una torta / para nosotros
5. mis amigos / dar / unas flores bonitas / a mi madre
6. nosotros / cantar / a nuestro amigo / una canción especial

8-8 **¿Qué me recomienda?** Una persona hace el papel de consejero/a y la otra de estudiante de primer año (*freshman*). Deben hacer y contestar las siguientes preguntas según el modelo. Luego, cambien de papel. ■

MODELO   E1: ¿Me recomienda usted la clase de Conversación 101?

E2: *No, no le recomiendo esa clase. Le recomiendo la clase de civilización española.*

1. ¿Me está pidiendo usted información sobre mi familia?
2. ¿Me recomienda usted algunas clases fáciles?
3. ¿Me ayuda usted con mis estudios?
4. ¿Me recomienda usted jugar algún deporte?
5. ¿Me recomienda usted hablar con mis profesores fuera de clase?
6. ¿Me recomienda usted la cafetería?

 Capítulo 3. Los quehaceres de la casa, pág. 109; Capítulo 7. El pretérito, pág. 263.

 8-9 **¡Qué suerte!** Haz una lista de por lo menos **cuatro** cosas que tú hiciste por tu compañero/a de cuarto o tu familia la semana pasada. Después, haz otra lista de tres o cuatro cosas que esa persona hizo por ti. Compara tu lista con la de un/a compañero/a. ■

MODELO   E1: *A mi compañero de cuarto le arreglé la sala, le contesté el teléfono...*

E2: *Mi compañera de cuarto me buscó unos libros en la biblioteca. También me preparó la comida...*

 Capítulo 7. El pretérito, pág. 263.

 8-10 **Los regalos** ¿Te regalaron muchas cosas este año? ¿Regalaste muchas cosas tú? Escribe una lista de **cuatro** regalos que te dieron y de **cuatro** cosas que tú les regalaste. Luego, comparte tu lista con un/a compañero/a según el modelo. ¡Hay que ser creativos! ■

Fíjate

As in English, there are word "families." *El regalo* (noun) means "gift" and *regalar* (verb) means "to give a gift."

MODELO   E1: *Le di una corbata a mi padre.*

E2: *¿Ah sí? ¿De qué color? ¿Le gustó a tu padre?*

E1: *Sí, le gustó mucho la corbata azul. Y mis padres me regalaron una bicicleta.*

E2: *¡Qué suerte! ¿Te gusta montar en bicicleta?*

3 GRAMÁTICA

08-18 to 08-21   Spanish Tutorial

Gustar y verbos como gustar
Expressing likes, dislikes, needs, etc.

¡Me encanta el vestido!

As you already know, the verb **gustar** is used to express likes and dislikes. **Gustar** functions differently from other verbs you have studied so far.

- The person, thing, or idea that is liked is the *subject* (S) of the sentence.
- The person who likes the other person, thing, or idea is the *indirect object* (IO).

Consider the chart below:

(A mí)	**me**	gusta el traje.	*I* like the suit.
(A ti)	**te**	gusta el traje.	*You* like the suit.
(A Ud.)	**le**	gusta el traje.	*You* like the suit.
(A él)	**le**	gusta el traje.	*He* likes the suit.
(A ella)	**le**	gusta el traje.	*She* likes the suit.
(A nosotros/as)	**nos**	gusta el traje.	*We* like the suit.
(A vosotros/as)	**os**	gusta el traje.	*You (all)* like the suit.
(A Uds.)	**les**	gusta el traje.	*You (all)* like the suit.
(A ellos/as)	**les**	gusta el traje.	*They* like the suit.

Note the following:

1. The construction **a** + *pronoun* (**a mí, a ti, a él**, etc.) or **a** + *noun* is optional most of the time. It is used for clarification or emphasis. Clarification of **le gusta** and **les gusta** is especially important since the indirect object pronouns **le** and **les** can refer to different people (*him, her, you, them, you all*).

A él le gusta llevar ropa cómoda. (clarification)	*He likes to wear comfortable clothes.*
A Ana le gusta llevar pantalones cortos. (clarification)	*Ana likes to wear shorts.*
Me gustan esos pantalones largos.	*I like those long pants.*
A mí me gustan más esos cortos. (emphasis)	*I like those short ones even more.*

2. Use the plural form **gustan** when what is liked (the subject of the sentence) is plural.

Me gusta **el traje.**	→	Me gusta**n** **los trajes.**
I like the suit.		*I like the suits.*

3. To express the idea that one likes *to do* something, **gustar** is followed by an infinitive. In that case you always use the singular **gusta,** even when you use more than one infinitive in the sentence:

Me gusta ir de compras por la mañana.	*I like to go shopping in the morning.*
A Pepe **le gusta leer** revistas de moda y **llevar** ropa atrevida.	*Pepe likes to read fashion magazines and wear daring clothing.*
Nos gusta llevar zapatos cómodos cuando hacemos ejercicio.	*We like to wear comfortable shoes when we exercise.*

The verbs listed below function like **gustar**:

encantar	*to love; to like very much*
fascinar	*to fascinate*
hacer falta	*to need; to be lacking*
importar	*to matter; to be important*
molestar	*to bother*

Me encanta ir de compras.

A Doug y a David **les fascina** la tienda de ropa Rugby.

¿**Te hace falta** dinero para comprar el vestido?

A Juan **le importa** el precio de la ropa, no la moda.

Nos molestan las personas que llevan sandalias en invierno.

I love to go shopping. (I like shopping very much.)

The Rugby clothing store fascinates (is fascinating to) Doug and David.

Do you need (are you lacking) money to buy the dress?

The price of the clothing, not the style, matters (is important) to Juan.

People who wear sandals in the winter bother us.

Capítulo 5. El mundo de la música, pág. 172.

 8-11 **Hablando de la música...** A Jaime y a Celia les gusta mucho la música. Completa las siguientes oraciones para descubrir sus preferencias. Después, comparte tu párrafo con un/a compañero/a. ■

MODELO   A nosotros *nos fascina* (fascinar) la música rap.

A nosotros (1) _____ _____ (encantar) la música rock. A mí (2) _____ _____ (gustar) los grupos como AC/DC y Metallica. Mi cantante favorito es Dave Matthews y (3) _____ _____ (gustar) su grupo también. A Celia (4) _____ _____ (fascinar) el grupo Nickleback. Celia tiene casi todos los CD pero, (5) _____ _____ (hacer falta) uno que se llama *Running with Dark Horse*. A nuestros compañeros (6) _____ _____ (molestar) tener que escuchar nuestra música favorita. Ellos prefieren la música jazz. A Celia y a mí no (7) _____ _____ (importar) su opinión, ¡somos amigos pero no nos tienen que gustar las mismas cosas siempre!

Workbooklet

8-12 **¿Qué opinas?** Da tu opinión sobre esta ropa poniendo una equis (**X**) en la columna apropiada de cada hilera (*row*). Luego, comparte tu opinión con un/a compañero/a. ∎

MODELO   E1:   *¿Te fascinan los vestidos de Carolina Herrera?*

E2:   *Sí, me fascinan. / No, no me importan mucho. / No sé, no los conozco.*

	(NO) ME FASCINA(N)	(NO) ME ENCANTA(N)	NO ME IMPORTA(N) MUCHO	NO LO(S)/LA(S) CONOZCO
1. los vestidos de Carolina Herrera				
2. un traje de Armani				
3. una camisa y corbata de Zara				
4. una sudadera				
5. un conjunto				

Capítulo 2. Las materias y las especialidades, pág. 62; En la universidad, pág. 74; Los deportes y los pasatiempos, pág. 81.

Workbooklet

8-13 **En mi opinión...** ¿Qué te gusta y no te gusta de tu universidad? ■

Paso 1 Completa el siguiente cuadro según tu opinión.

ME MOLESTA(N)...	ME ENCANTA(N)...	NOS HACE(N) FALTA...
1.	1.	1.
2.	2.	2.
3.	3.	3.

Paso 2 Ahora, circula por la clase para pedirles a tres compañeros sus opiniones.

MODELO E1 (Tú): ¿Qué te molesta?

E2: Me molesta la comida de la cafetería.

A _____ LE MOLESTA(N)...	A _____ LE ENCANTA(N)...	NOS HACE(N) FALTA...
1.	1.	1.
2.	2.	2.
3.	3.	3.

4 GRAMÁTICA

 ¡Hola!

08-22 to 08-26 Spanish Tutorial

Los pronombres de complemento directo e indirecto usados juntos Conveying information about people and things

¡Me encanta la elegante blusa verde!

¿Sí, amor? Pues, entramos. Te la compro ahora mismo.

You have worked with two types of object pronouns, direct and indirect. Now, note how they are used together in the same sentence.

Paula **nos** está devolviendo **las botas**.   →   Paula **nos las** está devolviendo.
Paula is giving us back the boots.   *Paula is giving them back to us.*

Ella nunca **nos** presta **sus zapatos**.   →   Ella nunca **nos los** presta.
She never loans us her shoes.   *She never loans them to us.*

Paula **me** pide **el bolso** ahora.   →   Paula **me lo** pide ahora.
Paula is asking me for my purse now.   *Paula is asking me for it now.*

Mi novio **me** compró **una blusa blanca**.   →   Mi novio **me la** compró.
My boyfriend bought me a white blouse.   *My boyfriend bought it for me.*

(continued)

¡Explícalo tú!

1. You know that direct and indirect objects come after verbs. Where do you find the direct and indirect object pronouns?
2. Reading from left to right, which pronoun comes first (direct or indirect)? Which pronoun comes second?

✔ Check your answers for the preceding questions in Appendix 1.

¡OJO! A change occurs when you use **le** or **les** along with a direct object pronoun that begins with **l**: (**lo, la, los, las**): **le** or **les** changes to **se**.

le → se

Paula le pide **el bolso a mi hermana**.	→ Paula **se lo** pide.
Su novio no le compró **una chaqueta**.	→ Su novio no **se la** compró.
Su novio le va a comprar **un traje**.	→ Su novio **se lo** va a comprar.

les → se

Paula les devuelve **las botas**.	→ Paula **se las** devuelve.
Yo le presto **mis zapatos**.	→ Yo **se los** presto.
Paula nunca les presta **sus cosas**.	→ Paula nunca **se las** presta.

Direct and indirect object pronouns may also be attached to infinitives and present participles. Note that when attached, an accent is placed over the final vowel of the infinitive and the next-to-last vowel of the participle.

¿Aquel abrigo? Mi madre **me lo** va a comprar.	} *That coat over there? My mother is going to buy it for me.*
¿Aquel abrigo? Mi madre va a comprár**melo**.	
Me lo está comprando ahora.	} *She is buying it for me now.*
Está comprándo**melo** ahora.	

Capítulo 7. El pretérito, pág. 263; Algunos verbos irregulares en el pretérito, pág. 272.

8-14 Combinaciones Escribe oraciones completas sobre lo que dijo Pablo sobre su hermano Antonio. Sigue el modelo, primero usando el complemento indirecto y después los pronombres de complemento indirecto y directos juntos. Comparte tus oraciones con un/a compañero/a. ■

MODELO Mi hermano Antonio / prestar / (a mí) / sus zapatos favoritos / ayer
*Mi hermano Antonio **me prestó** **sus zapatos favoritos** ayer.*
*Mi hermano Antonio **me los** prestó ayer.*

1. Yo / dar / (a Antonio) / unos jeans / la semana pasada
2. Mis padres / regalar / (a Antonio) / un traje formal / el año pasado
3. Yo / lavar / la ropa / (a Antonio) / anteayer
4. Antonio / pedir / dinero para comprar una gorra / (a mí) / anoche
5. Antonio y yo / decir / la verdad sobre el accidente / (a nuestros padres) / ayer

8-15 **Antonio, ¿me prestas…?** Ahora Pablo va a una fiesta y quiere usar la ropa de su hermano Antonio. Túrnense para hacer los papeles de Pablo y Antonio usando los pronombres de complemento directo e indirecto. ■

MODELO   prestar / un abrigo

E1 (Pablo):   *¿Me prestas el abrigo?*

E2 (Antonio):   *Sí, te lo presto. / No, no te lo presto.*

1. prestar / los zapatos negros
2. prestar / la corbata azul
3. prestar / una camiseta blanca y una camisa azul de manga larga (*long sleeved*)
4. prestar / el cinturón negro
5. prestar / tu abrigo nuevo

 8-16 **Mis recomendaciones** ¿Qué recomiendas? Lee la lista y pon una equis (**X**) en la columna apropiada. Después, comparte tus opiniones con un/a compañero/a según el modelo. ■

Workbooklet

MODELO   los libros de Tom Clancy (a tus primas)

E1:   *¿Les recomiendas los libros de Tom Clancy a tus primas?*

E2:   *No, no se los recomiendo.*

	SÍ	NO
1. las novelas de Stephen King (a tus tíos)		
2. la música de Eminem (a tu compañero/a de cuarto)		
3. el restaurante Taco Bell (a nosotros)		
4. la tienda Macy's (a tu amiga que no tiene mucho dinero)		
5. la película *Drácula* (a tus primos de cinco años)		
6. Disney World (a tu hermano)		
7. el Museo de Arte Moderno (a tu profesor/a)		
8. la clase de español (a tu mejor amigo/a)		

8-17 ¿En qué puedo servirle?

Acabas de empezar una pasantía (*internship*). En vez de (*Instead of*) tareas asociadas con la profesión que te interesa seguir, te dan el trabajo de ayudante de una de las vicepresidentas. Túrnense para contestar sus preguntas. ■

MODELO　　E1:　¿Me puede comprar un periódico?

　　　　　　　E2:　*Sí, se lo puedo comprar. / Sí, puedo comprárselo.*

Estrategia

Remember that when addressing an employer, you would use *usted*, not *tú*. Also, be sure to practice both ways of structuring the sentence with two object pronouns, as in the *modelo*.

1. ¿Me puede traer un café?
2. ¿Me puede comprar los boletos (*tickets*) para un viaje a Nueva York?
3. ¿Me puede arreglar los apuntes y los papeles para la reunión de esta tarde?
4. ¿Me puede buscar un artículo en el periódico?
5. ¿Me puede reservar una mesa en un restaurante elegante para esta noche?
6. ¿Me puede comprar unas rosas para la recepcionista? Es su cumpleaños hoy.

¿Cómo andas? I

	Feel confident	Need to review
Having completed **Comunicación I,** I now can . . .		
• describe clothing (p. 294)	☐	☐
• pronounce the letters *ll* and *ñ* (MSL / SAM)	☐	☐
• recount information about a Spanish clothing company (p. 298)	☐	☐
• state to whom and for whom things are done (p. 299)	☐	☐
• express likes, dislikes, needs, etc., (p. 302)	☐	☐
• convey information about people and things (p. 305)	☐	☐

Comunicación II

08-27 to 08-29

Las telas y los materiales   Providing details about clothing

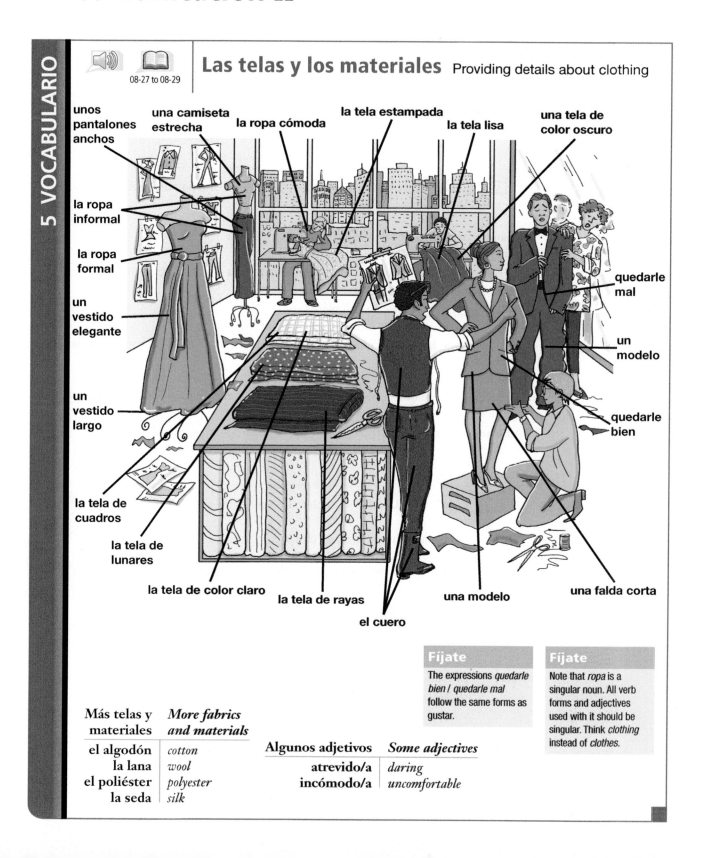

unos pantalones anchos

una camiseta estrecha

la ropa cómoda

la tela estampada

la tela lisa

una tela de color oscuro

la ropa informal

la ropa formal

un vestido elegante

un vestido largo

quedarle mal

un modelo

quedarle bien

la tela de cuadros

la tela de lunares

la tela de color claro

la tela de rayas

el cuero

una modelo

una falda corta

Fíjate

The expressions *quedarle bien / quedarle mal* follow the same forms as *gustar*.

Fíjate

Note that *ropa* is a singular noun. All verb forms and adjectives used with it should be singular. Think *clothing* instead of *clothes*.

Más telas y materiales	*More fabrics and materials*
el algodón	*cotton*
la lana	*wool*
el poliéster	*polyester*
la seda	*silk*

Algunos adjetivos	*Some adjectives*
atrevido/a	*daring*
incómodo/a	*uncomfortable*

8-18 **Los opuestos** Túrnense para decir el opuesto de cada una de las siguientes palabras. ■

1. ancho
2. formal
3. quedarle bien
4. claro
5. corto
6. liso

 8-19 **Definiciones** Túrnense para elegir una palabra o expresión para completar cada oración. ■

1. Cuando hace mucho frío, prefiero llevar un abrigo de...
   a. rayas b. poliéster c. lana
2. El padre de Ana está furioso porque ella salió de casa con un vestido muy...
   a. elegante b. atrevido c. ancho
3. La tela de _____ viene de una planta.
   a. algodón b. cuero c. poliéster
4. A mi madre no le importa mucho _____. Siempre prefiere llevar ropa cómoda y barata.
   a. el modelo b. la moda c. la seda
5. Mi padre dice que quiere proteger (*protect*) los animales. Por eso nunca lleva ropa...
   a. lisa b. estampada c. de cuero
6. A mi amigo le encanta la ropa _____ porque dice que "su color" es el negro.
   a. lisa b. clara c. oscura

8-20 **¡A dibujar!** Completa los siguientes pasos. ■

Paso 1   Dibuja a un hombre o una mujer con cualquier (*whatever*) ropa que quieras. Incluye diferentes telas y materiales en el dibujo.

Paso 2   Descríbele tu dibujo a un/a compañero/a, quien tiene que dibujar lo que tú le dices. Luego cambien de papel.

MODELO   *El hombre lleva un sombrero negro muy elegante. Lleva un traje azul oscuro muy elegante, una camisa blanca y una corbata azul con rayas rojas...*

8-21 **¿Cuál es tu conjunto favorito?** Usa las siguientes preguntas para entrevistar a un/a compañero/a sobre su conjunto favorito. ■

1. ¿Cuál es tu conjunto favorito?
2. ¿De qué color es?
3. ¿De qué tela es?
4. ¿De qué estilo es?
5. ¿Lo compraste tú? Si no, ¿quién te lo compró?
6. ¿Cuándo lo compraste o cuándo te lo compraron?
7. ¿Dónde lo compraste o dónde te lo compraron?
8. ¿Cuándo lo llevas?
9. ¿Por qué te gusta tanto?

 8-22 **¿Qué está de moda?** Trae a la clase tres o cuatro fotos de modelos (pueden ser de una revista [*magazine*], un catálogo o del Internet). Túrnate con un/a compañero/a para describir en por lo menos **tres** oraciones la ropa que llevan los modelos. Digan qué ropa les gusta más y qué ropa no les gusta. ¿Están de acuerdo? ■

MODELO *La primera modelo de Carolina Herrera lleva un vestido corto. Es negro y muy elegante. Su bolso es beige y es pequeño…*

 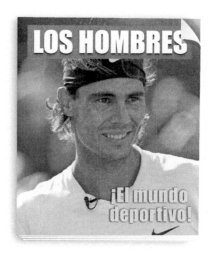

Capítulo 3. Los colores. pág. 111.

 8-23 **¿Quién puede ser?** Escoge a una persona de tu clase y piensa en la ropa que lleva incluyendo el estilo (*style*), el color y la tela. Describe **cuatro** de sus prendas a tu compañero/a, quien tiene que adivinar a quién describes. Túrnense para describir a **tres** compañeros de clase. ■

MODELO E1: *Esta persona lleva unos pantalones largos de rayas blancas, una camiseta oscura, una chaqueta informal y unos tenis blancos.*
E2: *Es Mayra.*

08-30 to 08-35 Spanish/ English Tutorials

Las construcciones reflexivas Relating daily routines

Study the captions for the following drawings.

In each drawing:

- Who is performing / doing the action?
- Who or what is receiving the action?

When the subject both performs and receives the action of the verb, a reflexive verb and pronoun are used.

- Which of the drawings and captions demonstrate reflexive verbs?

Look at the following chart: the reflexive pronouns are highlighted.

La fiesta **los** despierta.

Alberto **la** acuesta.

Beatriz **lo** lava.

Raúl y Gloria **se** despiertan.

Alberto **se** acuesta.

Beatriz **se** lava.

Reflexive pronouns

Yo	me	divierto	en las fiestas.
Tú	te	diviertes	en las fiestas.
Usted	se	divierte	en las fiestas.
Él / Ella	se	divierte	en las fiestas.
Nosotros	nos	divertimos	en las fiestas.
Vosotros	os	divertís	en las fiestas.
Ustedes	se	divierten	en las fiestas.
Ellos / Ellas	se	divierten	en las fiestas.

Reflexive pronouns follow the same rules for position as other object pronouns. Reflexive pronouns:

1. precede conjugated verbs.
2. can be attached to *infinitives* and *present participles* (**-ando, -iendo**).

Te vas a dormir.
Vas a dormir**te**.
} *You are falling asleep.*

¿**Se** van a dormir esta noche?
¿Van a dormir**se** esta noche?
} *Are they going to fall asleep tonight?*

¿**Se** están durmiendo?
¿Están durmiéndo**se**?
} *Are you all falling asleep?*

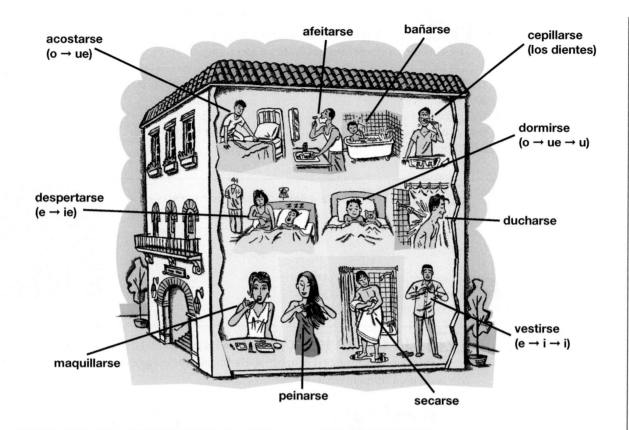

acostarse
(o → ue)

afeitarse

bañarse

cepillarse
(los dientes)

dormirse
(o → ue → u)

despertarse
(e → ie)

ducharse

vestirse
(e → i → i)

maquillarse

peinarse

secarse

Algunos verbos reflexivos

acordarse de (o → ue)	*to remember*	**ponerse (nervioso/a)**	*to get (nervous)*
arreglarse	*to get ready*	**probarse (o → ue) la ropa**	*to try on clothing*
callarse	*to get / keep quiet*	**quedarse**	*to stay; to remain*
divertirse (e → ie → i)	*to enjoy oneself; to have fun*	**quitarse (la ropa)**	*to take off (one's clothes)*
irse	*to go away; to leave*	**reunirse**	*to get together;*
lavarse	*to wash oneself*		*to meet*
levantarse	*to get up; to stand up*	**sentarse (e → ie)**	*to sit down*
llamarse	*to be called*	**sentirse (e → ie → i)**	*to feel*
ponerse (la ropa)	*to put on (one's clothes)*		

Note: To identify all of the previous verbs as *reflexive*, the infinitives end in **-se**.

8-24 **El juego de la asociación** Juntos decidan qué verbos reflexivos asocian con las siguientes palabras y expresiones. ■

1. no decir nada
2. una silla
3. recordar algo
4. tener sueño
5. no recordar algo

6. triste o alegre, por ejemplo
7. un sombrero
8. estar sucio
9. no ir a ningún lugar

 8-25 **¡Batalla!** Va a jugar con un/a compañero/a a *tic-tac-toe*. Escuchen mientras el/la profesor/a les explica el juego. ■

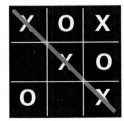

 Capítulo 7. El pretérito, pág. 263. Algunos verbos irregulares en el pretérito, pág. 272.

 8-26 **Un día en la vida** Ordena las actividades diarias de María y Tomás, estudiantes universitarios en Argentina, de forma cronológica. Luego, compara tu lista con la de un/a compañero/a. ■

El día de María

1. Antes de irse a la universidad, se acordó de la tarea que no hizo para su clase de historia.
2. Se duchó.
3. Se maquilló.
4. Llegó a la clase de historia y se quitó el abrigo.
5. Se vistió.
6. Se secó.
7. Se levantó.

El día de Tomás

1. Se acostó tarde.
2. Se levantó rápidamente a las ocho.
3. Se despertó tarde.
4. No se durmió inmediatamente.
5. Se divirtió con sus amigos.
6. Después de las clases se fue con los amigos para pasar el fin de semana en la playa.
7. Se fue para la clase de química.

Capítulo Preliminar
A. La hora, pág. 18.

 8-27 **Un día normal** Escribe por lo menos **cinco** actividades que haces normalmente y a qué hora las haces. Usa verbos reflexivos. Después, comparte tu lista con un/a compañero/a. ■

 8-28 **Para conocerte mejor** Túrnense para hacerse esta entrevista y conocer mejor sus hábitos. ■

MODELO   E1:   ¿Qué te pones para ir al cine?

             E2:   *Me pongo los jeans con una camiseta. ¿Y tú? ¿Qué te pones?*

             E1:   *Generalmente me pongo pantalones con una blusa o un suéter.*

             E2:   ¿Qué…?

1. ¿Qué te pones cuando sales con esa "persona especial"?
2. Cuando estás durmiéndote, ¿te acuerdas de las cosas que no hiciste durante el día?
3. ¿Cómo te diviertes?
4. Si tienes tiempo, ¿con quién(es) te reúnes?
5. ¿Cuándo te pones nervioso/a?
6. ¿Cuándo te sientes feliz?

 8-29 **Mímica** Hagan mímica (*charades*) en grupos de cuatro. Túrnense para escoger un verbo reflexivo para representar al grupo. El grupo tiene que adivinar qué verbo es. Sigan jugando hasta que cada estudiante represente **cuatro** verbos diferentes. ■

8-30 **¿Conoces bien a tus compañeros?** Trabaja en grupos de cuatro para hacer esta actividad. ■

Paso 1   Un/a compañero/a debe salir de la sala de clase por un momento. Los otros estudiantes escriben **cinco** preguntas sobre la vida diaria del/de la compañero/a, usando los verbos reflexivos.

MODELO   *¿A qué hora te despiertas?*

            ¿Te duchas todos los días?

Paso 2   Antes de entrar el/la compañero/a, el grupo de estudiantes debe adivinar cuáles van a ser las respuestas a esas preguntas.

MODELO   *Se despierta a las siete.*

            Sí, se ducha todos los días.

Paso 3   Entra el/la compañero/a y los otros le hacen las preguntas.

Paso 4   Comparen las respuestas del grupo con las del/de la compañero/a. ¿Tenían razón? Pueden repetir la actividad con los otros miembros del grupo.

Los centros comerciales en Latinoamérica

08-36

Ir de compras en Latinoamérica se asocia muchas veces con los mercados al aire libre donde se vende la artesanía y la comida típica de la región. Es cierto que estos lugares existen y son muy populares, sobre todo con los turistas. Pero en las últimas décadas ha surgido (*has emerged*) la cultura del centro comercial y los grandes almacenes en las sociedades latinoamericanas.

Los grandes centros comerciales, como los Unicentros en El Salvador y los centros Sambil en Venezuela, las tiendas de Falabella en Chile, Argentina y Perú, y los almacenes Liverpool en México, son buenos ejemplos de mercados modernos que atraen a la población latina de varias clases económicas. Estas tiendas son modernas y ofrecen de todo a los clientes que buscan una gran variedad de productos como, por ejemplo, ropa, artículos y aparatos domésticos y muebles.

La gente va a los centros comerciales para pasear, mirar y entretenerse (*to entertain oneself*). En muchos hay hipermercados donde se puede comprar comida y artículos diversos para el hogar. Los centros comerciales son lugares para citas, para pasar el tiempo, para ir al cine, para reunirse con amigos, para observar a la gente, para ojear las vitrinas (*window shop*) y para enterarse de las últimas tendencias de la moda. Verdaderamente, estos centros han cambiado (*have changed*) mucho el estilo de vida de la gente hoy en día.

Preguntas

1. Antes de leer "Los centros comerciales en Latinoamérica", ¿qué entendías tú (*did you understand*) por "mercado latinoamericano"? ¿Qué imagen tenías (*did you used to have*)?
2. ¿Qué hace la gente en los centros comerciales latinoamericanos? ¿Cómo se comparan estas actividades con las de los centros comerciales estadounidenses?

¡Hola!

08-37 to 08-41 Spanish/English Tutorials

El imperfecto   Sharing about situations in the past and how things used to be

Cuando Pepe vivía en la playa, nadaba en el mar todas las mañanas.

In **Capítulo 7** you learned how to express certain ideas and notions that happened in the past with the preterit. Spanish has another past tense, **el imperfecto,** that *expresses habitual or ongoing past actions, provides descriptions,* or *describes conditions.*

	-ar: hablar	-er: comer	-ir: vivir
yo	hablaba	comía	vivía
tú	hablabas	comías	vivías
Ud.	hablaba	comía	vivía
él, ella	hablaba	comía	vivía
nosotros/as	hablábamos	comíamos	vivíamos
vosotros/as	hablabais	comíais	vivíais
Uds.	hablaban	comían	vivían
ellos/as	hablaban	comían	vivían

Estrategia

Focus on the forms and when to use the *imperfecto*. Note that the -*er* and -*ir* forms are exactly the same, and that they have accents in every form. Also note that in the -*ar* verbs the *nosotros/nosotras* form has an accent.

There are only *three irregular verbs* in the imperfect: **ir, ser,** and **ver.**

	ir	ser	ver
yo	iba	era	veía
tú	ibas	eras	veías
Ud.	iba	era	veía
él, ella	iba	era	veía
nosotros/as	íbamos	éramos	veíamos
vosotros/as	ibais	erais	veíais
Uds.	iban	eran	veían
ellos/as	iban	eran	veían

The imperfect is used to:

1. **provide background information, set the stage, or express a condition that existed**

Llovía mucho.	*It was raining a lot.*
Era una noche oscura y nublada.	*It was a dark and cloudy night.*
Estábamos en el segundo año de la universidad.	*We were in our second year of college.*
Adriana **estaba** enferma y no **quería** levantarse.	*Adriana was ill and didn't want to get up / get out of bed.*

Fíjate

Repeated actions are usually expressed in English with *used to…* or *would…*

2. **describe habitual or often repeated actions**

Íbamos al centro comercial todos los viernes. Nos **divertíamos** mucho.	*We went (used to go) to the **mall / shopping district** every Friday. We had a lot of fun.*
Cuando **era** pequeño, LeBron **jugaba** al básquetbol por lo menos dos horas al día.	*When he was little, LeBron played (used to play) basketball for at least two hours a day.*
Mis padres siempre **se vestían muy bien** los domingos para ir a la iglesia.	*My parents always dressed very well on Sundays to go to church.*

(continued)

Some words or expressions for describing habitual and repeated actions are:

a menudo	*often*	**muchas veces**	*many times*
casi siempre	*almost always*	**mucho**	*a lot*
frecuentemente	*frequently*	**normalmente**	*normally*
generalmente	*generally*	**siempre**	*always*
mientras	*while*	**todos los días**	*every day*

3. express *was* or *were* + *-ing*

¿**Dormías**?
Me duchaba cuando Juan llamó.
Alberto **leía** mientras Alicia **escuchaba** música.

Were you sleeping?
I was showering when Juan called.
Alberto was reading while Alicia was listening to music.

4. tell time in the past

Era la una y yo todavía **estudiaba**.
Eran las diez y los niños **dormían**.

It was 1:00 and I was still studying.
It was 10:00 and the children were sleeping.

 8-31 **La práctica** Repitan el juego de la actividad **7-8** en la página 264, esta vez para practicar el imperfecto. ■

 8-32 **Cuando era joven** Completa el párrafo sobre Eva Perón para saber cómo pudo ser su vida cuando era joven. Después, compara tus respuestas con las de un/a compañero/a. ■

ayudar	encantar	gustar	poder	querer
preferir	sentirse	ser	tener	trabajar

María Eva Duarte, como primero se llamaba, nació en una provincia de Buenos Aires en el año 1919. Cuando (1) _____ seis o siete años su padre murió. Eva y sus cuatro hermanos (2) _____ muy tristes y la vida (3) _____ muy difícil para ellos porque les faltaban dinero y comida. La madre (4) _____ como costurera (*seamstress*) y los niños la (5) _____ en la casa. Nos imaginamos que a Eva le (6) _____ el verano cuando (7) _____ estar en casa con sus hermanos. No le (8) _____ las muñecas y (9) _____ inventar juegos o imaginar situaciones diferentes. Parece que desde el principio (*from the start*) Eva (10) _____ ser actriz.

Workbooklet

8-33 En el colegio... ¿Qué hacías cuando estabas en el colegio? ¿Con qué frecuencia? Escribe una equis (**X**) en la columna apropiada de cada hilera (*row*). Luego, compara tus respuestas con las de un/a compañero/a. ∎

MODELO E1: *¿Escuchabas música de Cristina Aguilera?*

E2: *No, nunca escuchaba música de Cristina Aguilera. / Sí, a veces escuchaba música de Cristina Aguilera.*

	TODOS LOS DÍAS	MUCHAS VECES	A VECES	NUNCA
1. escuchar música de Cristina Aguilera				
2. nadar en la playa				
3. leer obras de Shakespeare				
4. bañarse por la noche				
5. acostarse temprano				
6. dormirse en las clases				
7. ponerse nervioso/a antes de un examen				
8. reunirse con los amigos				
9. vestirse como querías				
10. querer ir a la escuela				
11. levantarse muy tarde				
12. no hacer nada por la noche				

Capítulo 3. La casa, pág. 98;
Los colores, pág. 111.

8-34 Mi primera casa ¿Cómo era tu primera casa o la casa de tu amigo/a? Descríbesela a un/a compañero/a dándole por lo menos **cinco** detalles. Luego, cambien de papel. ∎

MODELO *Mi primera casa estaba en una ciudad pequeña. Tenía dos dormitorios. La cocina era amarilla. El comedor blanco y la sala azul eran pequeños. Tenía solamente (only) un baño.*

8-35 **¡Cómo cambia la vida!**
Miren el dibujo y escriban **siete** oraciones
que contesten la pregunta "¿cómo era la
vida en los años setenta?". Usen verbos
como **tener, estar, ser, haber, ayudar, limpiar**
y **jugar**. ¡Sean creativos! ■

Workbooklet

8-36 **Preguntas personales** Cuando tenían dieciséis años, ¿qué hacían tus
compañeros/as de clase? Circula por la clase para preguntárselo. ■

MODELO   E1: ¿Jugabas al fútbol con los amigos?

E2: *Sí, jugaba todos los días después de salir del colegio.*

E3: *Sí, jugaba con el equipo del colegio.*

E4: *No, nunca jugaba al fútbol. No me gustaba.*

	ESTUDIANTE 1:	ESTUDIANTE 2:	ESTUDIANTE 3:
1. ¿Te quedabas en casa los fines de semana?			
2. ¿Qué hacías los fines de semana?			
3. ¿Manejabas (*Did you drive*)?			
4. ¿Tenías coche (*car*)?			
5. ¿Trabajabas?			
6. ¿Qué hacías cuando hacía mal tiempo?			
7. ¿Qué hacías cuando hacía buen tiempo?			
8. ¿Qué hacías cuando tenías dinero?			
9. ¿Qué hacías cuando no tenías dinero?			
10. ¿Qué hacías para divertirte?			

ESCUCHA

08-42 to 08-43

En el centro comercial

8-37 Antes de escuchar

Beatriz, la prima de Marisol, es estudiante de intercambio en Buenos Aires. Va de compras con su "hermana" argentina, Luz. Están en la tienda Zara, comprando ropa. ■

1. ¿Cómo es la tienda Zara?
2. ¿Piensas que ir de compras a Zara en Buenos Aires es igual que ir de compras a Zara en Nueva York (o en cualquier otra ciudad)?

8-38 A escuchar

Completa las siguientes actividades. ■

Beatriz y Luz van de compras.

1. Escucha la conversación entre Beatriz y Luz y después selecciona la opción que mejor conteste la pregunta.

   ¿De qué se trata (*What is the gist of*) la conversación?

   _____ a. A Beatriz no le gustan las blusas de la tienda y tampoco la tienda. Jamás va de compras allí.

   _____ b. A Beatriz le encanta el dependiente. Vive cerca de Luz.

   _____ c. A Luz le gustan los perros negros. Alguien tiene un perro que se llama Toro o posiblemente Goro.

2. Escucha una vez más y termina las siguientes oraciones.

   a. Marisol y Beatriz visitaron una de las tiendas Zara… (dónde y cuándo)
   b. Marisol y Beatriz no compraron nada porque…
   c. Luz no quiere comprar la blusa de seda o la falda de lana porque…
   d. Beatriz reconoce (*recognizes*) al dependiente porque…

3. ¿Qué significa "dependiente"?

8-39 Después de escuchar

En grupos de tres, realicen (*act out*) la escena entre Beatriz, Luz y el dependiente. ■

¡CONVERSEMOS!
08-44

8-40 **Los modelos** Crea un desfile de moda (*fashion show*) con un/a compañero/a. Describe la ropa que lleva tu compañero/a. Si quieres, trae fotos de ropa de unas revistas y descríbela como si fueras un comentarista de moda para *Style.com*. Incluye **por lo menos diez** oraciones. ▪

8-41 **¿Qué llevaban?** Piensa en la ropa que tus amigos, tu familia y tú llevaban cuando eran más jóvenes. ¿Cómo se compara el estilo de antes con el estilo de ahora? Describe con detalles la ropa que se llevaba en **por lo menos diez** oraciones. ▪

ESCRIBE

08-45

Un email

Estrategia		
Circumlocution	It is common when learning a language not to know or remember the exact word(s) you need to communicate an idea. Thinking of another way to express something is called *circumlocution*— essentially using several words to describe something simple.	For example, if you don't know or remember the word for "tía," you could say "la hermana de mi padre." If you can't remember the word for "cine," you could get your point across by writing "todos los sábados íbamos al centro para ver una película."

8-42 Antes de escribir ¿Qué te gustaba hacer de niño/a? ¿Te levantabas temprano para jugar con tus amigos? ¿Tus padres te dejaban comer caramelos y otros dulces a menudo? Haz una lista de las **ocho** cosas que más te gustaba hacer cuando eras niño/a, usando "circumlocution" cuando sea necesario. ■

8-43 A escribir Organiza tus ideas y escribe un email a tu hermano/a (o a tu mejor amigo/a), recordando las cosas que hacías en tu niñez. ■

8-44 Después de escribir Tu profesor/a va a leer los emails a la clase para ver si ustedes pueden adivinar quiénes los escribieron. ■

¿Cómo andas? II

	Feel confident	Need to review
Having completed **Comunicación II,** I now can . . .		
• provide details about clothing (p. 309)	☐	☐
• relate daily routines (p. 312)	☐	☐
• consider shopping practices in the Spanish-speaking countries (p. 316)	☐	☐
• share about situations in the past and how things used to be (p. 317)	☐	☐
• guess the meanings of unfamiliar words, when listening, from the context (p. 321)	☐	☐
• communicate about clothing and fashion (p. 322)	☐	☐
• write an e-mail, practicing circumlocution (p. 323)	☐	☐

08-46 to 08-48

Les presento mi país

María Graciela
Martelli Paz

Mi nombre es María Graciela Martelli Paz y vivo en Rosario, una ciudad cerca de Buenos Aires. Realmente soy porteña (*una persona de Buenos Aires*) porque nací allí. Mi primer apellido es italiano porque mis abuelos paternos eran de Nápoles. Muchos argentinos tienen apellidos italianos a causa de la gran inmigración europea a fines del siglo diecinueve. **¿De qué herencia sos vos, che?** Mi país es grande y la geografía es muy variada: desde la montaña más alta del hemisferio occidental, el Cerro Aconcagua, hasta la ciudad más sureña (*del sur*) del mundo, Ushuaia. También tenemos lugares naturales como los glaciares, las pampas, la región de la Patagonia, las cataratas del Iguazú y unas playas hermosas, como la de Mar del Plata. **¿Qué regiones y riquezas naturales hay en tu país?**

Las cataratas del Iguazú en la frontera con Brasil y Argentina

El tango en San Telmo, un antiguo barrio en la capital

Galerías Pacífico en la calle Florida

ALMANAQUE

Nombre oficial: República de Argentina
Gobierno: República
Población: 41.343.201 (2010)
Idioma: español
Moneda: Peso argentino ($)

¿Sabías que...?

- El **lunfardo** es un dialecto o jerga que tuvo su origen en los barrios de Buenos Aires a finales del siglo XIX. Es la lengua del tango y también la jerga de las prisiones a principios del siglo XX. Se forman palabras diciendo las sílabas al revés (*reversing the syllables*): "tango" en lunfardo es *gotán*.

Preguntas

1. ¿Cuáles son tres de las distintas regiones geográficas del país? Cuando es verano en Argentina, ¿en qué estación estamos aquí? ¿Por qué?
2. ¿Dónde puedes ir de compras en Buenos Aires?
3. ¿Qué tiene Argentina en común con otros países de Sudamérica?

 Amplía tus conocimientos sobre Argentina en MySpanishLab.

Uruguay

08-46 to 08-47,
08-49

Francisco Tomás
Bacigalupe Bustamante

Les presento mi país

Mi nombre es Francisco Tomás Bacigalupe Bustamante, aunque de pequeño me llamaban Paquito. Soy de Montevideo, la capital de Uruguay. Mi país es pequeño, pero también es tranquilo y bonito. La mayoría de la población, el ochenta por ciento, vive en los centros urbanos. El clima es templado (no hace mucho calor ni mucho frío) y es perfecto para nuestras playas increíbles. Cuando era niño las playas eran nuestro destino favorito para ir de vacaciones. **¿Dónde ibas tú de vacaciones?** Tenemos mucho en común con nuestros vecinos los argentinos: el tango, la yerba mate, los gauchos y una dieta que contiene mucha carne. También comemos mucha pizza y pasta, debido a nuestra herencia italiana. **¿Qué comida de otros países te gusta comer?**

...nta del Este es un
...neario (resort)
...y turístico.

El chivito es un plato
típico uruguayo.

El puerto de
Montevideo

ALMANAQUE

Nombre oficial: República Oriental del
Uruguay

Gobierno: República democrática

Población: 3.510.386 (2010)

Idiomas: español (oficial);
portuñol/brasilero

Moneda: Peso uruguayo ($U)

¿Sabías que...?

- Debido al índice de alfabetización (*literacy*), el clima agradable y templado, la belleza del paisaje y la hospitalidad de la gente, a Uruguay se le conoce como "la Suiza de América".

Preguntas

1. ¿Dónde vive la mayoría de los uruguayos?
2. Muchos uruguayos son de herencia italiana. ¿En qué se ve esta herencia?
3. ¿Qué tiene en común Uruguay con su país vecino Argentina?

Amplía tus conocimientos sobre Uruguay en MySpanishLab.

08-52 to 08-53

Ambiciones siniestras

EPISODIO 8

Lectura

Estrategia

The new strategy *guessing meaning from context* is especially useful to beginning language students. It is much easier to focus on what you can understand and make logical guesses about the new information than to try to focus on what you cannot understand and attempt to look up every word. Only look up a word if it interferes with your ability to comprehend the sentence, question, or the main idea.

Estrategia   Guessing meaning from context

Before consulting a dictionary, always try to guess the meaning of an unfamiliar word from the context. Look closely at the surrounding words and sentences to help you determine the meaning. Even without an exact translation, you can get the general idea of what the word means.

8-45 **Antes de leer** En el **Episodio 7,** los protagonistas seguían preocupados por Eduardo y tampoco sabían dónde estaba Alejandra. Para prepararte bien para el **Episodio 8,** contesta las siguientes preguntas basadas en el **Episodio 7.** ■

1. ¿Cómo se sentía Marisol? ¿Manolo? Explica.
2. ¿Por qué era importante resolver el rompecabezas?
3. ¿Cuáles eran las dudas que tenían?

8-46 **A leer** Completa las siguientes actividades. ■

1. Al empezar el episodio, sabemos que Marisol estaba "preocupada". Cuando ella fue a su computadora *"Tenía varios mensajes, pero inmediatamente vio uno del hombre del concurso. Empezó a <u>temblar</u> sin saber por qué".*

   ¿Qué significa la palabra "temblar"? ¿Cómo podía sentirse Marisol? ¿feliz?, ¿asustada? Creemos que Marisol se puso nerviosa, entonces "temblar" es más una reacción de miedo, ¿no? En realidad, "temblar" significa *"to tremble".*
2. Lee el episodio y subraya (*underline*) las palabras que no conoces. Intenta adivinar el significado, según el contexto. (Sigue el proceso indicado en el apartado 1.) Después, compara tus palabras con las de tu compañero/a.

¿Quién fue?

Eran las ocho y Marisol estaba en la cama, preocupada y confusa. No quería levantarse. No tenía ganas de arreglarse... no podía comer porque no tenía hambre ni para sus dulces favoritos.

Sonó el teléfono pero Marisol decidió no contestarlo. Prefería escuchar un mensaje que hablar con alguien en estos momentos. Nada: nadie dejó un mensaje. Decidió levantarse e ir a la computadora para leer su correo electrónico. Tenía varios mensajes, pero inmediatamente vio uno del hombre del concurso. Empezó a temblar sin saber por qué. Por fin lo abrió y leyó:

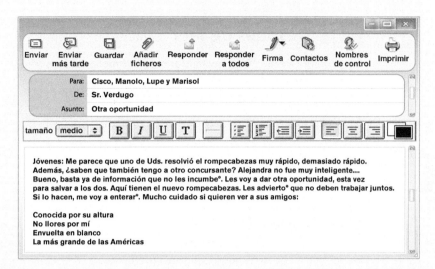

Para: Cisco, Manolo, Lupe y Marisol
De: Sr. Verdugo
Asunto: Otra oportunidad

Jóvenes: Me parece que uno de Uds. resolvió el rompecabezas muy rápido, demasiado rápido. Además, ¿saben que también tengo a otro concursante? Alejandra no fue muy inteligente.... Bueno, basta ya de información que no les incumbe°. Les voy a dar otra oportunidad, esta vez para salvar a los dos. Aquí tienen el nuevo rompecabezas. Les advierto° que no deben trabajar juntos. Si lo hacen, me voy a enterar°. Mucho cuidado si quieren ver a sus amigos:

Conocida por su altura
No llores por mí
Envuelta en blanco
La más grande de las Américas

you do not need to know — no les incumbe
warn
find out

nightmare — Marisol no podía creerlo. ¡Qué pesadilla°! ¿Quién resolvió el primer rompecabezas?
She had nothing — Ella no tuvo nada que ver con eso°. ¿Y qué pasó con Lupe en estos últimos días? Estaba
to do with that / — portándose° muy rara y misteriosamente. Dijo que las cosas no eran importantes, pero sí,
behaving / — lo son. Parecía que escondía° algo. ¡Podía ser que este último mensaje fuera° de ella! En
was hiding / was — ese momento sonó el teléfono.

—Marisol, soy Manolo. Encontré tu número en el Internet.

—Manolo, gracias por llamar —respondió Marisol —Tengo que hablar contigo. Tengo mucho miedo. ¿Recibiste el nuevo rompecabezas? ¿Fuiste tú quien solucionó el primer rompecabezas? —le preguntó.

—Sí, —explicó Manolo, —recibí el nuevo pero no, no fui yo quien solucionó el primero —explicó Manolo.

—¿Sabes qué? —empezó a decir Marisol—. Creo que es Lupe quien nos manda los emails. Creo que ella es el «Sr. Verdugo» —le dijo muy convencida.

—¿Sí? —respondió Manolo—, y yo creía que era Cisco. Él tiene mucho talento con las computadoras. Me da mucho miedo. Creo que Cisco sí sabe lo que pasa con Eduardo y no nos dice nada. Temo que él sea el culpable°.

I'm afraid he may be the guilty one

—No sé —le refutó Marisol—. No lo sé. Hay cosas muy misteriosas con Lupe también.
approach — Siempre está en Internet y cuando me acerco° a ella, cierra su computadora y me dice que no está haciendo nada. ¿Qué hacemos? —le preguntó.

—Tal vez debemos llamar a la policía —contestó Manolo—, pero ¿qué decimos? No sabemos nada en concreto ni de Eduardo ni de Alejandra. Vamos a pensarlo bien. ¿Y si es
joke — una broma° de mal gusto? Te llamo pronto.

—Bueno —respondió Marisol angustiada—. Adiós.

Marisol, temblando de nuevo, volvió a sus mensajes. Miró la lista y vio una dirección que no
screamed — reconoció: muchasuerte@comando.com. Abrió el mensaje y gritó°.

8-47 Después de leer
Contesta las siguientes preguntas. ■

1. ¿Qué hora era? ¿Qué hacía Marisol al empezar el episodio?
2. ¿Cuál era el nuevo rompecabezas?
3. ¿Qué amenaza (*threat*) había al final de su mensaje?
4. ¿Quién llamó por teléfono?
5. ¿Cuáles eran las dudas de Manolo?, ¿y de Marisol?

08-54 to
08-55

Video

8-48 Antes del video
En la segunda parte del episodio vas a saber quién resolvió el rompecabezas, pero vas a tener más dudas sobre algunos de los protagonistas. Manolo va a hablar de algo peligroso (*dangerous*). Y finalmente, ¿quién tiene una pistola? ■

Eso es todo lo que necesito.

Cisco, te lo digo en serio, esto puede ser muy peligroso.

Oye, Manolo. Perdón pero tengo que irme.

Episodio 8

«El misterio crece»

Relájate y disfruta el video.

8-49 Después del video
Contesta las siguientes preguntas. ■

1. ¿Qué hacía Lupe mientras hablaba con Manolo?
2. ¿Quién resolvió el primer rompecabezas? ¿Cuál era la respuesta?
3. Según Lupe, ¿quién debía saber algo sobre Eduardo?
4. ¿Qué ocurrió justo antes de colgar (*just prior to hanging up*) los teléfonos?
5. ¿Por qué se puso nervioso Manolo al final del episodio?
6. ¿A quién vimos al final del episodio?

Y por fin, ¿cómo andas?

	Feel confident	Need to review
Having completed this chapter, I now can . . .		
Comunicación I		
• describe clothing (p. 294)	☐	☐
• pronounce *ll* and *ñ* correctly (MSL / SAM)	☐	☐
• state to whom and for whom things are done (p. 299)	☐	☐
• express likes, dislikes, needs, etc. (p. 302)	☐	☐
• convey information about people and things (p. 305)	☐	☐
Comunicación II		
• provide details about clothing (p. 309)	☐	☐
• relate daily routines (p. 312)	☐	☐
• share about situations in the past, and how things used to be (p. 317)	☐	☐
• guess the meanings of unfamiliar words, when listening, from the context (p. 321)	☐	☐
• communicate about clothing and fashion (p. 322)	☐	☐
• write an e-mail, practicing circumlocution (p. 323)	☐	☐
Cultura		
• recount information about a Spanish clothing company (p. 298)	☐	☐
• consider shopping practices in Spanish-speaking countries (p. 316)	☐	☐
• share important facts about this chapter's featured countries: Argentina and Uruguay (pp. 324–325)	☐	☐
Ambiciones siniestras		
• deduce the meanings of unfamiliar words in a reading passage and explain the significance of the latest e-mail from Sr. Verdugo (p. 326)	☐	☐
• reveal secrets regarding Lupe (p. 328)	☐	☐
Comunidades		
• use Spanish in real-life contexts (SAM)	☐	☐

La ropa	Clothing
el abrigo	overcoat
la bata	robe
la blusa	blouse
el bolso	purse
las botas (*pl.*)	boots
los calcetines (*pl.*)	socks
la camisa	shirt
la camiseta	T-shirt
la chaqueta	jacket
el cinturón	belt
el conjunto	outfit
la corbata	tie
la falda	skirt
la gorra	cap
los guantes	gloves
el impermeable	raincoat
los jeans (*pl.*)	jeans
las medias (*pl.*)	stockings; hose
la moda	fashion
los pantalones (*pl.*)	pants
los pantalones cortos (*pl.*)	shorts
el paraguas	umbrella
el pijama	pajamas
las prendas	articles of clothing
la ropa interior	underwear
las sandalias (*pl.*)	sandals
el sombrero	hat
la sudadera	sweatshirt
el suéter	sweater
los tenis (*pl.*)	tennis shoes
el traje	suit
el traje de baño	swimsuit; bathing suit
el vestido	dress
las zapatillas (*pl.*)	slippers
los zapatos (*pl.*)	shoes

Algunos verbos	*Some verbs*
llevar	to wear; to take; to carry
prestar	to loan; to lend

Algunos verbos como *gustar*	*Verbs similar to* gustar
encantar	to love; to like very much
fascinar	to fascinate
hacer falta	to need; to be lacking
importar	to matter; to be important
molestar	to bother

Las telas y los materiales	*Fabrics and materials*
el algodón	cotton
el cuero	leather
la lana	wool
el poliéster	polyester
la seda	silk
la tela	fabric

Algunos adjetivos	Some adjectives
ancho/a	wide
atrevido/a	daring
claro/a	light (colored)
cómodo/a	comfortable
corto/a	short
de cuadros	checked
de lunares	polka-dotted
de rayas	striped
elegante	elegant
estampado/a	print; with a design or pattern
estrecho/a	narrow; tight
formal	formal
incómodo/a	uncomfortable
informal	casual
largo/a	long
liso/a	solid-colored
oscuro/a	dark

Otra palabra útiles	Another useful word
el/la modelo	model

Un verbo	A verb
quedarle bien / mal	to fit well / poorly

Algunos verbos reflexivos	Some reflexive verbs
acordarse de (o → ue)	to remember
acostarse (o → ue)	to go to bed
afeitarse	to shave
arreglarse	to get ready
bañarse	to bathe
callarse	to get / keep quiet
cepillarse (el pelo, los dientes)	to brush (one's hair, teeth)
despertarse (e → ie)	to wake up; to awaken
divertirse (e → ie → i)	to enjoy oneself; to have fun
dormirse (o → ue → u)	to fall asleep
ducharse	to shower
irse	to go away; to leave
lavarse	to wash oneself
levantarse	to get up; to stand up
llamarse	to be called
maquillarse	to put on make up
peinarse	to comb one's hair
ponerse (la ropa)	to put on (one's clothes)
ponerse (nervioso/a)	to get (nervous)
probarse (o → ue) la ropa	to try on clothing
quedarse	to stay; to remain
quitarse (la ropa)	to take off (one's clothes)
reunirse	to get together; to meet
secarse	to dry off
sentarse (e → ie)	to sit down
sentirse (e → ie → i)	to feel
vestirse (e → i → i)	to get dressed

9

Estamos en forma

Todos queremos tener una buena calidad de vida y prolongarla lo más posible. No podemos cambiar nuestra herencia genética transmitida de padres a hijos, pero sí tenemos control sobre decisiones que pueden afectar nuestro estilo de vida: el ejercicio, la dieta, la prevención de accidentes y el uso de sustancias adictivas como el tabaco.

PREGUNTAS

1. ¿Vives una vida sana (*healthy*)? ¿Qué haces (o no haces) para tener una vida más sana?

2. ¿Qué tipo de ejercicio te gusta hacer?

3. ¿Cuáles son algunas de las decisiones específicas que tomamos que pueden afectar nuestra salud (*health*)?

Comunicación I

09-01 to 09-07

El cuerpo humano — Describing the human body

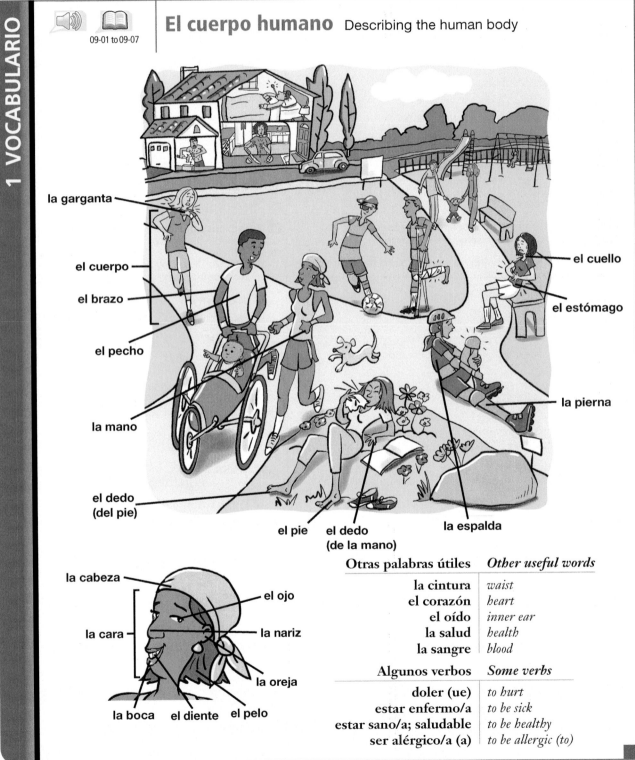

la garganta

el cuerpo

el brazo

el pecho

la mano

el dedo (del pie)

el pie

el dedo (de la mano)

la espalda

el cuello

el estómago

la pierna

la cabeza

la cara

la boca   el diente   el pelo

el ojo

la nariz

la oreja

Otras palabras útiles	Other useful words
la cintura	*waist*
el corazón	*heart*
el oído	*inner ear*
la salud	*health*
la sangre	*blood*
Algunos verbos	***Some verbs***
doler (ue)	*to hurt*
estar enfermo/a	*to be sick*
estar sano/a; saludable	*to be healthy*
ser alérgico/a (a)	*to be allergic (to)*

PRONUNCIACIÓN

 ¡Hola!

09-08 to 09-11

The letters *d* and *t*

Go to MySpanishLab / Student Activities Manual to learn about the letters *d* and *t*.

 9-1 **Simón dice** Escuchen mientras su instructor/a les da las instrucciones de esta actividad. ■

 Capítulo 8. La ropa, pág. 294.

 9-2 **¿Cómo nos vestimos?** Túrnense para decir qué partes del cuerpo asocian con la ropa indicada. ■

MODELO E1: los zapatos
E2: *los pies*

1. las botas
2. los guantes
3. los pantalones
4. la gorra
5. la corbata
6. la camiseta
7. los tenis
8. la chaqueta

 9-3 **Categorías** Juntos escriban todas las palabras del vocabulario nuevo que corresponden a las siguientes partes del cuerpo. ■

MODELO E1: la cabeza
E2: *la cara, el pelo,* etc.

1. la cabeza
2. de la cintura para arriba (*from the waist up*)
3. de la cintura para abajo (*from the waist down*)
4. la cara

 9-4 **¿Cómo se escribe?** Escribe la primera y la última letra de una de las palabras del vocabulario. Un/a compañero/a tiene que terminarla. Túrnense para practicar la ortografía de por lo menos **ocho** palabras. ■

MODELO E1: e _ _ _ _ _ a
E2: e s p a l d a

9-5 **¿Qué te duele?** Con una/a compañero/a, creen preguntas y respuestas para ver lo que les duele a las siguientes personas. ■

MODELO   a Ricardo / los brazos

E1:   *¿Qué le duele a Ricardo?*

E2:   *Le duelen los brazos.*

1. A Julia / la cabeza
2. A Marco y a Miguel / las piernas
3. A ti / el estómago
4. A tu primo / la garganta
5. A ustedes / los ojos

Capítulo 3. *Hay*, pág. 119.

 9-6 **Una obra de arte** Miren el cuadro y descríbanlo usando las siguientes preguntas como guía. ■

1. ¿Cuántas personas hay en el cuadro?
2. ¿Cuántas caras hay?
3. ¿Cuántas manos pueden ver?
4. ¿Cuántos ojos pueden ver?
5. ¿Cuántas narices hay?
6. ¿Qué otras cosas ven en el cuadro?
7. Estas personas son…
8. El cuadro representa…

 9-7 **¿Es un monstruo o una obra de arte?** Su instructor/a va a dibujar un monstruo. Descríbele a un/a compañero/a cómo es el monstruo y él/ella tiene que dibujarlo. Al terminar, cambien de papel para describir un monstruo nuevo. ■

El monstruo tiene…

a la derecha	a la izquierda	encima de	debajo de
→	←	↑	↓

09-12 to 09-17 Spanish/ English Tutorials

Un resumen de los pronombres de complemento directo e indirecto y reflexiv

Sharing about people, actions, and things

2 GRAMÁTICA

¡Mamá!
¡La muñeca!
¡Me la robó!

You have already learned the forms, functions, and positioning of the *direct* and *indirect object pronouns*, as well as the *reflexive pronouns*. The following is a review:

LOS PRONOMBRES DE COMPLEMENTO **DIRECTO**	LOS PRONOMBRES DE COMPLEMENTO **INDIRECTO**	LOS PRONOMBRES **REFLEXIVOS**
Direct object pronouns tell *what* or *who* receives the action of the verb. They replace direct object nouns and are used to avoid repetition.	Indirect object pronouns tell *to whom* or *for whom* something is done or given.	Reflexive pronouns indicate that the *subject* of a sentence or clause *receives the action of the verb.*

me	*me*	**me**	*to/for me*	**me**	*myself*
te	*you*	**te**	*to/for you*	**te**	*yourself*
lo, la	*you*	**le (se)**	*to/for you*	**se**	*yourself*
lo, la	*him/her/it*	**le (se)**	*to/for him/her*	**se**	*himself/herself*
nos	*us*	**nos**	*to/for us*	**nos**	*ourselves*
os	*you (all)*	**os**	*to/for you (all)*	**os**	*yourselves*
los, las	*you (all)*	**les (se)**	*to/for you (all)*	**se**	*yourselves*
los, las	*them/you*	**les (se)**	*to/for them/you*	**se**	*themselves/yourselves*

Compré la medicina ayer. **La** compré en la Farmacia Fénix. Tengo que dárse**la** a mi hijo.

I bought the medicine yesterday.
I bought it it at Fénix Pharmacy.
I have to give it to my son.

Le compré la medicina ayer. **Le** voy a dar la medicina esta noche.

I bought him the medicine yesterday.
I am going to give him the medicine tonight.

Me cepillo los dientes tres veces al día.

I brush my teeth three times a day.

Remember the following guidelines on position and sequence:

Position

- Object pronouns and reflexive pronouns come **before** the verb.

  El doctor Sánchez **le** dio una inyección a David.

  Dr. Sánchez gave David a shot.

  Después **se** sintió aliviado.

  Then he felt relieved.

(continued)

- Object pronouns and reflexive pronouns can also be placed before or be attached to the end of:

  a. **infinitives**

  La enfermera **me** va a llamar. ⎫
  La enfermera va a llamar**me.** ⎭   *The nurse is going to call me.*

  Después **se** va a ir a su casa. ⎫
  Después va a ir**se** a su casa. ⎭   *Then she is going to go home.*

  b. **present participles (-ando, -endo, and -iendo)**

  La está tomando ahora. ⎫   *He is taking it now.*
  Está tomándo**la** ahora. ⎭

  Se está poniendo nervioso. ⎫   *He is getting nervous.*
  Está poniéndo**se** nervioso. ⎭

Sequence

- When a direct (DO) and indirect object (IO) pronoun are used together, ***the indirect object precedes the direct object.***
- If both the direct and the indirect object pronouns begin with the letter "*l*" the indirect object pronoun changes from **le** or **les** to **se,** as in the following example.

Quiero mandar la carta al director ahora.   *I want to send the letter to the director now.*

| DO | IO | | DO | IO |
| la | le (se) | | | |

| IO | DO |
| se | la |

Se la quiero mandar ahora mismo. ⎫
Quiero mandár**sela** ahora mismo. ⎭   *I want to send it to him right now.*

 Capítulo 1. Los adjetivos descriptivos, pág. 43.

 **9-8** **Un animal muy extraño**

Juntos respondan a las siguientes oraciones exclamativas con el pronombre de complemento directo apropiado y un adjetivo. ∎

MODELO   E1: ¡Mira la nariz!
            E2: *Sí, la tiene muy grande (pequeña/fea/ bonita…).*

Fíjate

In Spanish, an animal's legs are referred to as *patas. Pierna(s)* is only used for people.

1. ¡Mira la boca!   5. ¡Mira la cabeza!
2. ¡Mira las orejas!   6. ¡Mira el estómago!
3. ¡Mira los dientes!   7. ¡Mira la cara!
4. ¡Mira las patas!   8. ¡Mira el cuello!

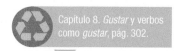

Capítulo 8. *Gustar* y verbos como *gustar*, pág. 302.

 9-9 **Las preferencias** Escribe oraciones completas usando los pronombres de complemento indirecto. Después compara tus oraciones con las de un/a compañero/a. ■

MODELO   A Betty / gustar despertarse temprano
A Betty le gusta despertarse temprano.

1. A mis padres / importar el dinero
2. A mí / molestar las personas irresponsables
3. A Manolo / encantar las novelas de Mario Vargas Llosa
4. A nosotros / hacer falta estudiar mucho más
5. A nuestro/a profesor/a / fascinar el cine japonés

9-10 **En el restaurante** ¿Qué les pasó ayer a Paco y a Pati en el Restaurante Boca Grande? ■

Paso 1   Completa las siguientes oraciones con los pronombres de complemento directo, indirecto o reflexivo apropiados. Después, compara tus respuestas con las de un/a compañero/a.

Paco y Pati se conocieron en el gimnasio hace varias semanas. Anoche decidieron salir juntos. Llegaron al restaurante con mucha hambre. (1) _____ sentaron en una mesa grande al lado de las ventanas. Primero pidieron el menú. El camarero (2) _____ (3) _____ trajo en seguida (inmediatamente). Después, (4) _____ recomendó unos platos muy ricos. Paco pidió un bistec para él y a Pati (5) _____ pidió pollo asado con ajo. ¡Pati no (6) _____ podía creer! ¡Paco ni (7) _____ preguntó qué quería! Ella (8) _____ sentía muy incómoda —ningún hombre, excepto su padre, (9) _____ había tratado (*had treated*) así antes. Pati (10) _____ calló mientras Paco hablaba de su día, su trabajo y su familia. Cuando por fin el camarero (11) _____ sirvió la comida, Pati miró su plato y (12) _____ levantó gritando. ¡Su plato era del "Menú para niños"!

Paso 2   Digan qué tipo de pronombre usaron en cada oración.

Capítulo 4. *Ir + a* + infinitivo, pág. 147;
Capítulo 5. El presente progresivo, pág. 180.

9-11 **¿Quién...?** Jacobo está enfermo y no puede levantarse de la cama. Es un poco exigente (*demanding*) y quiere saber quiénes lo van a atender (*wait on him*). Contesta sus preguntas y después comparte tus respuestas con un/a compañero/a. ■

MODELO   ¿Quién va a traerme la tarea? (hermano)
                Tu hermano te la va a traer. / Tu hermano va a traértela.

1. ¿Quién va a traerme los libros que pedí? (Patricia)
2. ¿Quién está comprándome la medicina que necesito? (Marcelo)
3. ¿Quién me va a limpiar el cuarto? (Guadalupe y Lina)
4. ¿Quién me está lavando la ropa? (tu madre)
5. ¿Quién está preparándome la comida? (Tina y Luisa)
6. ¿Quién me va a hacer la tarea? (nadie)

 9-12 **Hay que ayudar a Pepito** Pepito tiene tres años y necesita ayuda para hacerlo todo. Túrnense para formar los pedidos (*requests*) del niño y las respuestas. ■

MODELO   los dedos / limpiar
          E1:   *¿Me los limpias?*
          E2:   *Sí, te los limpio.*

1. el pelo / secar
2. las manos / lavar
3. las orejas / limpiar
4. los dientes / cepillar
5. los ojos / mirar

3 VOCABULARIO

09-18 to 09-23

Algunas enfermedades y tratamiento
Explaining ailments and treatments

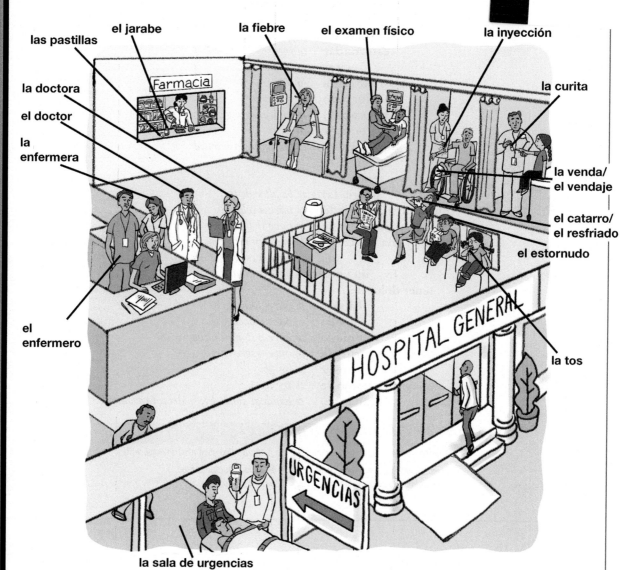

las pastillas
el jarabe
la doctora
el doctor
la enfermera
el enfermero
la fiebre
el examen físico
la inyección
la curita
la venda/ el vendaje
el catarro/ el resfriado
el estornudo
la tos
la sala de urgencias

Farmacia

HOSPITAL GENERAL

URGENCIAS

Otras palabras útiles	Other useful words
el médico	*male doctor*
la médica	*female doctor*

Los tratamientos	Treatments
el antiácido	*antacid*
el antibiótico	*antibiotic*
la aspirina	*aspirin*
la receta	*prescription*

Los síntomas y las enfermedades	Symptoms and illnesses
el dolor	*pain*
la gripe	*flu*
la herida	*wound; injury*
la náusea	*nausea*

(continued)

Algunos verbos	Some verbs
acabar de + infinitivo	*to have just finished + (something)*
caer(se)	*to fall down*
cortar(se)	*to cut (oneself)*
curar(se)	*to cure; to be cured*
enfermar(se)	*to get sick*
estornudar	*to sneeze*
evitar	*to avoid*
guardar cama	*to stay in bed*
lastimar(se)	*to get hurt*
mejorar(se)	*to improve; to get better*
ocurrir	*to occur*
quemar(se)	*to burn; to get burned*
romper(se)	*to break*
tener...	
alergia (a)	*to be allergic (to)*
(un) catarro, resfriado	*to have a cold*
(la/una) gripe	*to have the flu*
una infección	*to have an infection*
tos	*to have a cough*
un virus	*to have a virus*
tener dolor de...	
cabeza	*to have a headache*
espalda	*to have a backache*
estómago	*to have a stomachache*
garganta	*to have a sore throat*
toser	*to cough*
tratar de	*to try to*
vendar(se)	*to bandage (oneself); to dress (a wound)*

Fíjate

A verb with **se** in parentheses indicates that it can be also used as a reflexive verb.

quemar(se): Ayer me quemé. (reflexive)   *Yesterday I burned myself.*
Ayer quemé los papeles viejos.   *Yesterday I burned the old papers.*

 9-13 No corresponde ¿Qué palabra o expresión no pertenece (*doesn't belong*) a cada uno de los siguientes grupos de palabras? Túrnense para leer la lista y contestar. ■

MODELO   E1: el estómago, la cara, el ojo, la nariz

          E2: *el estómago*

1. el hospital, el doctor, el enfermero, el oído
2. toser, estornudar, la receta, tener catarro
3. el jarabe, la farmacia, las pastillas, quemarse
4. lastimarse, la sala de urgencias, la tos, romperse la pierna
5. la venda, la herida, cortarse, el resfriado

Workbooklet

9-14 **Algunos tratamientos** ¿Adónde tienes que ir para poder curarte o buscar tratamiento para las siguientes condiciones? Pon una equis (**X**) en la columna apropiada. Después, túrnate con un/a compañero/a para decir adónde van. ■

MODELO un brazo roto (*broken*)

E1: *Si tengo un brazo roto, voy a la sala de urgencias.*

CONDICIÓN	A LA CAMA	A LA FARMACIA	AL CONSULTORIO DEL MÉDICO	AL HOSPITAL	A LA SALA DE URGENCIAS
1. tos					
2. náusea					
3. (la) gripe					
4. (un) dolor de garganta					
5. una infección de la sangre					
6. una herida en la pierna					
7. (un) catarro					
8. fiebre					

Fíjate

Body parts are usually referred to with an article, not a possessive adjective.

Me duele la mano.
My hand hurts.

9-15 **¿Por qué?** Túrnense para describir lo que les pasa a estas personas y ofrecer una causa posible de su(s) problema(s). ■

MODELO

Selena

Selena tiene una herida porque se cortó con un cuchillo.

1.

Antonio

2.

Umberto y Ricardo

3.

Juliana y Memo

4.

María Jesús

5.

Rafael

9-16 **El soroche**   El verano pasado Nina fue a Bolivia como voluntaria para ayudar a construir una escuela en el altiplano (*high plateau*). ◼

El altiplano en los Andes de Bolivia

Paso 1   Juntos terminen la conversación entre Nina y su padre con las palabras de la lista.

corazón	enfermedad	evitar	me duele
mejorar	náusea	pastillas	estómago

NINA: Hola, papá.

PAPÁ: ¡Ay, Nina! ¿Cómo estás, hija? ¿Llegaste bien?

NINA: Sí. Ayer llegamos bien pero hoy me siento enferma. (1) _____ la cabeza. No me duele mucho el (2) _____ pero tengo (3) _____ cuando pienso en la comida —me entran ganas (*I get the urge*) de vomitar.

PAPÁ: Pobrecita. ¿Qué te pasa? ¿Comiste ayer?

NINA: Sí, un poco. Pero desde que (*since*) llegamos no tengo mucha hambre.

PAPÁ: ¿Tienes otros síntomas?

NINA: Sí. El (4) _____ me late (*is beating*) rápidamente y no puedo respirar (*breathe*) muy bien. ¿Crees que tengo alguna (5) _____?

PAPÁ: Nina, me parece que tienes soroche.

NINA: ¿Soroche? ¿Qué es eso?

PAPÁ: Es el mal de altura (*altitude sickness*). Debes empezar a sentirte mejor (*better*) en un par de días. Mientras tanto, necesitas intentar relajarte, tomar mucha agua y (6) _____ el alcohol y el tabaco. También puedes tomar unas (7) _____ de ibuprofeno y beber un té medicinal hecho de (*made from*) hojas de coca (*coca leaves*).

NINA: Gracias, papá. Ya que entiendo qué me ocurre, creo que me voy a (8) _____ pronto.

Paso 2   Ahora, contesten las siguientes preguntas.

1. ¿Qué es el soroche?
2. ¿Cuáles son los síntomas?
3. ¿Qué tratamiento le recomienda su papá?

9-17 ¿Qué debemos hacer? En grupos de cuatro o cinco, cada estudiante escribe dos enfermedades u otros problemas médicos que tuvo, acaba de tener o que podría (*could*) tener. Después túrnense para compartir la información mientras los compañeros dicen lo que debe hacer. ■

MODELO
E1: *Tengo una pierna rota.*
E2: *Debes ir a la sala de urgencias.*
E3: *Debes guardar cama.*
E4: *Debes tomar medicina para el dolor.*

Workbooklet

 9-18 Para evitar lo inevitable ¿Cómo tratan de evitar tus compañeros las siguientes enfermedades y condiciones? Circula por la clase para hacerles las siguientes preguntas. Necesitas **tres** respuestas para cada pregunta. ■

MODELO
TÚ: ¿Cómo tratas de evitar el dolor de garganta?
E1: *Bebo mucho jugo de naranja.*
E2: *Llevo una bufanda* (scarf) *en el cuello.*
E3: *Tomo mucha vitamina C.*

1. ¿Cómo tratas de evitar el dolor de cabeza?	4. ¿Cómo evitas enfermarte?
E1: _____	E1: _____
E2: _____	E2: _____
E3: _____	E3: _____
2. ¿Cómo tratas de evitar el dolor de estómago?	5. ¿Cómo evitas cortarte?
E1: _____	E1: _____
E2: _____	E2: _____
E3: _____	E3: _____
3. ¿Cómo tratas de evitar el dolor de espalda?	6. ¿Cómo evitas caerte?
E1: _____	E1: _____
E2: _____	E2: _____
E3: _____	E3: _____

El agua y la buena salud

09-24 to 09-25

¿Sabías que tres cuartas partes de tu peso corporal (*body weight*) son de agua? Tu vida empezó en un mar de líquido amniótico y ahora, como adulto, alrededor del 85 por ciento de la sangre, el 70 por ciento de los músculos y el 22 por ciento de tu cerebro consisten en agua.

Para mantener la buena salud se debe beber por lo menos 2 litros (6 a 8 vasos) de agua al día. El cuerpo elimina de unos 500 a 700 centímetros cúbicos diarios de agua al sudar (*sweat*) y es muy importante reponer esa cantidad y más.

Los alimentos son una fuente (*source*) importante de agua para el cuerpo, sobre todo las frutas y las verduras. También cuentan otras bebidas además del agua, pero hay que considerar que algunas tienen el efecto contrario. El café y las bebidas alcohólicas deshidratan. Para compensar esta deshidratación hay que beber agua. Por ejemplo, por cada vaso de cerveza se debe tomar otro vaso de agua.

Preguntas

1. ¿Por qué es importante beber tanta (*so much*) agua? ¿Cuántos vasos de agua bebes al día?
2. ¿Qué otros beneficios tiene beber suficiente agua al día?

09-26 to 09-29

¡Qué! y ¡cuánto! Making emphatic and exclamatory statements

¡Qué catarro! ¿Cuándo te refriaste?

Me levanté así (*like this*) esta mañana.

So far you have used **qué** and **cuánto** as interrogative words, but these words can also be used in exclamatory sentences.

—Felipe, ¡**qué** fiebre tienes!
—María, ¡**cuánto** estornudas!

—Mi cabeza, ¡**qué** dolor!
—**Cuánto** lo siento.

Felipe, what a fever you have!
María, you are sneezing so much!

My head—what pain!
I'm so sorry. (How sorry I am.)

—¡**Qué** susto! ¡Se cortó el dedo!   *What a scare! He cut his finger!*
—Se ve muy mal. ¡**Qué** feo!   *It looks really bad. How awful! (It looks awful/ugly.)*

—¡**Qué** doctor! Le salvó la vida.   *What a doctor! He saved his life.*
—**Cuánto** se lo agradezco.   *I'm so thankful. (How grateful I am.)*

Note that in the examples above, **cuánto** accompanies *verbs* and is masculine and singular. When **cuánto** accompanies *nouns* it must agree with them in gender and number:

—¡**Cuántas** recetas y todavía estoy tosiendo!   *So many prescriptions and I am still coughing!*
—Sí, y ¡**cuántos** estudiantes con la misma infección!   *Yes, and so many students with the same infection!*

 9-19 **¿Cómo respondes?** Elige la respuesta apropiada para cada comentario. Después, comparte tus respuestas con un/a compañero/a. ■

1. _____ ¡Ay, el estómago!
2. _____ Su novia se graduó con honores.
3. _____ Pepe me compró veinticuatro rosas rojas.
4. _____ Esta comida es deliciosa.
5. _____ Este doctor es el novio de aquella enfermera.
6. _____ Mi madre preparó tapas para cincuenta personas.
7. _____ Tiene la cara de un monstruo.
8. _____ Tengo que leer dos libros para mi clase de historia y preparar un informe.

a. ¡Qué feo!
b. ¡Cuánto trabajo!
c. ¡Qué inteligente!
d. ¡Cuánto me duele!
e. ¡Cuánto me gusta!
f. ¡Qué interesante!
g. ¡Cuánta comida!
h. ¡Qué romántico!

9-20 **¡El amor es increíble!** Juntos respondan a estas situaciones. Pueden utilizar las siguientes expresiones o pueden responder con sus propias expresiones. ■

¡Qué (mala) suerte!	¡Qué cruel!	¡Qué dolor!
¡Qué horrible!	¡Qué romántico!	¡Cuánto tiempo!
¡Qué triste!	¡Qué interesante!	

1. Mis padres celebran este mes su aniversario de boda —¡25 años ya!
2. Félix, no te quiero desilusionar (*disappoint*) después de tantos meses juntos, pero quiero salir con otros hombres.
3. Silvia es la mujer más increíble del mundo. Quiero ser más que su novio. Quiero pasar mi vida con ella.
4. Nadie quiere salir conmigo (*with me*). Nadie me mira. Me gusta ir al cine, comer en buenos restaurantes, ir a partidos de básquetbol, bailar —pero no me gusta hacer estas cosas solo (*alone*).
5. Soy muy joven para tener novia. Me divertí contigo (*with you*) anoche en la fiesta pero me divierto con muchas mujeres…
6. Adriano es el hombre perfecto para mí. Es muy respetuoso y me trata bien siempre.

9-21 **¿Qué tiene?** ¿Cómo responden ustedes a las siguientes situaciones? ■

MODELO
E1: Tito está muy mal porque tiene un dolor terrible de estómago.

E2: *¡Cuánto le duele!*

E1: Yo no puedo hablar porque estoy tosiendo mucho.

E2: *¡Qué tos tienes!*

1. No puedo respirar, me duele la garganta, estornudo todo el tiempo y no tengo hambre.
2. A mi hermano siempre le ocurre algo malo: se cae, se rompe algo…
3. ¡Ay! Necesito un antiácido ahora mismo, por favor.
4. Mi abuelo acaba de salir del hospital después de pasar mucho tiempo allí. No tiene seguro médico (*health insurance*).
5. Tú tienes mucha fiebre y te duele el cuerpo.

¿Cómo andas? I

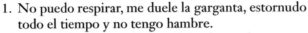

	Feel confident	Need to review
Having completed **Comunicación I,** I now can . . .		
• describe the human body (p. 334)	☐	☐
• pronounce the letters **d** and **t** (MSL / SAM)	☐	☐
• share about people, actions, and things (p. 337)	☐	☐
• explain ailments and treatments (p. 341)	☐	☐
• relate the importance of water in maintaining good health (p. 346)	☐	☐
• make emphatic and exclamatory statements (p. 349)	☐	☐

Comunicación II

09-30 to 09-35 | Spanish/English Tutorials

El pretérito y el imperfecto Narrating in the past

Fuimos a Cuzco y subimos a Machu Picchu. Hacía buen tiempo.

In **Capítulos 7** and **8** you learned about two aspects of the past tense in Spanish, **el pretérito** and **el imperfecto,** which are not interchangeable. Their uses are contrasted below.

THE **PRETERIT** IS USED:	THE **IMPERFECT** IS USED:
1. To relate an event or occurrence that refers to *one specific time in the past* • **Fuimos** a Cuzco el año pasado. *We went to Cuzco last year.* • **Comimos** en el restaurante El Sol y **nos gustó** mucho. *We ate at El Sol restaurant and liked it a lot.*	**1.** To express *habitual* or often *repeated actions* • **Íbamos** a Cuzco todos los veranos. *We used to go to Cuzco every summer.* • **Comíamos** en el restaurante El Sol todos los lunes. *We used to eat at El Sol Restaurant every Monday.*
2. To relate an act *begun or completed in the past* • **Empezó** a llover. *It started to rain.* • **Comenzaron** los juegos. *The games began.* • La gira **terminó.** *The tour ended.*	**2.** To express *was/were + -ing* • **Llovía** sin parar. *It rained without stopping.* • **Comenzaban** los juegos cuando llegamos. *The games were beginning when we arrived.* • La gira **transcurría** sin ningún problema. *The tour continued without any problems.*
3. To relate a *sequence of events or actions*, each completed and moving the narrative along toward its conclusion • **Llegamos** en avión, **recogimos** las maletas y **fuimos** al hotel. *We arrived by plane, picked up our luggage, and went to the hotel.* • Al día siguiente **decidimos** ir a Machu Picchu. *The next day we decided to go to Machu Picchu.* • **Vimos** muchos ejemplos de la magnífica arquitectura incaica. Después **anduvimos** un poco por el camino de los incas. **Nos divertimos** mucho. *We saw many examples of the magnificent Incan architecture. Afterward we walked a bit on the Incan road. We had a great time.*	**3.** To provide *background* information, set the stage, or express a pre-existing condition • **Era** un día oscuro. **Llovía** de vez en cuando. *It was a dark day and it rained once in a while.* • Los turistas **llevaban** pantalones cortos y lentes de sol. *The tourists were wearing shorts and sunglasses.* • El camino **era** estrecho y **había** muchos turistas. *The path was narrow and there were many tourists.*

(continued)

THE **PRETERIT** IS USED:	THE **IMPERFECT** IS USED:
4. To relate an action that took place within a specified or *specific amount* (segment) *of time* **Caminé** (por) dos horas. *I walked for two hours.* **Hablamos** (por) cinco minutos. *We talked for five minutes.* **Contemplaron** el templo un rato. *They contemplated the temple for a while.* **Viví** en Ecuador (por) seis años. *I lived in Ecuador for six years.*	**4.** To *tell time* in the past **Era** la una. *It was 1:00.* **Eran** las tres y media. *It was 3:30.* **Era** muy tarde. *It was very late.* **Era** la medianoche. *It was midnight.*
	5. To describe physical and emotional states or characteristics Después del viaje **queríamos** descansar. Yo **tenía** dolor de cabeza y no **me sentía** muy bien. *After the trip we wanted to rest. I had a headache and did not feel well.*

> **Fíjate**
> The use of *por* is optional in these cases.

WORDS AND EXPRESSIONS THAT COMMONLY SIGNAL:

PRETERIT	IMPERFECT
anoche	a menudo
anteayer	cada semana/mes/año
ayer	con frecuencia
de repente (*suddenly*)	de vez en cuando (*once in a while*)
el fin de semana pasado	frecuentemente
el mes pasado	mientras
el lunes pasado/el martes pasado, etc.	muchas veces
esta mañana	siempre
una vez, dos veces, etc.	todos los lunes/martes, etc.
	todas las semanas
	todos los días/meses/años

NOTE: The **pretérito** and the **imperfecto** can be used in the same sentence.

Veían la televisión cuando **sonó** el teléfono.

They were watching television when the phone rang.

In the preceding sentence, an action was going on **(veían)** when it was interrupted by another action **(sonó el teléfono).**

9-22 # Una (muy) breve historia de los incas ¿Qué sabes sobre los incas? Completa los siguientes pasos. ◼

Machu Picchu, la ciudad perdida de los incas

El imperio de los incas

Paso 1   Lee el siguiente fragmento.

El imperio de los incas fue uno de los imperios más importantes de las civilizaciones precolombinas. Se encontraba (*It was located*) en lo que es hoy Perú, Bolivia, el norte de Chile y parte de Ecuador. El imperio se dividía en tres partes iguales: una tercera parte pertenecía (*pertained/belonged to*) a los indígenas y pasaba de padre a hijo; otra tercera parte era del Inca, o sea, del Gobierno; la otra tercera parte pertenecía a la Iglesia.

Los incas adoraban al hijo del Sol. Según la leyenda (*legend*), el hijo cayó en algún lugar cerca del lago Titicaca. Con él llegó su hermana y según la leyenda, ellos eran los padres de todos los incas. Esta civilización practicaba sacrificios de animales y algunas veces sacrificios humanos. También le ofrecían objetos preciosos y joyas (*jewels*) al Sol. El último cacique (o jefe político) famoso de los incas fue Atahualpa.

Paso 2   Subrayen los verbos.

Paso 3   Digan cuáles son **pretéritos** y cuáles son **imperfectos** y expliquen por qué se usaron cada uno de estos tiempos verbales.

9-23 **Un cuento de hadas** En grupos de tres o cuatro personas, pongan las siguientes oraciones en orden cronológico para terminar el cuento de Ricitos de Oro (*Goldilocks*). Después, analicen los usos **del pretérito** y **el imperfecto** dentro del cuento y expliquen por qué usaron cada uno de estos tiempos verbales. ■

Había una vez una niña muy curiosa. Un día, mientras caminaba por el bosque, encontró una casa muy bonita. En la casa vivían tres osos. Mientras los osos no estaban…

_____ Los osos la asustaron (*scared her*).
_____ Entró en el dormitorio de los osos.
_____ Mientras ella dormía entraron los osos.
_____ La niña se levantó y salió corriendo de la casa.
_____ Tenía sueño.
_____ Buscó una cama.
_____ La niña entró en la casa.
_____ Vio que una cama era muy grande, otra era muy pequeña y la otra tenía el tamaño perfecto.
_____ Encontraron a la niña dormida en la cama.
_____ Se acostó.

 Capítulo 8. Las construcciones reflexivas, pág. 312.

 9-24 **En el consultorio** Completa el siguiente pasaje con la forma correcta **del pretérito** o **el imperfecto** de cada verbo entre paréntesis. Después, comparte las respuestas con un/a compañero/a y explícale por qué usaste el pretérito o el imperfecto. ■

Ayer en el consultorio del Dr. Fuentes (1. haber) _había_ mucha actividad. Muchos pacientes (2. esperar) _____ al médico y yo no (3. encontrar) _____ dónde sentarme. Dos horas (4. pasar) _____ lentamente. (5. Ser) _____ las once cuando por fin la recepcionista me (6. llamar) _____ y la enfermera (7. salir) _____ para buscarme. Juntas (8. entrar) _____ al cuarto donde (9. estar) _____ el médico. El Dr. Fuentes (10. levantarse) _____ y me (11. mirar) _____ con mucha curiosidad. (12. Empezar) _____ a examinarme y a hacerme preguntas.

Yo (13. ponerse) _____ nerviosa y (14. callarse) _____. Sólo (15. esperar) _____ un examen anual típico pero las preguntas (16. ser) _____ demasiado específicas. Por ejemplo, me (17. preguntar) _____ si (18. sentirse) _____ mareada (*faint*) por la mañana y si (19. comer) _____ bien cuando (20. tener) _____ hambre.

Por fin (21. darse cuenta [*to realize*]: yo) _____ de lo que (22. ocurrir) _____. ¡El Dr. Fuentes (23. pensar) _____ que yo (24. estar) _____ embarazada (*pregnant*)! Por lo visto la enfermera (25. equivocarse [*to be mistaken*]) _____ y ¡le (26. dar) _____ al médico la información de otra paciente!

9-25 **En el pasado** Termina las siguientes oraciones. Después, compártelas con un/a compañero/a. ■

MODELO   Cuando era niño/a…

E1:   *Cuando era niño, hacía ejercicio todos los días. Y tú, ¿qué hacías?*

E2:   *Cuando era niña, siempre jugaba en el parque con mi hermana.*

1. Cuando era niño/a…
2. Cuando tenía dieciséis años, frecuentemente…
3. Una vez el verano pasado…

4. Ayer tenía ganas de _____ pero…
5. Anoche…
6. Cuando vivía con mis padres, todas las semanas…

 9-26 **Nuestro cuento** En grupos de tres, van a contar una historia (en el pasado) basada en los dibujos. Al terminar van a compartir sus historias con los otros miembros de la clase. ■

Estrategia

In this variation of "Cinderella," remember to use the *imperfect* for *description* and *background* information. Use the *preterit* for *sequences of actions.*

La Cenicienta

Workbooklet

9-27 **Y en el hospital** Imagina que trabajas como enfermero/a en la sala de urgencias de un hospital. Un día entra un joven de unos veinte años con unos síntomas raros. ■

Paso 1 Llena el siguiente formulario médico para el joven enfermo como si fueras un/a enfermero/a.

FORMULARIO MÉDICO

Por favor complete este formulario con la mayor precisión posible. Toda la infomación en este formulario es confidencial y será utilizada en caso de emergencia. Por favor escriba legiblemente.

HISTORIA MÉDICA

Nombre _____
Dirección _____
Ciudad y estado _____
Código postal _____
Número de teléfono _____
Edad _____
Fecha de nacimiento _____
Sexo _____ Peso _____ Altura _____
Grupo sanguíneo _____

1. ¿Está bajo tratamiento por alguna enfermedad? Explique._____
_____

2. ¿Toma algún tipo de medicamento? _____
_____

3. ¿Tiene algún tipo de alergia?_____
_____

4. ¿Ha tenido cirugía alguna vez?_____
_____

CONDICIONES MÉDICAS

Por favor marque cualquier enfermedad que haya tenido en el pasado y la fecha en que comenzó.

_____artritis   _____asma   _____dolor de espalda
_____mareos   _____tos crónica   _____dolor de pecho
_____diabetes   _____epilepsia   _____fracturas
_____dolor de cabeza   _____hernia   _____presión alta

¿Ha tenido otra condición que no hemos mencionado?_____
_____

Paso 2 Crea **seis** preguntas para determinar cuál es su problema, según el modelo.

MODELO E1: ¿Dar / todos sus datos / en recepción?

E2: *¿Dio todos sus datos en recepción?*

1. ¿Cuándo / llegar / la sala de urgencias?
2. ¿Cuándo / empezar / a dolerle?
3. ¿Qué / hacer / cuando / empezar / a dolerle?
4. ¿Quién / estar / con Ud.?
5. ¿Cómo / sentirse / cuando / acostarse / anoche?
6. ¿Qué / causar / el dolor?

Paso 3 Crea un diálogo con un/a compañero/a entre el joven y el/la enfermero/a usando las preguntas que escribiste.

9-28 **La última vez que nos enfermamos** Túrnense para describir la última vez que ustedes, un amigo, o un pariente se enfermaron. ■

- ¿Cuándo fue?
- ¿Cómo se sentían?
- ¿Cuáles fueron los síntomas?
- Si fueron al médico, ¿qué les hizo? ¿Qué les dijo?
- ¿Les recetó (recetar = *to prescribe*) algo? ¿Cuánto pagaron por la visita? Si no fueron al médico, ¿qué hicieron para curarse?
- ¿Cuánto tiempo duró (durar = *to last*) la enfermedad?

> **Fíjate**
> Use the term *médico* when referring to the profession of a doctor. Use *doctor* for the title of the person.
> *El doctor Ramírez es un médico excelente.*

9-29 **¿Y ayer?** Descríbele a un/a compañero/a tu día de ayer en por lo menos **cinco** oraciones. ■

MODELO *Ayer hacía mal tiempo cuando me desperté. No quería levantarme, pero por fin salí de la cama y fui a mi clase de español. El profesor nos dio mucha tarea. Luego fui a la biblioteca. Estudiaba cuando llegó mi mejor amigo Jeff.*

> **Fíjate**
> When the preterit and imperfect are used together in narratives in which events are retold, you will notice that the *imperfect* provides the background information such as the time, weather, and location. The *preterit* relates the specific events that occurred.

Capítulo 5. El mundo del cine, pág. 184.

9-30 **Luces, cámara, acción** ¿Te gustan las películas? ¿Vas al cine a menudo? Cuéntale (*Narrate*) a un/a compañero/a una película que hayas visto (*you have seen*) últimamente. Usa por lo menos **siete** oraciones. ¡Recuerda! Generalmente **el imperfecto** se usa para la descripción y **el pretérito** para la acción. ■

NOTA CULTURAL

Las farmacias en el mundo hispanohablante

09-36

En Latinoamérica, las farmacias son, por la mayor parte, dispensarios de medicina únicamente. El farmacéutico (*pharmacist*) muchas veces ofrece consejos sobre los medicamentos (medicinas). Es fácil conseguir muchos tipos de medicina sin receta en las farmacias. Por ejemplo, puedes ir a la farmacia, describir los síntomas que tienes (como tos y fiebre) y pedir que te den unos antibióticos. Todo ello sin consultar al médico. Muchos países tienen *farmacias de turno* o *de guardia* que atienden al público las veinticuatro horas del día.

En algunos países (como Argentina, Chile y Perú) hay un nuevo tipo de farmacia al estilo estadounidense, que vende de todo. Estas farmacias pertenecen a grandes cadenas (Farmacity en Argentina, FASA en Chile, Inka Farma en Perú) que atraen a los consumidores con una gran variedad de productos, aparte de los medicamentos.

Preguntas

1. ¿Qué es una "farmacia de turno" o "farmacia de guardia"? ¿Existe este sistema en los Estados Unidos?
2. ¿Qué diferencias hay entre las farmacias hispanas tradicionales y las de los Estados Unidos?

---

6 GRAMÁTICA

09-37 to 09-40   ¡Hola! Spanish Tutorial

Expresiones con *hacer* Explaining how long something has been going on and how long ago something occurred

Hace seis meses que no te veo.

The verb **hacer** means *to do* or *to make*. You have also used **hacer** in idiomatic expressions dealing with weather. There are some additional special constructions with **hacer** that deal with time. **Hace** is used:

1. **to discuss an action that began in the past but is still going on in the present.**

> **hace** + *period of time* + **que** + *verb in the present tense*

Hace cuatro días **que** tengo la gripe.   *I've had the flu for four days (and still have it).*
Hace dos años **que** soy enfermera.   *I've been a nurse for two years.*

2. **to ask how long something has been going on.**

> **cuánto (tiempo)** + **hace** + **que** + *verb in present tense*

¿Cuántos años **hace que** estudias medicina?   *How many years have you been studying medicine?*
¿Cuánto tiempo **hace que** estudias medicina?   *How long have you been studying medicine?*
¿Cuántos meses **hace que** tu abuela guarda   *How many months has your grandmother been staying*
    cama?   *in bed?*
¿Cuánto tiempo **hace que** tu abuela guarda cama?   *How long has your grandmother been staying in bed?*

3. **in the preterit to tell how long ago something happened.**

> **hace** + *period of time* + **que** + *verb in the preterit*

Hace cuatro años **que** empecé a estudiar medicina.   *I began to study medicine four years ago.*
Hace seis años **que** me mudé aquí para estudiar.   *I moved here six years ago to study.*

or

> *verb in the preterit* + **hace** + *period of time*

Empecé a estudiar medicina **hace** cuatro años.   *I began to study medicine four years ago.*
Me mudé aquí **hace** seis años.   *I moved here six years ago.*

Note that in this construction **hace** can either precede or follow the rest of the sentence. When it follows, **que** is not used.

4. **to ask how long ago something happened.**

> **cuánto (tiempo)** + **hace** + **que** + *verb in preterit*

¿Cuánto tiempo **hace que** empezaste a estudiar   *How long ago did you begin to study medicine?*
    medicina?
¿Cuánto tiempo **hace que** te enfermaste?   *How long ago did you get sick?*

9-31 ¿Qué pasa? Juntos completen el diálogo entre Julián, Mari Carmen y su mamá con las palabras apropiadas. ■

Julián, ¡ese sofá es horrible!

MAMÁ: Julián (1) ¿ _____ tiempo hace (2) _____ vives en esta casa?

JULIÁN: Bueno, creo que (3) _____ unos dos años que vivo aquí.

MAMÁ: Y (4) ¿ _____ _____ _____ que tienes ese sofá? Está muy sucio.

JULIÁN: No sé, mamá. Fue un regalo de un amigo. Lo tenía en su apartamento.

MAMÁ: Creo que (5) _____ por lo menos diez años (6) _____ tiene esas manchas (*stains*) negras. ¡Es horrible!

JULIÁN: Mamá, (7) _____ media hora (8) _____ criticas mi casa y...

MARI CARMEN: ¡Mamá! (9) ¡ _____ cinco minutos (10) _____ te estoy llamando! ¡Tráeme agua!

Workbooklet

9-32 Firma aquí Circula por la clase hasta encontrar a un estudiante que pueda contestar afirmativamente tus preguntas. ■

MODELO   empezar a estudiar español hace menos de (*less than*) un año

E1: *¿Empezaste a estudiar español hace menos de un año?*

E2: *No, empecé a estudiar español hace dos años.*

E1: (a otro estudiante) *¿Empezaste a estudiar español hace menos de un año?*

E3: *Sí, empecé a estudiar español hace seis meses.*

E1: *Muy bien. Firma (Sign) aquí por favor.*

_____ *Janet* _____

1. empezar a estudiar español hace menos de un año	_____
2. graduarse de la escuela secundaria (*high school*) hace dos años	_____
3. conocer a su mejor amigo/a hace muchos años	_____
4. ver una película de terror hace dos o tres semanas	_____
5. ir a un concierto hace uno o dos meses	_____
6. tomar café hace una hora	_____
7. comer en un restaurante elegante hace unos días	_____
8. hacer ejercicio hace unas horas	_____
9. hablar con alguien de su familia hace una semana	_____
10. enfermarse hace una semana	_____

9-33 **Conversando** Habla con varios compañeros de clase utilizando las siguientes preguntas para guiar la conversación. ∎

1. ¿Cuánto tiempo hace que vives en este estado (*state*)? ¿Dónde vivías antes?
2. ¿Cuánto tiempo hace que estudias en esta universidad? ¿En qué año te gradúas?
3. ¿Cuánto tiempo hace que conoces a tu mejor amigo/a? ¿Dónde lo/la conociste?
4. ¿Cuánto tiempo hace que viste a tus padres? ¿Volviste a casa o te visitaron?
5. ¿Cuánto tiempo hace que fuiste al médico? ¿Qué te recomendó?

ESCUCHA

 09-41 to 09-43

Síntomas y tratamientos

Estrategia	A useful tool for boosting comprehension is asking yourself check questions to help you organize	information and summarize what you have heard. You will practice this strategy in the **A escuchar** section.
Asking yourself questions		

 9-34 **Antes de escuchar** Marisol no se siente bien y llama a su madre para pedirle consejo. Cuando tú no te sientes bien, ¿qué haces generalmente: llamas al médico, hablas con un/a amigo/a, llamas a tu madre u otro pariente o te cuidas solo/a (*take care of yourself*)? ■

Marisol llama a su madre.

 9-35 **A escuchar** Completen las siguientes actividades. ■

1. La conversación entre Marisol y su madre se divide en tres partes. Escucha la primera parte y después escoge la pregunta que mejor resuma (*summarizes*) lo que escuchaste. Repite el proceso con cada parte.

   PRIMERA PARTE
   a. ¿Por qué llama Marisol a su madre?
   b. ¿Cuáles son los síntomas de Marisol?
   c. ¿Qué hizo Marisol cuando se levantó?

   SEGUNDA PARTE
   a. ¿Con quiénes salió Marisol anoche?
   b. ¿A Marisol le gustan las galletas?
   c. ¿Qué comió Marisol anoche?

   TERCERA PARTE
   a. ¿Debe ir a clase?
   b. ¿Debe comer mucho hoy?
   c. ¿Qué puede hacer Marisol para sentirse mejor?

2. Escucha una vez más para averiguar si escogiste las preguntas apropiadas. Compáralas con las de un/a compañero/a. Expliquen por qué son las mejores preguntas.

3. Ahora escucha la conversación por última vez para contestar las siguientes preguntas.
   a. ¿Por qué llama Marisol a su madre?
   b. ¿Cuáles son sus síntomas?
   c. ¿Qué comió Marisol anoche?
   d. ¿Cuál es el consejo de su mamá?

9-36 **Después de escuchar** Realicen la escena entre Marisol y su madre. ■

¡CONVERSEMOS!
09-44

 9-37 **Los pacientes** Tienes un trabajo como voluntario/a en un hospital. Describe a tres pacientes (ficticios) con quienes estuviste ayer. Tu compañero/a te hace las siguientes preguntas para guiar tu descripción: ■

1. ¿Cómo son?
2. ¿Cuáles son las enfermedades o condiciones de los pacientes?
3. ¿Qué tratamientos recibieron?

Incluye por lo menos **diez** oraciones en tu descripción.

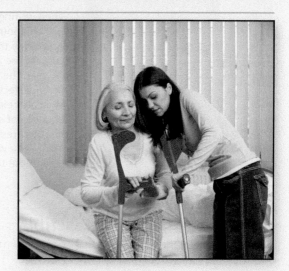

 9-38 **¿Qué hicieron?** Piensa en alguien que conoces que antes no vivía una vida sana, pero que recientemente cambió su vida. Descríbele a tu compañero/a de clase qué hacía antes y qué hizo para cambiar. Piensa bien si debes usar **el pretérito** o **el imperfecto** para explicar su situación. Tu compañero/a te va a hacer preguntas para clarificar y recibir más información. ■

ESCRIBE

Un resumen

09-45

Estrategia

Sequencing events

When writing a summary in Spanish about things that occurred in the past, you must choose appropriately between the preterit and the imperfect. For example, if you are relating a chain or sequence of events—actions that occurred one after the other—you will most likely need to use the preterit. If you are describing situations, what used to happen, or what was going on when something else happened, you will most likely use the imperfect. At this stage of your learning, it is a good idea to bookmark the list of words and expressions that commonly signal the preterit and the imperfect on page 350 to also help guide you.

9-39 Antes de escribir Piensa en el Episodio 8 de **Ambiciones siniestras**. Haz una lista de los **ocho** acontecimientos (*events*) más importantes de *¿Quién fue?* y *El misterio crece*. ■

9-40 A escribir Escribe un resumen del Episodio 8 de **Ambiciones siniestras**, utilizando tu lista e incorporando un poco de descripción sobre los personajes y la escena: dónde estaban, qué hacían, cómo se sentían, etc. ■

9-41 Después de escribir Comparte tu resumen con un/a compañero/a. ¿Tienen el mismo contenido? Enfóquense en los verbos. ¿Usaron de manera correcta el pretérito y el imperfecto? ■

¿Cómo andas? II

Having completed **Comunicación II,** I now can . . .

	Feel confident	Need to review
• narrate in the past (p. 349)	☐	☐
• consider pharmacies in Spanish-speaking countries and how they differ from those in the United States (p. 356)	☐	☐
• explain how long something has been going on and how long ago something occurred (p. 356)	☐	☐
• ask myself questions when listening to organize and summarize what I hear (p. 360)	☐	☐
• communicate about ailments and healthy living (p. 361)	☐	☐
• write a summary, sequencing past events (p. 362)	☐	☐

09-46 to 09-47

Diana Ávila Peralta

Les presento mi país

Mi nombre es Diana Ávila Peralta y soy de Ayacucho, Perú. Estudio historia en la Universidad Nacional Mayor de San Marcos en Lima y mientras estudio, vivo con unos parientes en Miraflores, un barrio de la capital. **¿Dónde viven los estudiantes de tu universidad generalmente?** Quiero ser profesora porque me fascina la historia de mi país y quiero compartir mi pasión con otras personas. Hay muchas ruinas de la civilización incaica en Perú. **¿Qué sabes de la historia de tu país y sus pueblos antiguos?** Perú es un país de extremos geográficos: tenemos la costa, al nivel del mar, los Andes, montañas impresionantes, cañones profundos, la selva y los principios del río Amazonas con flora y fauna magníficas. ¡Puedes mantenerte en forma caminando por estas regiones!

Las líneas de Nazca

Loros en la selva amazónica

Miraflores, en las afueras de Lima, Perú

ALMANAQUE

Nombre oficial: República del Perú
Gobierno: República constitucional
Población: 29.907.003 (2010)
Idiomas: español (oficial); quechua (oficial); idiomas indígenas
Moneda: Nuevo sol (S/)

¿Sabías que...?

- Las líneas de Nazca, que se encuentran en un desierto del sur del país, son un enigma. Consisten en una serie de dibujos de diferentes animales, plantas y flores, y figuras geométricas que se reconocen solamente desde el aire.
- Hay casi 3,5 millones de llamas en los Andes.

Preguntas

1. ¿Por qué Diana quiere ser profesora?
2. ¿Por qué se dice que Perú es un país de geografía muy variada?
3. ¿Qué otros países comparten algunas de las características geográficas de Perú?

 Amplía tus conocimientos sobre Perú en MySpanishLab.

363

Bolivia

09-46, 09-48

Les presento mi país

Jorge Gustavo
Salazar

Mi nombre es Jorge Gustavo Salazar y soy de Sucre, una de las dos capitales de mi país y la sede (*headquarters*) constitucional donde se mantiene el Tribunal Supremo de Bolivia. La Paz, la capital administrativa, es la capital más alta del mundo, a unos 3.650 m.s.n.m. en los Andes. **¿A qué altura está tu ciudad?** La gente indígena constituye más del cincuenta por ciento de la población del país, y muchos viven en el altiplano, un área cerca del lago Titicaca, que es el lago navegable más alto del mundo. En el altiplano se encuentran las ruinas de una civilización antigua preincaica, anterior a los aymara, que pueblan la región hoy en día. **¿Hay ruinas de antiguas civilizaciones cerca de donde tú vives?**

Fíjate

The abbreviation *m.s.n.m.* means *metros sobre nivel del mar*, or meters above sea level.

En las islas flotantes del lago Titicaca viven algunos indígenas.

Una mujer aymara con ropa tradicional

Unas chullpas en el altiplano

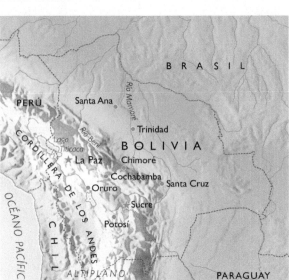

ALMANAQUE

Nombre oficial: República de Bolivia
Gobierno: República
Población: 9.947.418 (2010)
Idiomas: español (oficial); quechua (oficial); aymara (oficial)
Moneda: Boliviano (Bs)

¿Sabías que...?

- La papa, nativa de Sudamérica, es un alimento básico en Bolivia. Se cultivan más de doscientos tipos de papa en el país.
- Aunque no tiene salida al mar, Bolivia tiene una fuerza marina: la Armada Boliviana.

Preguntas

1. ¿Por qué crees que Bolivia tiene tres idiomas oficiales?
2. ¿Qué distinción tiene La Paz como capital?
3. ¿Qué riesgo para la salud (*health risk*) comparten Bolivia y Perú?

Amplía tus conocimientos sobre Bolivia en MySpanishLab.

09-46, 09-49

Yolanda Pico Briones

Les presento mi país

Mi nombre es Yolanda Pico Briones y soy de Quito, la capital de Ecuador. Mi país tiene tres diferentes tipos de geografía: la costa, la sierra y el oriente o la selva. La población, principalmente mestiza e indígena, se concentra en la sierra y la costa. **¿Dónde vive la mayoría de la población en tu país?** Uno de los grupos indígenas de Ecuador son los tsáchilas, también llamados "los colorados", debido a la costumbre de los hombres de pintarse (*dye*) el pelo de color rojo. Los chamanes (*shamans*) de esta tribu tienen gran conocimiento de las plantas medicinales y, por lo tanto, tienen mucho poder en la comunidad. **¿Es popular la medicina alternativa donde tú vives?**

Las islas Galápagos

Un sombrero panamá

Las plantas medicinales son importantes en la medicina alternativa.

Las Islas Galápagos

COLOMBIA
Esmeraldas
Santo Domingo de los Colorados
Manta
Ibarra
Quito
Cotopaxi
Ambato
Nuevo Rocafuerte
Guayaquil
Riobamba
Golfo de Guayaquil
Cuenca
Loja
OCÉANO PACÍFICO
PERÚ

ALMANAQUE

Nombre oficial: República del Ecuador
Gobierno: República
Población: 14.790.608 (2010)
Idiomas: español (oficial), quechua y otros idiomas indígenas
Moneda: El dólar estadounidense ($)

¿Sabías que…?

- El famoso sombrero panamá es en realidad de Ecuador.
- El volcán Cotopaxi se considera el volcán activo más alto del mundo.

Preguntas

1. ¿Cuál es una costumbre de los tsáchilas?
2. ¿Qué tiene Ecuador en común geográficamente con Perú y Bolivia?
3. ¿En qué otros países se encuentra un gran porcentaje de mestizos e indígenas?

 Amplía tus conocimientos sobre Ecuador en MySpanishLab.

09-52

Ambiciones siniestras

Lectura

Estrategia	Asking yourself questions

Just as with listening, it is helpful to learn to ask yourself check questions as you read, which help you summarize and organize information.

9-42 **Antes de leer** En el **Episodio 8** Marisol y Manolo hablan de las dudas que tienen sobre Lupe y Cisco. Teniendo esto en cuenta, contesta las siguientes preguntas. ■

- ¿Es posible que Lupe sea (*is*) el Sr. Verdugo?
- ¿Por qué actúa Cisco de manera tan misteriosa?
- Si resuelven el nuevo rompecabezas, ¿van a poder salvar (*save*) a Alejandra y a Eduardo?

9-43 **A leer** Completa los siguientes pasos. ■

Paso 1 Lee el primer párrafo y elige la pregunta que mejor lo resuma (*summarizes it*).
a. ¿Dónde están los protagonistas?
b. ¿Cómo están Eduardo y Alejandra?
c. ¿Qué saben Manolo, Cisco, Marisol y Lupe de Eduardo y Alejandra?

Paso 2 Ahora lee el segundo párrafo y elige la pregunta que mejor lo resuma.
a. ¿Por qué tienen miedo Manolo, Cisco, Marisol y Lupe?
b. ¿Por qué Manolo, Cisco, Marisol y Lupe participaron en el concurso?
c. ¿Por qué desaparecieron Eduardo y Alejandra?

Paso 3 Continúa leyendo el episodio pero ahora, en vez de elegir la mejor pregunta, tú vas a escribir una pregunta para cada sección indicada (secciones de 3 a 9). Al terminar, compara tus preguntas con las de tus compañeros.

¡Qué mentira!

[1] En distintas partes del país hay cuatro estudiantes universitarios muy preocupados. Todavía no saben ni dónde ni cómo están Eduardo y Alejandra. Sólo saben que desaparecieron y que un tal Verdugo tiene algo que ver con todo eso°.

has something to do with it

lie

[2] El concurso —¡Qué mentira°!— ¿Cómo pudieron creerlo? Este tipo de cosas tan increíbles generalmente terminan siendo falsas. Para Manolo, Cisco, Marisol y Lupe es mucho más serio. Hay dos desaparecidos° ya y los otros con el miedo de no saber si les va a pasar lo mismo a ellos. El Sr. Verdugo les dijo que no hablaran° con nadie —especialmente

missing

not to talk

would hurt all of
them

con la policía— o les haría daño a todos°. Así que todos los días se levantan y se acuestan con miedo.

scared

[3] Hoy Manolo se despertó asustado° y se levantó inmediatamente. Durmió mal anoche y ahora le duele todo el cuerpo. Decidió tomar tres aspirinas y volvió a acostarse. Pocos minutos después, sonó el teléfono celular. Era Cisco.

[4] —¿Manolo? ¿Estás levantado?

—Sí —respondió Manolo— hace media hora. ¿Qué pasa?

—Acabamos de recibir otro mensaje. Este hombre está loco —explicó Cisco.

—Voy a leer el mensaje y te llamo más tarde —le dijo Manolo.

They hung up

[5] Colgaron°. Otra llamada. Esta vez fue Marisol.

—¿Manolo? Tienes que leer el último mensaje. No sé qué hacer…

—Mira Marisol, voy a leerlo ahora mismo. Ya me llamó Cisco hace unos minutos. Llama tú a Lupe y dentro de diez minutos te llamo. ¿Está bien? ¿Estás en tu teléfono celular?

—Sí. Bueno, te espero.

turned on

[6] Manolo encendió° la computadora y leyó:

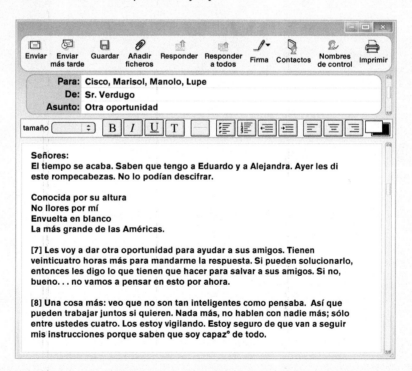

capable

dial
threw it

[9] Con un gran suspiro, Manolo buscó su teléfono y empezó a marcar°… De pronto dejó de marcar, se quedó mirando el teléfono un momento y lo tiró° con fuerza contra la pared…

9-44 **Después de leer** Contesta las siguientes preguntas. ■

1. ¿Por qué se levantan y se acuestan con miedo nuestros protagonistas?
2. ¿Cómo se sentía Manolo cuando se levantó?
3. ¿Quiénes llamaron a Manolo? ¿Por qué?
4. Además de un rompecabezas, ¿qué información nueva contiene el mensaje?
5. En tu opinión, ¿qué fue lo más aterrador (*frightening*) de todo lo que dijo el mensaje?

09-53 to 09-54

Video

9-45 **Antes del video** ¿Por qué crees que Manolo tiró el teléfono contra la pared? ¿Los protagonistas van a poder descifrar ese nuevo rompecabezas? ¿Van a trabajar juntos esta vez? ¿Van a poder salvar a Eduardo y a Alejandra? ■

Sin embargo, creo que ya tenemos una pista (*clue*).

Todo este lío (*mess*) con los rompecabezas me tiene bastante nerviosa.

Tengo que confesar algo.

Episodio 9

«No llores por mí»

Relájate y disfruta el video.

9-46 **Después del video** Contesta las siguientes preguntas. ■

1. ¿Dónde estaban Marisol y Lupe?
2. ¿Qué hacían ellas?
3. ¿Qué información tenía Marisol que creía que podía ayudar con la primera pista?
4. ¿Cómo respondió Lupe a su idea?
5. ¿Por qué decidieron ellas llamar a Cisco y a Manolo?
6. ¿Qué dijo Cisco sobre la segunda pista, "No llores por mí"?
7. ¿Qué propuso Manolo sobre las dos últimas pistas?
8. ¿Cuántas horas tenían para terminar de descifrar el rompecabezas?
9. ¿Cómo terminó el episodio?

Y por fin, ¿cómo andas?

	Feel confident	Need to review
Having completed this chapter, I now can . . .		

Comunicación I

- describe the human body (p. 334) ☐ ☐
- pronounce the letters **d** and **t** (MSL / SAM) ☐ ☐
- share about people, actions, and things (p. 337) ☐ ☐
- explain ailments and treatments (p. 341) ☐ ☐
- make emphatic and exclamatory statements (p. 346) ☐ ☐

Comunicación II

- narrate in the past (p. 349) ☐ ☐
- explain how long something has been going on and how long ago something occurred (p. 356) ☐ ☐
- ask myself questions when listening to organize and summarize what I hear (p. 360) ☐ ☐
- communicate about ailments and healthy living (p. 361) ☐ ☐
- write a summary, sequencing past events (p. 362) ☐ ☐

Cultura

- relate the importance of water in maintaining good health (p. 346) ☐ ☐
- consider pharmacies in Spanish-speaking countries and how they differ from those in the United States (p. 356) ☐ ☐
- list important information about this chapter's featured countries: Peru, Bolivia, and Ecuador (pp. 363–365) ☐ ☐

Ambiciones siniestras

- create check questions to facilitate comprehension when reading, and give details about the new e-mail message (p. 366) ☐ ☐
- discover the progress the characters are making in deciphering the new riddle (p. 368) ☐ ☐

Comunidades

- use Spanish in real-life contexts (SAM) ☐ ☐

VOCABULARIO ACTIVO

El cuerpo humano	The human body
la boca	mouth
el brazo	arm
la cabeza	head
la cara	face
la cintura	waist
el corazón	heart
el cuello	neck
el cuerpo	body
el dedo (de la mano)	finger
el dedo (del pie)	toe
el diente	tooth
la espalda	back
el estómago	stomach
la garganta	throat
la mano	hand
la nariz	nose
el oído	inner ear
el ojo	eye
la oreja	ear
el pecho	chest
el pelo	hair
el pie	foot
la pierna	leg

Algunos verbos	Some verbs
doler (ue)	to hurt
estar enfermo/a	to be sick
estar sano/a; saludable	to be healthy
ser alérgico/a (a)	to be allergic (to)

Otras palabras útiles	Other useful words
la salud	health
la sangre	blood

Algunas enfermedades y tratamientos médicos	Illnesses and medical treatments
el antiácido	antacid
el antibiótico	antibiotic
la aspirina	aspirin
el catarro / el resfriado	cold
la curita	adhesive bandage
el/la doctor/a	doctor
el dolor	pain
el/la enfermero/a	nurse
el estornudo	sneeze
el examen físico	physical exam
la farmacia	pharmacy
la fiebre	fever
la gripe	flu
la herida	wound; injury
el hospital	hospital
la inyección	shot
el jarabe	cough syrup
el/la médico/a	doctor
la náusea	nausea
las pastillas	pills
la receta	prescription
la sala de urgencias	emergency room
la tos	cough
la venda / el vendaje	bandage

Algunos verbos	Some verbs
acabar de + *infinitivo*	*to have just finished + (something)*
caer(se)	*to fall down*
cortar(se)	*to cut (oneself)*
curar(se)	*to cure; to be cured*
enfermar(se)	*to get sick*
estornudar	*to sneeze*
evitar	*to avoid*
guardar cama	*to stay in bed*
lastimar(se)	*to get hurt*
mejorar(se)	*to improve; to get better*
ocurrir	*to occur*
quemar(se)	*to burn; to get burned*
romper(se)	*to break*
tener…	
alergia (a)	*to be allergic (to)*
(un) catarro, resfriado	*to have a cold*
(la/una) gripe	*to have the flu*
una infección	*to have an infection*
tos	*to have a cough*
un virus	*to have a virus*
tener dolor de…	*to have a…*
cabeza	*headache*
espalda	*backache*
estómago	*stomachache*
garganta	*sore throat*
toser	*to cough*
tratar de	*to try to*
vendar(se)	*to bandage (oneself); to dress (a wound)*

10 ¡Viajemos!

¿Te gusta viajar (*travel*)? ¿Adónde? ¿Cómo? ¿Cuándo? Exploremos muchas opciones. ¡Viajemos!

PREGUNTAS

1 Cuando viajas, ¿adónde vas generalmente?

2 ¿Cuándo viajas? ¿Por qué?

3 En el futuro, ¿adónde quieres ir?

Comunicación I

Los medios de transporte Discussing modes of transportation

10-01 to 10-08

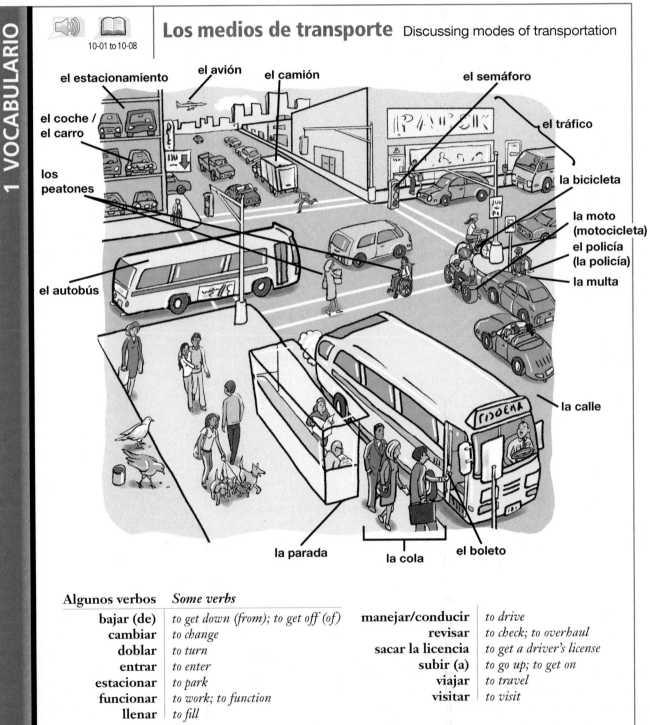

el estacionamiento

el avión

el camión

el semáforo

el coche / el carro

el tráfico

los peatones

la bicicleta

la moto (motocicleta)

el policía (la policía)

la multa

el autobús

la calle

la parada

la cola

el boleto

Algunos verbos	*Some verbs*		
bajar (de)	*to get down (from); to get off (of)*	**manejar/conducir**	*to drive*
cambiar	*to change*	**revisar**	*to check; to overhaul*
doblar	*to turn*	**sacar la licencia**	*to get a driver's license*
entrar	*to enter*	**subir (a)**	*to go up; to get on*
estacionar	*to park*	**viajar**	*to travel*
funcionar	*to work; to function*	**visitar**	*to visit*
llenar	*to fill*		

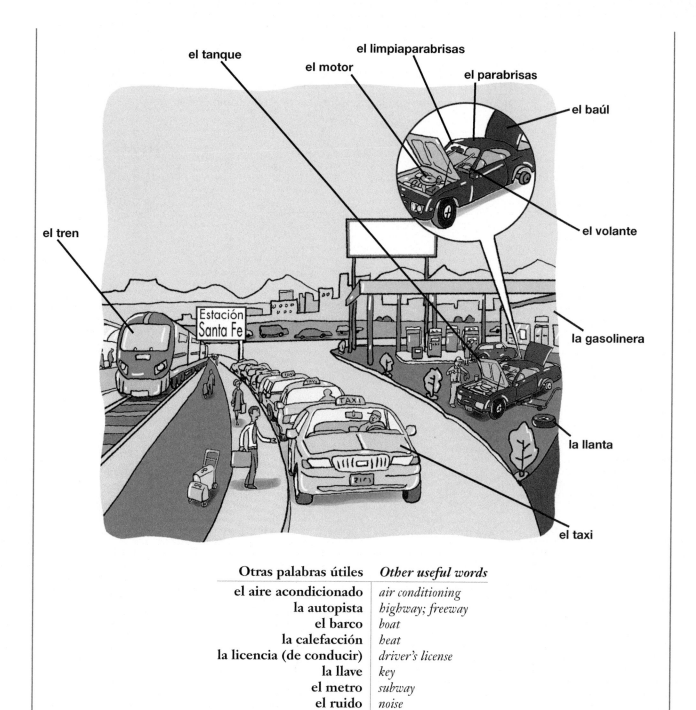

el tanque
el motor
el limpiaparabrisas
el parabrisas
el baúl
el volante
el tren
la gasolinera
la llanta
el taxi

Estación Santa Fe

Otras palabras útiles	*Other useful words*
el aire acondicionado	*air conditioning*
la autopista	*highway; freeway*
el barco	*boat*
la calefacción	*heat*
la licencia (de conducir)	*driver's license*
la llave	*key*
el metro	*subway*
el ruido	*noise*
el taller mecánico	*auto repair shop*

PRONUNCIACIÓN

10-09 to 10-12

The letters *b* and *v*

Go to MySpanishLab / Student Activities Manual to learn about the letters *b* and *v*.

Workbooklet

10-1 ¿Qué tienen en común?

Escriban características específicas de cada medio de transporte en cada uno de los círculos pequeños. En el círculo grande del centro, escriban lo que todos estos medios de transporte tienen en común. Después comparen su diagrama con los de otros compañeros. ■

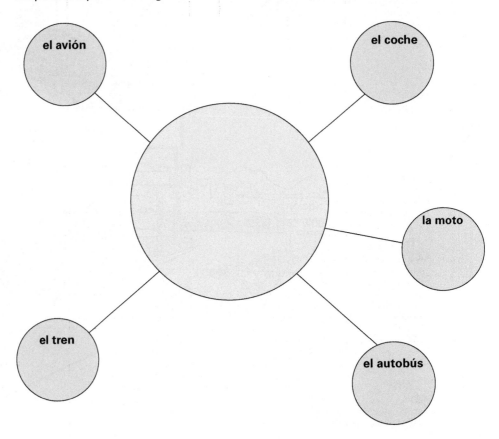

10-2 ¿Es verdad?

Decide si las siguientes oraciones son ciertas (**C**) o falsas (**F**). Si son falsas, corrígelas (*correct them*). Compara tus respuestas con las de un/a compañero/a. ■

Estrategia

When correcting true/false statements, instead of simply adding a negative word, correct the word that is false to make the statement true.

MODELO   Un carro tiene seis llantas.

E1:   *Un carro tiene seis llantas.*

E2:   *Falso. Un carro tiene cuatro llantas.*

1. Hay semáforos en las autopistas.
2. Para llegar a la universidad yo puedo tomar el autobús o ir a pie.
3. Ir en avión es más rápido que ir en tren.
4. Un coche no puede funcionar sin limpiaparabrisas.
5. Hay que cambiar el aceite de un coche cada 100.000 millas.
6. Puedes llenar el tanque con gasolina en la gasolinera.
7. Usamos la calefacción en el verano.
8. Si manejamos muy rápido el policía nos puede dar una llave.

10-3 **¿Cómo vas?** Completa los siguientes pasos. ▪

Paso 1 Pon una equis (X) en la columna apropiada. Después, pregúntale a un/a compañero/a qué medios de transporte usa él/ella.

¿QUÉ USAS...?	A MENUDO	A VECES	NUNCA
bicicleta			
autobús			
avión			
carro			
tren			

MODELO
E1: *¿Qué medio de transporte usas a menudo?*

E2: *Uso el autobús a menudo. ¿Y tú?*

E1: *Uso el carro.*

E2: *¿Qué medio de transporte usas a veces?*

E1: *Uso la bicicleta a veces. ¿Y tú?*

Paso 2 Túrnense para hacerse y contestar las siguientes preguntas.

¿Qué medio de transporte usas...

1. más?
2. menos?
3. para ir a la universidad?
4. para ir al centro comercial?
5. para ir a visitar a tus amigos?
6. para ir a la casa de tus padres o de unos parientes?
7. para ir a Los Ángeles?
8. para ir a Caracas, Venezuela?
9. para ir a Europa?

10-4 **Cinco preguntas** En grupos de tres o cuatro estudiantes, escriban **cinco** preguntas interesantes relacionadas con **Los medios de transporte**. Después, para cada pregunta, deben escoger a una persona de otro grupo para contestarla. ▪

MODELO
GRUPO 1: *¿Cambiaste el aceite del coche la semana pasada?*

GRUPO 2 (PHILIP): *No, no cambié el aceite la semana pasada, pero tengo que cambiarlo pronto.*

GRUPO 1: *¿Viajaste a México el verano pasado?*

GRUPO 2 (GENA): *Sí, fui a Cancún con mi familia.*

Workbooklet

 10-5 **Firma aquí** Circula por la clase hasta encontrar a un estudiante que pueda contestar afirmativamente a tu pregunta. **¡OJO!** Debes usar **el pretérito** en la mayoría de las preguntas. ■

MODELO   manejar un camión el verano pasado
E1:   *¿Manejaste un camión el verano pasado?*
E2:   *Sí, manejé un camión el verano pasado.*
E1:   *Pues, firma aquí.*
_____Rosario_____

manejar un camión el verano pasado	ir a una gasolinera esta mañana	saber manejar un barco
tener más de tres llaves contigo	ir a la universidad por la autopista.	tener un coche sin (*without*) calefacción
perder las llaves alguna vez	viajar a algún lugar exótico durante las últimas vacaciones	recibir una multa el año pasado
tener un accidente de coche en los últimos dos años	llevar el coche al taller mecánico el mes pasado	viajar en tren el año pasado

 10-6 **¡No funciona!** Necesitan llevar su coche a un mecánico. Hagan los papeles del conductor y el mecánico. Tienen que descubrir qué problema tiene el coche, hablar de posibles soluciones y decidir cuánto tiempo se necesita para repararlo. ■

2 GRAMÁTICA

10-13 to 10-18   Spanish/
English
Tutorials

Los mandatos informales
Influencing others and giving advice

¡A la derecha, Pepe! Dobla a la derecha, no a la izquierda...

When you need to give orders, advise, or ask people to do something, you use commands. If you are addressing a friend or someone you normally address as **tú,** you use informal commands. You have been responding to **tú** commands since the beginning of *¡Anda! Curso elemental*: **escucha, escribe, abre tu libro en la página,** etc.

1. The affirmative *tú* command form is the same as the *él, ella, Ud.* form of the present tense of the verb:

Infinitive		Present tense	Affirmative *tú* command
llen**ar**	él, ella, Ud.	llena	llena
le**er**	él, ella, Ud.	lee	lee
ped**ir**	él, ella, Ud.	pide	pide

Llen**a** el tanque.	*Fill the tank.*
Dobl**a** a la derecha.	*Turn to the right.*
Conduc**e** con cuidado.	*Drive carefully.*
Pid**e** permiso.	*Ask permission.*

There are eight common verbs that have irregular affirmative *tú* commands:

decir	→	**di**	ir	→	**ve**	salir →	**sal**	tener	→	**ten**
hacer	→	**haz**	poner	→	**pon**	ser →	**sé**	venir	→	**ven**

Sé respetuoso con los peatones.	*Be respectful of pedestrians.*
Ten cuidado al conducir.	*Be careful when driving.*
Ven al aeropuerto con tu pasaporte.	*Come to the airport with your passport.*
Pon las llaves en la mesa.	*Put the keys on the table.*

(continued)

2. To form the negative *tú* (informal) commands:

1. Take the **yo** form of the present tense of the verb.
2. Drop the **-o** ending.
3. Add *-es* for **-ar** verbs, and add *-as* for **-er** and **-ir** verbs.

Infinitive	Present tense		Negative *tú* command
llen**ar**	yo llen**ø**	+ es	no llen**es**
le**er**	yo le**ø**	+ as	no le**as**
ped**ir**	yo pid**ø**	+ as	no pid**as**

		Fíjate
No llen**es** el tanque.	*Don't fill the tank.*	The verb *conducir* has an irregular *yo* form, similar to *conocer* (conocer → cono**zc**o; conducir → condu**zc**o).
No dobl**es** a la derecha.	*Don't turn to the right.*	
No condu**zc**as muy rápido.	*Don't drive very fast.*	
No pid**as** permiso.	*Don't ask permission.*	

Verbs ending in **-car, -gar,** and **-zar** have a spelling change in the negative **tú** command. These spelling changes are needed to preserve the sounds of the infinitive endings.

Fíjate

These are the same spelling changes with which you were presented when you learned the irregular preterit tense of these verbs.

Infinitive	Present tense		Negative *tú* command
sa**car**	yo saco	c → qu	no sa**qu**es
lle**gar**	yo llego	g → gu	no lle**gu**es
empe**zar**	yo empiezo	z → c	no empie**c**es

3. Object and reflexive pronouns are used with *tú* commands in the following ways:

a. They are *attached* to the ends of *affirmative* commands. When the command is made up of more than two syllables after the pronoun(s) is/are attached, a written accent mark is placed over the stressed vowel.

Se me pinchó una llanta. **¡Cámbiamela!**	*I got a flat tire. Change it for me!*
Tu bicicleta no funciona. **Revísala.**	*Your bike does not work. Check it.*
Me gusta tu coche. **Préstamelo.**	*I like your car. Lend it to me.*
Es tarde. **Duérmete** mientras conduzco.	*It's late. Sleep while I drive.*

b. They are placed *before negative* **tú** commands.

No se nos pinchó una llanta. ¡No **me la** cambies!	*We don't have a flat tire. Don't change it for me!*
Tu bicicleta funciona. No **la** revises.	*Your bicycle works. Don't check it.*
No me gusta tu coche. No **me lo** prestes.	*I don't like your car. Don't lend it to me.*
Es tarde. No **te duermas** mientras conduces.	*It's late. Don't fall asleep while you drive.*

10-7 ¿Qué diría el profesor? Túrnense para decir cuál de los dos mandatos diría (*would say*) un/a profesor/a de una escuela de conducir. ■

MODELO
a. Toma apuntes mientras hablo.
b. No tomes apuntes mientras hablo.
E1: *Toma apuntes mientras hablo.*

1. a. Estudia las reglas (*rules*) en el manual de conducir.
   b. No estudies las reglas.
2. a. Ven tarde a la clase.
   b. No vengas tarde a la clase.
3. a. Lee el manual con cuidado.
   b. No leas el manual con cuidado.
4. a. Practica fuera de la clase.
   b. No practiques fuera de la clase.
5. a. Ponte nervioso/a.
   b. No te pongas nervioso/a.
6. a. Conduce con cuidado.
   b. No conduzcas con cuidado.
7. a. Sal de la clase antes de tiempo.
   b. No salgas de la clase antes de tiempo.
8. a. Trae tu manual a clase.
   b. No traigas tu manual a clase.

10-8 Hazlo, por favor Túrnense para expresar mandatos afirmativos y negativos usando los pronombres de complemento directo. ■

Capítulo 5. Los
pronombres de
complemento directo,
pág. 189.

MODELO   esperar el autobús

E1: *¡Espéralo!*

E2: *¡No lo esperes!*

Estrategia

For activities like **10-8** you can take turns by having one student do the even-numbered items while the other does the odd-numbered ones. Or, one can give the affirmative commands while the other gives the negatives; then switch roles.

1. tomar el autobús
2. prestarme las llaves
3. conducir el carro
4. usar la calefacción
5. hacer ruido
6. limpiar el parabrisas
7. subir la ventana
8. estacionar el coche en el garaje
9. buscar un estacionamiento

10-9 El sobrinito Tu hermana está enferma y necesita ir al médico. Tú tienes que quedarte en su casa con Abel, su hijo de cuatro años. Dile lo que puede y no puede hacer en las siguientes situaciones. ■

MODELO   Abel quiere comer un plato de donas (*donuts*).
¡No comas todas las donas!

Abel quiere...

1. mirar un programa de *Sesame Street*
2. llamar por teléfono a Big Bird
3. dibujar en la pared
4. limpiar su cuarto
5. mirar una película de terror
6. poner el gato (*cat*) en la lavadora
7. beber una Coca-Cola
8. dormir la siesta

10-10 **¡Ayúdame!** ¡Tu compañero/a de apartamento te vuelve loco/a! ■

Paso 1 Usa los siguientes verbos para decirle lo que debe y no debe hacer y compara tus respuestas con las de un/a compañero/a.

MODELO no poner tus libros en mi cama
No pongas tus libros en mi cama.

1. no dormirse en el sofá
2. sacar la basura
3. no comer en la sala
4. no beber de mi vaso
5. decirme la verdad siempre
6. no vestirse en la cocina
7. tener más paciencia con mi gato
8. no invitar siempre a los amigos después de las once de la noche

Paso 2 Para cada mandato negativo que dieron juntos, den otra alternativa.

MODELO   E1: *No pongas tus libros en mi cama.*

E2: *Ponlos en la mesa.*

10-11 **¡Una fiesta!** Tu compañero/a y tú organizan una fiesta para sus amigos. Tienen mucho que hacer: limpiar el apartamento, organizar la música, comprar y preparar la comida, vestirse, etc. Un amigo se ofrece a ayudarles. Hagan una lista de las cosas que él puede hacer. ■

MODELO

> 1. Organiza los CD.

10-12 **El transporte** Revisa el vocabulario de **Los medios de transporte.** Escoge seis de los verbos y haz una lista de mandatos afirmativos y negativos, usando los verbos. ¡Sé creativo! Después, comparte tu lista con un/a compañero/a. ■

MODELO   revisar → *Revisa el motor de tu coche.*

3 GRAMÁTICA

 ¡Hola! Spanish/English Tutorials
10-19 to 10-22

Los mandatos formales Giving orders and instructions

When you need to influence others by making a request, giving advice, giving instructions, or giving orders to people you normally treat as **Ud.** or **Uds.**, you are going to use a different set of commands: **formal** commands. The forms of these commands are similar to the negative **tú** command forms.

¡Volaba!

Muéstreme su licencia, por favor.

¿Iba muy rápido, señor policía?

1. To form the *Ud.* and *Uds.* commands:

   1. Take the **yo** form of the present tense of the verb.
   2. Drop the **-o** ending.
   3. Add **-e(n)** for **-ar** verbs, and add **-a(n)** for **-er** and **-ir** verbs.

Infinitive	Present tense		*Ud.* commands	*Uds.* commands
limp**iar**	yo limpi**ø**	+ e(n)	(no) limp**ie**	(no) limp**ien**
le**er**	yo le**ø**	+ a(n)	(no) le**a**	(no) le**an**
ped**ir**	yo pid**ø**	+ a(n)	(no) pid**a**	(no) pid**an**

Llene el tanque. **Llénelo.**	*Fill up the tank. Fill it.*
No limpie el parabrisas. **No lo limpie.**	*Don't clean the windshield. Don't clean it.*
Conduzca el camión. **Condúzcalo.**	*Drive the truck. Drive it.*
No ponga esa gasolina cara en el coche.	*Don't put that expensive gasoline in the car.*
No la ponga en el coche.	*Don't put it in the car.*
Traiga su licencia. **Tráigala.**	*Bring your license. Bring it.*
No busquen sus llaves. **No las busquen.**	*Don't look for your keys. Don't look for them.*

¡Explícalo tú!

1. Where do the object pronouns appear in affirmative commands? Where do they appear in negative commands? In what order?
2. Why are there written accents added to some of the commands and not to others?

✓ Check your answers to the preceding questions in Appendix 1.

2. Verbs ending in *-car*, *-gar*, and *-zar* have a spelling change in the *Ud.* and *Uds.* commands. These spelling changes are needed to preserve the sounds of the infinitive endings.

Infinitive	Present tense		*Ud/Uds.* commands
sa**car**	yo sa**c**o	c → qu	sa**que**(n)
lle**gar**	yo lle**g**o	g → gu	lle**gue**(n)
empe**zar**	yo empie**z**o	z → c	empie**ce**(n)

(continued)

3. These verbs also have irregular forms for the *Ud./Uds.* commands:

dar → **dé(n)**		ir → **vaya(n)**		ser → **sea(n)**	
estar → **esté(n)**		saber → **sepa(n)**			

Finally, compare the forms of the *tú* and *Ud./Uds.* commands:

	Tú commands affirmative	negative	*Ud./Uds.* commands affirmative	negative
hablar	habla	no hables	hable(n)	no hable(n)
comer	come	no comas	coma(n)	no coma(n)
pedir	pide	no pidas	pida(n)	no pida(n)

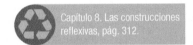

Capítulo 8. Las construcciones reflexivas, pág. 312.

 10-13 **Consejos** Dos estudiantes de intercambio (*exchange students*) van a llegar a tu universidad y necesitan tu ayuda con lo que deben y no deben hacer antes de venir a los Estados Unidos. Hazles una lista con tus consejos y comparte la lista con un/a compañero/a. ∎

MODELO   E1:   acostarse temprano la noche antes de viajar

             E2:   *Acuéstense temprano la noche antes de viajar.*

1. levantarse temprano el día del viaje
2. preparar el equipaje (*luggage*) el día anterior
3. llevar ropa cómoda
4. no ponerse nervioso/a
5. evitar el alcohol
6. tener su pasaporte a mano (*on hand*)
7. sentarse en el asiento correcto
8. dormirse en el avión

Capítulo 9. Un resumen de los pronombres de complemento directo, indirecto y reflexivos, pág. 337.

10-14 La multa

Termina el diálogo entre Mayra y el policía. Después presenta la escena con un/a compañero/a. ■

MAYRA: Buenas noches. ¿Iba muy rápido, señor policía?

POLICÍA: Sí, señorita. (1) _____ (mostrarme) su licencia, por favor.

MAYRA: Aquí la tiene (*here you go*), señor. Sé que la foto es muy mala.

POLICÍA: No (2) _____ (preocuparse). Ahora, (3) _____ (contarme), señorita: ¿A qué velocidad (*speed*) iba?

MAYRA: Pues… la verdad es que no estoy segura. (4) _____ (decírmelo) usted.

POLICÍA: Iba a ochenta kilómetros por hora y el límite aquí es sesenta y cinco.

MAYRA: ¡Ay! ¡Mi padre me va a matar! Por favor, no (5) _____ (darme) una multa. Lo siento. Le aseguro que voy a manejar mucho más lento ahora.

POLICÍA: No es mi decisión. Es la ley (*law*).

MAYRA: Entonces, por lo menos no (6) _____ (escribir) ochenta kilómetros por hora en la multa. (7) _____ (poner) setenta, por favor.

POLICÍA: No puedo hacer eso. Bueno, (8) _____ (tomarla).

MAYRA: (*silencio*)

POLICÍA: Y no (9) _____ (manejar) tan rápido en el futuro. (10) _____ (tener) más cuidado.

10-15 El transporte rápido

El Transmilenio es un sistema de transporte masivo de pasajeros (*passengers*) en autobús que permite llegar rápidamente a cualquier (*any*) lugar de la ciudad de Bogotá. Lee las siguientes reglas del Transmilenio y completa la lista con mandatos formales. Luego, compártela con un/a compañero/a. ■

| entrar | llevar | pagar | pararse (*to stand*) |
| permitir | respetar | evitar | transitar (*to enter/exit*) |

MODELO   Siempre *evite* correr.

• Instrucciones para el uso adecuado (*suitable*) del sistema:

1. Cuando espere al autobús, _____ detrás de la línea amarilla de seguridad.
2. Antes de entrar, _____ que salgan los pasajeros.
3. _____ con su tarjeta al entrar.
4. Al usar las rampas, túneles o plataformas, _____ por la derecha.
5. No _____ paquetes (*packages*) grandes ni mascotas (*pets*).
6. No _____ en el autobús bebiendo o fumando ni en estado de embriaguez (*intoxication*).
7. _____ las sillas azules que son para personas con discapacidad, mujeres embarazadas, niños pequeños y ancianos.

NOTA CULTURAL

¿Cómo nos movemos?

10-23

El saber manejar un auto no suele ser tan importante en los países hispanohablantes como en los Estados Unidos. Por lo general, la gente camina más y usa el transporte público, ya sea el autobús, el metro o el taxi. Las personas que sí quieren conducir generalmente tienen que tomar un curso en una escuela privada de conducir.

En Colombia, por ejemplo, para obtener (*get*) una licencia de conducir es necesario:

- tener 16 años.
- saber leer y escribir.
- aprobar un examen teórico o presentar un certificado de aptitud en conducción (*driving*) emitido por una escuela aprobada (*approved*) por el Ministerio de Educación Nacional en coordinación con el Ministerio de Transporte.
- presentar un certificado de aptitud física y mental expedido por (*completed by*) un médico.

Una de las escuelas de conducir más conocidas en Colombia es Conducir Colombia. Los cursos y los precios varían según la experiencia previa del estudiante. Hay cursos básicos de diez clases por unos ciento cincuenta y nueve dólares hasta cursos avanzados de catorce clases por unos doscientos dólares.

Preguntas

1. ¿Sabes conducir? ¿Cuándo aprendiste? ¿Quién te enseñó? ¿Cuándo sacaste la licencia de conducir?
2. Según la lectura, ¿crees que es generalmente más fácil o más difícil obtener una licencia en Colombia que en los Estados Unidos? Explica.

Capítulo 8. Los pronombres de complemento indirecto, pág. 299; Los pronombres de complemento directo e indirecto usados juntos, pág. 305.

10-16 **La gasolinera** Ustedes acaban de llegar a una gasolinera con taller mecánico. Túrnense para decirle al mecánico lo que necesitan. ■

MODELO No pueden abrir el baúl.

Ábranos el baúl, por favor. / Ábranoslo, por favor.

1. Necesitan gasolina.
2. El parabrisas está sucio.
3. El limpiaparabrisas no funciona.
4. El motor tiene un ruido extraño.
5. Las llantas necesitan aire.
6. El aceite está sucio.

Capítulo 2. La sala de clase, pág. 65.

 10-17 **¿Cómo contestaría tu profe de español?** Túrnense para hacer los papeles de profesor/a (**P**) y estudiante (**E**). ■

MODELO   E: ¿Debemos hacer la tarea para mañana?

             P: *Sí, hagan la tarea para mañana. / Sí, háganla para mañana.*

1. ¿Debemos traer el cuaderno a la clase?
2. ¿Podemos llegar cinco minutos tarde?
3. ¿Hay que hablar en español todo el tiempo?
4. ¿Tenemos que tomar un examen pasado mañana?
5. ¿Podemos usar nuestros apuntes durante el examen?
6. ¿Está bien si no venimos a clase mañana?
7. ¿Podemos desayunar en la sala de clase?
8. ¿Buscamos la lectura en el Internet?
9. ¿Empezamos la tarea en clase?
10. ¿Podemos salir temprano?

Capítulo 3. La casa, pág. 98; Los muebles y otros objetos de la casa, pág. 106; Los quehaceres de la casa, pág. 109.

 10-18 **¡A su servicio!** Ustedes son compañeros/as de apartamento y acaban de ganar el concurso ¡A su servicio! Reciben como premio la ayuda de Jaime, un mayordomo (*butler*), por una semana. Díganle **ocho** cosas que quieren que haga (*you want him to do*) para ayudarlos hoy con los quehaceres. Después, díganle **tres** cosas que no debe hacer. ■

MODELO   *Jaime, saque la basura, por favor.*

¿Cómo andas? I

	Feel confident	Need to review
Having completed **Comunicación I,** I now can . . .		
• discuss modes of transportation (p. 374)	☐	☐
• pronounce the letters **b** and **v** (MSL / SAM)	☐	☐
• influence others and give advice (p. 379)	☐	☐
• give orders and instructions (p. 383)	☐	☐
• list some public transportation options and discuss procedures for getting a driver's license (p. 386)	☐	☐

Comunicación II

El viaje Sharing about travel

10-24 to 10-29

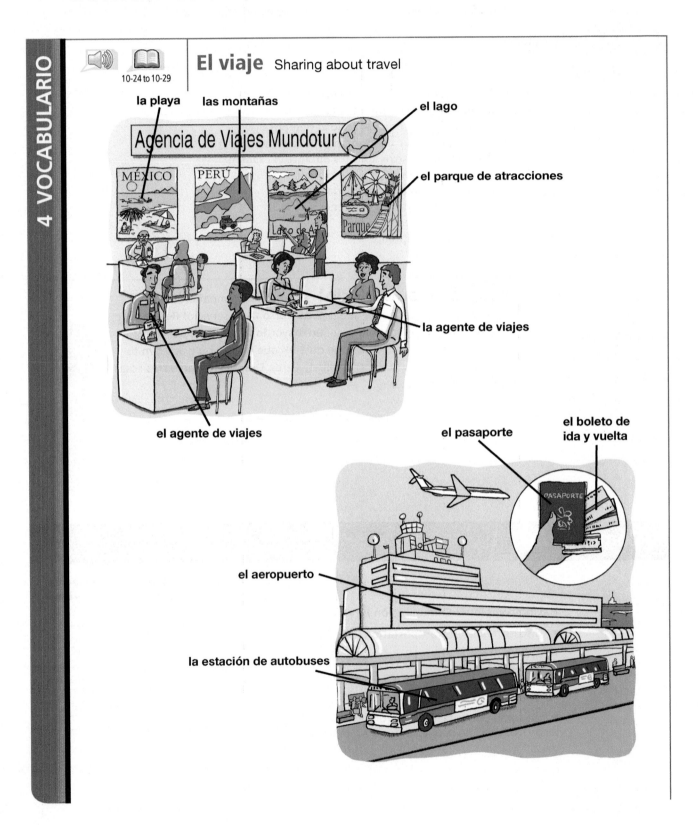

la playa · las montañas · el lago

Agencia de Viajes Mundotur

MÉXICO · PERÚ · Lago de A... · Parque

el parque de atracciones

la agente de viajes

el agente de viajes

el pasaporte · el boleto de ida y vuelta

PASAPORTE

el aeropuerto

la estación de autobuses

- el cuarto individual
- arreglar / hacer la maleta
- la maleta
- la propina
- el barco
- el cuarto doble
- el botones

Otras palabras útiles	*Other useful words*	Algunos verbos útiles	*Some useful verbs*
la agencia de viajes	*travel agency*	caminar, ir a pie	*to walk; to go on foot*
la estación de tren	*train station*	dejar	*to leave*
el extranjero	*abroad*	ir de vacaciones	*to go on vacation*
la recepción	*front desk*	ir de viaje	*to go on a trip*
la reserva	*reservation*	irse del hotel	*to leave the hotel; to check out*
el sello	*postage stamp*	registrarse (en el hotel)	*to check in*
la tarjeta postal	*postcard*	volar (o → ue)	*to fly; to fly away*
las vacaciones	*vacation*		
los viajeros	*travelers*		
el vuelo	*flight*		

Workbooklet

10-19 **Categorías** Tienes tres minutos para escribir todas las palabras que pertenecen (*pertain*) a las siguientes categorías. No debes repetir palabras. Después, compara tus listas con las de un/a compañero/a. Date un punto por cada palabra que tienes que tu compañero/a no tiene. ■

EL AEROPUERTO	EL HOTEL	LAS VACACIONES

10-20 **La competencia** En grupos de cuatro o cinco estudiantes, escriban la oración más larga (y lógica) posible usando las palabras nuevas de **El viaje**. ■

Workbooklet

Capítulo 7. El pretérito, pág. 263.

 10-21 **¿Quiénes lo hacen?** Circula por la clase hasta encontrar a un/a estudiante que pueda contestar afirmativamente a tu pregunta. **¡OJO!** Debes usar el pretérito (P) en algunas de las preguntas. ■

MODELO ¿Quién…?

siempre dejar una buena propina para el/la camarero/a (*housekeeper*) cuando va a un hotel

TIFFANY: *¿Siempre dejas una buena propina para el camarero cuando vas a un hotel?*

ROB: *Sí, siempre dejo una buena propina.*

TIFFANY: *Pues, firma aquí.*

<u>   *Rob*   </u>

¿QUIÉN…?		
siempre dejar una buena propina para el/la camarero/a cuando va a un hotel	ir a un parque de atracciones el año pasado	viajar al extranjero
ir a la playa el verano pasado	volar en avión	recibir tarjetas postales
quedarse en un hotel elegante una vez	esquiar en las montañas	tener más de dos maletas

10-22 **Antes de ir** Tu amigo tiene que ir a Venezuela para una reunión (*meeting*) de negocios. Dale **cinco** consejos sobre lo que debe o no debe hacer para prepararse para el viaje y compara tu lista con la de tu compañero/a. ■

MODELO 1. *Busca tu pasaporte.*

 10-23 **Un joven increíble** Su profesor/a les va a dar información sobre Jordan Romero, un alpinista mexicoamericano muy interesante. Luego, van a preparar una entrevista entre Jordan y un/a reportero/a. Completen los siguientes pasos. ■

Paso 1 Preparen una lista de preguntas para Jordan.

MODELO 1. ¿Cuándo y dónde naciste?

2. ¿Cuándo empezaste a hacer alpinismo?

Paso 2 Inventen respuestas lógicas a las preguntas.

MODELO E1: *¿Cuándo y dónde naciste?*

E2: *Nací en Bear Lake, California, el doce de julio del año 1996.*

Paso 3 Hagan los papeles de Jordan y el/la reportero/a.

10-24 **Las mejores vacaciones** Piensa en tus mejores vacaciones al contestar las siguientes preguntas. Después, circula por la clase para entrevistar a tus compañeros/as. ■

1. ¿Adónde fuiste?
2. ¿Cómo viajaste?
3. ¿Dónde te quedaste?
4. ¿Cuánto tiempo estuviste allí?

5. ¿Qué hiciste durante aquellas vacaciones especiales?
6. ¿A quién le mandaste una tarjeta postal?, ¿una tarjeta electrónica?

NOTA CULTURAL

Venezuela, país de aventuras

10-30

Venezuela, país de aventuras

¿Es Ud. aventurero/a? En Venezuela tenemos muchas oportunidades para conocer nuestro país a base de la aventura. Le proponemos *(propose)* una excursión de dos días en el Canaima. El primer día le ofrecemos un paseo en barco por la laguna Ucaima y una visita al Salto Ucaima. La excursión del segundo día le permite conocer el Salto Ángel, donde podemos nadar al pie de la cascada *(waterfall)*.

Si le gusta hacer trekking, puede disfrutar de una excursión a los tepuyes (una palabra indígena que significa "montaña"). Se puede subir el Pico Humboldt; a unos 4.942 m.s.n.m. es el segundo pico del país. Una excursión de este tipo está dentro de los considerados "deportes extremos" que se pueden practicar.

Si quiere combinar la aventura con una estancia en un hotel de lujo *(luxury),* debe considerar La isla de Margarita. Está situada al norte de Caracas a sólo treinta y cinco minutos en avión o a un par de horas en ferry. Allí puede disfrutar de todos los deportes de agua, pescar, jugar al golf y explorar las numerosas y variadas playas. Por la noche hay restaurantes, clubes de baile, bares y casinos. Para informarse mejor, póngase en contacto hoy con su agencia de viajes preferida.

Preguntas

1. ¿Qué puedes hacer durante la excursión en el Canaima?, ¿en la excursión a los tepuyes?, ¿en la isla de Margarita?
2. De las aventuras que ofrece Venezuela, ¿cuál prefieres? ¿Por qué?
3. ¿Eres aventurero/a? ¿Cuál es la aventura más atrevida que has tenido *(you have had)*?

10-31 to 10-33 ¡Hola! Spanish/English Tutorials

Otras formas del posesivo
Stating what belongs to you and others

¿Dónde están tus llaves? Tengo las mías aquí.

Pues, las llaves mías deben estar en el carro.

In **Capítulo 1,** you learned how to say *my, your, his, ours,* etc. (**mi/s, tu/s, su/s, nuestro/a/os/as, vuestro/a/os/as, su/s**). In Spanish you can also show possession with the long (or stressed) forms, the equivalents of the English *of mine, of yours, of his, of hers, of ours,* and *of theirs.*

Singular		Plural		
Masculine	**Feminine**	**Masculine**	**Feminine**	
mío	**mía**	**míos**	**mías**	*mine*
tuyo	**tuya**	**tuyos**	**tuyas**	*yours* (fam.)
suyo	**suya**	**suyos**	**suyas**	*his, hers, yours* (for.), *theirs* (form.)
nuestro	**nuestra**	**nuestros**	**nuestras**	*ours*
vuestro	**vuestra**	**vuestros**	**vuestras**	*yours* (fam.)

Study the following examples.

Mi coche funciona bien.	**El coche mío** funciona bien.	**El mío** funciona bien.
Nuestros boletos cuestan mucho.	**Los boletos nuestros** cuestan mucho.	**Los nuestros** cuestan mucho.
¿Dónde están **tus** llaves?	¿Dónde están **las llaves tuyas**?	¿Dónde están **las tuyas**?
Su multa es de $100.	**La multa suya** es de $100.	**La suya** es de $100.

¡Explícalo tú!
Compare the possessives in the sentences above.
1. What is the position of each possessive in the left-hand column? the middle column?
2. How do the possessive adjectives and pronouns agree?
3. What do the sentences in the column on the right mean? What has been removed from each previous sentence?

 Check your answers to the preceding questions in Appendix 1.

*Note that the third-person forms (**suyo/a/os/as**) can have more than one meaning. To avoid confusion, you can use:

article + *noun* + de + *subject pronoun:*

el coche suyo ⎰ el coche de él/ella
el coche de Ud.
el coche de ellos/ellas
el coche de Uds.

10-25 **Entre hermanos**

Cambia todos los posesivos a la forma nueva (larga) en la conversación entre Marco y Mari. Después compara los cambios con los de un/a compañero/a. ▪

MODELO   El problema que tienes con tu coche es serio.
El problema que tienes con el coche tuyo es serio.

MARCO: Mari, parece que tu llanta pierde aire.

MARI: Ah, ¿sí? Tampoco funciona bien mi coche.

MARCO: Pues, mi mecánico es muy bueno.

MARI: Gracias, pero pienso llevar el coche a nuestro mecánico. Hace muchos años que Tom y yo lo conocemos.

MARCO: ¿Él tiene su negocio en la calle Bolívar?

MARI: Sí, y trabaja con uno de sus hermanos.

MARCO: ¿Puedes usar uno de sus coches mientras arregla el tuyo?

MARI: Sí, pero prefiero sacar tu BMW del garaje. Nunca lo manejas.

MARCO: Escucha, hermana. Ese BMW es un tesoro (*treasure*) y nadie lo maneja.

 Capítulo 8. La ropa, pág. 294; Las telas y los materiales, pág. 309.

 10-26 **¡Problemas!** Están de viaje con algunos de sus mejores amigos. El hotel les lavó la ropa pero ahora ustedes no saben de quiénes son las prendas. Túrnense para hacer y contestar las preguntas de Ana, quien está intentando organizar la ropa. ▪

MODELO   E1 (ANA):   Los calcetines rojos, ¿son tuyos? (de Felipe)

E2:   *No, son de Felipe.*
Los calcetines son suyos.

1. Los pantalones cortos azules, ¿son tuyos? (de Tina)
2. La camisa de rayas, ¿es mía? (de Susana)
3. Los calcetines estampados, ¿son tuyos? (mío)
4. La chaqueta negra, ¿es tuya? (de Felipe)
5. El suéter de algodón, ¿es tuyo? (mío)
6. Las camisetas blancas, ¿son tuyas? (de Tina)

10-27 **Personalmente…** Termina las siguientes oraciones sobre tu mejor amigo/a y tú y después compártelas con un/a compañero/a. ■

1. El mejor amigo mío…
2. La casa suya…
3. La especialidad mía…
4. La materia favorita suya…
5. El restaurante favorito nuestro…
6. A los otros amigos nuestros les encanta(n)…

6 GRAMÁTICA

10-34 to 10-39   ¡Hola! Spanish/English Tutorials

El comparativo y el superlativo
Comparing people, places, and things

El comparativo

No tengo tantas maletas como tú.

Just as English does, Spanish uses comparisons to specify which of two people, places, or things has a lesser, equal, or greater degree of a particular quality.

1. **The formula for comparing unequal things follows the same pattern as in English:**

más + *adjective/adverb/noun*	+ **que**	*more . . . than*
menos + *adjective/adverb/noun*	+ **que**	*less . . . than*

El Hotel Hilton es **más** caro **que** el Motel 6. *The Hilton is **more** expensive **than** Motel 6.*
El Motel 6 hace reservas **más** rápidamente **que** el Hotel Hilton. *Motel 6 makes reservations **faster than** the Hilton.*
En esta ciudad hay **menos** hoteles **que** moteles. *In this city there are **fewer** hotels **than** motels.*

• When comparing numbers, **de** is used instead of **que:**

El Hilton de Bogotá tiene **más de** doscientos cuartos. *The Bogotá Hilton has **more than** two hundred rooms.*

2. **The formula for comparing two or more *equal* things also follows the same pattern as in English:**

tan + *adjective/adverb*	+ **como**	*as . . . as*
tanto(a/os/as) + *noun*	+ **como**	*as much/many . . . as*

La agencia de viajes Mundotur es **tan** conocida **como** Meliá. *The Mundotur travel agency is **as** well known **as** Meliá.*
Estos vuelos son **tan** caros **como** esos. *These flights are **as** expensive **as** those.*
Mi coche va **tan** rápido **como** un Ferrari. *My car is **as** fast **as** a Ferrari.*
No tengo **tantas** maletas **como** tú. *I don't have **as many** suitcases **as** you (do).*
No hay **tanto** tráfico **como** ayer. *There isn't **as much** traffic **as** yesterday.*

El superlativo

1. **To compare three or more people or things, use the superlative. The formula for expressing the superlative is:**

> **el, la, los, las** (*noun*) + **más/menos** + *adjective* (+ **de**)

La agencia de viajes Viking es **la** agencia **más** popular **de** nuestro pueblo.

The Viking Travel Agency is the most popular (travel) agency in our town.

—¿Es el aeropuerto Hartsfield de Atlanta **el** aeropuerto **más** concurrido **de** los Estados Unidos?

Is Atlanta's Hartsfield Airport the busiest airport in the United States?

—Sí, ¡y el aeropuerto de mi ciudad es **el menos** concurrido!

Yes, and my city's airport is the least busy!

2. **The following adjectives have irregular comparative and superlative forms.**

Adjective		Comparative		Superlative	
bueno/a	*good*	**mejor**	*better*	**el/la mejor**	*the best*
malo/a	*bad*	**peor**	*worse*	**el/la peor**	*the worst*
joven	*young*	**menor**	*younger*	**el/la menor**	*the youngest*
viejo/a	*old*	**mayor**	*older*	**el/la mayor**	*the eldest*

Comparative:

Mi clase de español es **mejor que** mis otras clases.

My Spanish class is better than my other classes.

Superlative:

Mi clase de español es **la mejor de** mis clases.

My Spanish class is the best (one) of my classes.

10-28 **¿Cierto o falso?** ¿Qué sabes de la geografía? Indica si las siguientes oraciones son ciertas (**C**) o falsas (**F**); si son falsas, corrígelas. Después, comparte tus oraciones con las de un/a compañero/a siguiendo el modelo. ■

MODELO   México es más grande que Uruguay.

E1: *¿Es México más grande que Uruguay?*

E2: *Sí. México es mucho más grande que Uruguay. ¿Es Chile tan grande como Argentina?*

E1: *No. Chile es más pequeño que Argentina, pero creo que es tan grande como Venezuela.*

1. México es más pequeño que Colombia.
2. Venezuela es casi tan grande como Colombia.
3. Panamá es más grande que Venezuela.
4. De estos países, Panamá es el más pequeño.
5. Colombia es más grande que los Estados Unidos.
6. Caracas es tan grande como México, D.F.

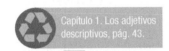

Capítulo 1. Los adjetivos descriptivos, pág. 43.

 10-29 **¡Así son!** Cada persona tiene su opinión. Vamos a descubrir sus opiniones. ■

Paso 1   Con un/a compañero/a, hagan una lista de tres o cuatro adjetivos para describir a la persona de cada categoría.

MODELO   persona de la clase

E1: *alto/a, interesante*

E2: *cómico/a, simpático/a*

1. actriz de la televisión
2. actor del cine
3. jugador de fútbol/béisbol/tenis/etc.
4. cantante de rock/jazz/ópera
5. profesor/a de la universidad
6. persona de la política

Paso 2   Ahora creen preguntas y luego respuestas para cada categoría.

E1: *¿Quién es la persona más alta de la clase?*

E2: *Catalina es la persona más alta de la clase.*

Workbooklet

10-30 **¿El mejor o el peor?** Circula por la clase para averiguar qué opinan los estudiantes sobre "los mejores" y "los peores". Necesitas al menos **dos** opiniones para cada categoría. ■

Estrategia

You can also use the following expressions to express your opinions: *Pienso que…, Creo que…, Estoy de acuerdo, No estoy de acuerdo,* and *En mi opinión…*

MODELO   E1: *¿Cuál es el mejor supermercado?*

E2: *En mi opinión, Whole Foods es el mejor supermercado. Y tú, ¿qué piensas?*

E1: *Creo que el mejor supermercado es Kroger.*

	ESTUDIANTE 1	ESTUDIANTE 2
1. el mejor supermercado		
el peor supermercado		
2. el mejor almacén		
el peor almacén		
3. el mejor restaurante		
el peor restaurante		
4. el mejor aeropuerto		
el peor aeropuerto		
5. el mejor hotel		
el peor hotel		
6. el mejor parque de atracciones		
el peor parque de atracciones		
7. la mejor playa		
la peor playa		
8. el mejor lugar para la luna de miel (*honeymoon*)		
el peor lugar para la luna de miel		
9. la mejor aerolínea (*airline*)		
la peor aerolínea		
10. el mejor coche		
el peor coche		

10-31 **Adivina, adivinanza** Trae un objeto personal a la clase y escribe **cuatro** oraciones sobre él, usando las formas comparativas. No digas el nombre de tu objeto. Lee las oraciones en grupos de cuatro o cinco estudiantes para ver si los compañeros pueden adivinar (*guess*) lo que es. ■

Estrategia

One way to approach **10-31** is to arrange your clues from most general to most specific.

MODELO   un bolígrafo

E1:   1. Es más grande que un anillo.
      2. Es tan importante como un libro.
      3. Es menos largo que mi zapato.
      4. Seguramente ustedes lo usan tanto como yo.
      5. Es tan útil como un lápiz.

E2: *¡Es un bolígrafo!*

10-32 **El transporte** Habla con un/a compañero/a sobre todos los medios de transporte que usan o han usado (*have used*) y compárenlos, pensando en los aspectos positivos y negativos de cada uno. ■

MODELO

E1: *Uso el coche más que el metro pero el metro es más rápido que el coche.*

E2: *Nunca voy en metro porque no hay metro en mi ciudad. Voy mucho en autobús porque es más barato que un taxi y es más rápido que mi bicicleta.*

 Capítulo 7. El pretérito, pág. 263; Algunos verbos irregulares en el pretérito, pág. 272; Capítulo 8. El imperfecto, pág. 317; Capítulo 9. El pretérito y el imperfecto, pág. 349.

 10-33 **Los mejores recuerdos (*memories*)** Escoge uno de los siguientes temas y descríbele la situación a un/a compañero/a. Debes mencionar cuándo y dónde ocurrió, quiénes estaban contigo y qué pasó. Túrnense. ■

1. el mejor regalo que recibí
2. el mejor regalo que regalé (*gave*)
3. el mejor día de mi vida
4. el peor día de mi vida
5. las mejores vacaciones que tomé
6. las peores vacaciones que tomé

10-40 to 10-41

Las vacaciones

You can enhance comprehension by listening for linguistic cues. For example, verb endings can tell you who is participating and whether the incident is taking place now, already took place in the past, or will take place in the future.

10-34 **Antes de escuchar** Los amigos de Manolo están en una fiesta. Oyen por casualidad una conversación entre varias personas sobre algunos viajes que ya tomaron y otros viajes que quieren tomar en el futuro. ■

1. ¿Cuáles fueron tus viajes más memorables?
2. ¿Hay un viaje en particular que le puedes recomendar a un/a amigo/a?
3. ¿A dónde quieres ir en tu próximo viaje?

Memo, Cristina y Rosa hablan de unos viajes interesantes.

10-35 **A escuchar**

Paso 1 Escucha la conversación entre Memo, Cristina y Rosa para tener una idea general de lo que dicen.

Paso 2 Cristina habla de Venezuela. Escucha otra vez y apunta todos los verbos que puedas que ella usa. ¿Cuál es el tiempo verbal que usa más? Entonces, es un viaje que...
a. hizo ya.
b. va a hacer.
c. quiere hacer.

Paso 3 Escucha una vez más para poder completar la siguiente actividad.
1. ¿Quién sale mañana para Colombia? Escribe los verbos que usa esta persona para hablar de su viaje.
2. ¿Habla Rosa de un viaje que hizo ya, va a hacer o quiere hacer? ¿Cómo lo sabes?

10-36 **Después de escuchar** En grupos de tres o cuatro estudiantes, hablen de dos o tres lugares turísticos diferentes que conozcan (*you know*). ¿Qué tienen en común? ■

¡CONVERSEMOS!

10-42

10-37 Ayudante indispensable

Tu jefe/a viaja mucho para el negocio y necesita que
tú le hagas los arreglos (*make the arrangements*)
para su próximo viaje a Colombia. Crea un itinerario
para tu jefe/a y dile lo que necesita hacer y
cuándo, usando por lo menos **siete** mandatos. Tu
compañero/a de clase va a ser el/la jefe/a y tiene que
responder a tus arreglos, usando mandatos cuando
sea necesario. ¿Van a usar mandatos formales o
informales? ■

10-38 ¡Buen viaje! Tienes fondos (*funds*) sin límite para tus próximas

vacaciones. Planea un viaje para tu compañero/a de clase y tú. Después, descríbele el viaje
a tu compañero/a y dile qué necesita hacer y cuándo, usando por lo menos **siete** mandatos.
Tu compañero/a tiene que responder, también usando mandatos cuando sea necesario.
¿Van a usar mandatos formales o informales? ■

ESCRIBE

10-43

Un reportaje

Estrategia	Linking words help you connect ideas and sentences so you can communicate more effectively. As you write your travel review, practice linking your ideas and sentences. Linking words	you know include *y, o, pero, porque, que, cuando, antes de, después de, durante, para empezar, entonces, antes, después, de repente, finalmente, al final, por fin,* and *mientras*.
Using linking words		

10-39 **Antes de escribir** Escoge un lugar turístico de Colombia o Venezuela e investígalo en el Internet. Toma apuntes sobre los aspectos que encuentres más interesantes del lugar. ■

10-40 **A escribir** Organiza tus ideas y escribe un reportaje para una revista turística que incluya como mínimo la siguiente información: ■

1. dónde está
2. cómo llegar allí
3. qué actividades se pueden hacer
4. dónde uno puede quedarse (hotel de lujo, etc.)

5. el precio del viaje
6. este lugar es más interesante que…
7. este lugar es más/menos barato que…
8. este lugar es el más _____ porque…

10-41 **Después de escribir** Presenta tu reportaje a los compañeros de clase. Después de todas las presentaciones deben votar para elegir los **tres** lugares que desean visitar. ■

¿Cómo andas? II

	Feel confident	Need to review
Having completed **Comunicación II**, I now can . . .		
• share about travel (p. 388)	☐	☐
• investigate travel and tourism opportunities in Venezuela (p. 391)	☐	☐
• state what belongs to me and others (p. 392)	☐	☐
• compare people, places, and things (p. 394)	☐	☐
• focus on linguistic cues (p. 399)	☐	☐
• communicate about travel plans (p. 400)	☐	☐
• write and present a report using linking words (p. 401)	☐	☐

10-44 to 10-46

Les presento mi país

Rosa María Gutiérrez Murcia

Mi nombre es Rosa María Gutiérrez Murcia y soy de Medellín, la segunda ciudad de Colombia. El setenta y cinco por ciento de la población colombiana se concentra en los centros urbanos y las regiones montañosas del país. En Medellín disfrutamos del único sistema de metro del país que proporciona transporte a la gente que vive en las afueras de la ciudad. **¿Qué tipos de transporte público hay en tu pueblo o ciudad?** Bogotá tiene el sistema más extenso de ciclorrutas (caminos para bicicletas) del país; gracias a él, la gente puede circular y disfrutar de los espacios públicos y verdes de la capital. Mi país es muy bello y tiene muchas atracciones para los turistas. Además, es el único país de Sudamérica que tiene costa en el Océano Pacífico y en el Mar Caribe.

Bogotá, Colombia

La Catedral de Sal de Zipaquirá

El Museo del Oro en Bogotá

ALMANAQUE

Nombre oficial: República de Colombia
Gobierno: República
Población: 44.205.293 (2010)
Idioma: español
Moneda: Peso colombiano (COP/$)

¿Sabías que...?

- En Zipaquirá, Colombia, hay una catedral única. ¡La catedral está situada a 600 pies adentro de una montaña de sal!
- Simón Bolívar es conocido por ser *El Libertador*. Se considera un héroe en Colombia, Venezuela, Ecuador, Perú, Panamá y Bolivia, entre otros países hispanoamericanos.

Preguntas

1. ¿Qué tiene Colombia que no tiene ningún otro país del continente?
2. ¿Cómo se comparan los medios de transporte de Medellín y Bogotá con los de tu área?
3. ¿Qué tienen en común Colombia, Perú y Chile?

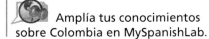 Amplía tus conocimientos sobre Colombia en MySpanishLab.

10-44 to 10-45,
10-47

Joaquín Navas Posada

Les presento mi país

Mi nombre es Joaquín Navas Posada y soy de Maracaibo, Venezuela. Hace dos años que vivo con mi hermano mayor y su esposa en la capital, Caracas, porque estudio arte en la Universidad Central de Venezuela. Mi hermano es ingeniero y trabaja en la industria petrolera. Venezuela es miembro de la Organización de Países Exportadores de Petróleo, conocida como la OPEP. **¿Qué papel tiene Venezuela en la OPEP?** Me encanta vivir con mi hermano porque es el mejor cocinero de Venezuela y sabe preparar todas las comidas tradicionales venezolanas como las arepas, las hallacas y el pabellón criollo. ¡Qué ricos! Vivir en la capital, es decir, en la costa, es muy agradable, porque hay mucho que hacer, tanto para nosotros como para los turistas.

Caracas tiene cuatro millones de habitantes.

Las arepas, un plato típico venezolano

La industria petrolera es muy importante para la economía venezolana.

Mar Caribe — OCÉANO ATLÁNTICO — Esmeralda — Isla de Margarita — Maracaibo — Caracas — Barcelona — Barquisimeto — Tucupita — Mérida — Barinas — Río Orinoco — Río Apure — San Fernando de Apure — Ciudad Bolívar — VENEZUELA — GUYANA — COLOMBIA — Río Orinoco — BRASIL

ALMANAQUE

Nombre oficial:	República Bolivariana de Venezuela
Gobierno:	República federal
Población:	27.223.228 (2010)
Idiomas:	español (oficial); lenguas indígenas
Moneda:	Bolívar (BOB)

¿Sabías que...?

• El Salto Ángel, a unos 978 metros de altura, es la catarata más alta del mundo. El agua cae desde la cima del Auyan-tepuy, que está en el Parque Nacional Canaima, en el sureste del país.

• En Mérida hay una heladería que ha figurado en el libro Mundial de Récords Guinness por el mayor número de helados: tienen más de 600 sabores. Por costumbre hay 110 sabores disponibles diariamente.

Preguntas

1. ¿Dónde vive Joaquín? ¿Le gusta? Explica.
2. ¿Cuál es la base principal de la economía venezolana actualmente?
3. La bandera de Venezuela es muy parecida a la de Colombia y a la de Ecuador. ¿Por qué piensas que es así? ¿En qué se diferencian las banderas y a qué se deben estas diferencias?

Amplía tus conocimientos sobre Venezuela en MySpanishLab.

Ambiciones siniestras

EPISODIO 10

10-50 to 10-51

Lectura

Estrategia   Skipping words

If you have attempted to guess the meanings of unfamiliar words from context and are still having problems understanding, you may want to skip unfamiliar words and follow these steps:

1. Identify the subject and main verb of each sentence.
2. Find descriptions of the subject in the sentence(s).
3. Identify words and phrases that indicate time and place, cause and effect.
4. Ignore words set off by commas.
5. Summarize the content of each paragraph and look for information to fill in gaps.

10-42 **Antes de leer** En preparación para el **Episodio 10,** contesta las siguientes preguntas basadas en el **Episodio 9.** ■

1. ¿Crees que Manolo, Cisco, Lupe y Marisol pueden solucionar el nuevo rompecabezas?
2. ¿Crees que van a poder salvar a Eduardo y Alejandra si lo solucionan?
3. ¿Qué le pasa a Marisol? ¿Está enferma?
4. En tu opinión, ¿qué tiene que confesar Cisco?

10-43 **A leer** Completa las siguientes actividades. ■

1. Lee superficialmente el episodio y subraya las palabras que no conoces.
2. A continuación hay unas oraciones de la lectura con posibles palabras problemáticas subrayadas. Léelas y responde.
   a. *Cisco estaba <u>destrozado</u>. —Me siento responsable por todo —les dijo.*
      • El sujeto de la primera oración es _____ y el verbo es _____. La palabra <u>destrozado</u> describe a _____.
      • Por las tres oraciones que siguen sabemos que Cisco se siente:
        1. muy bien   2. muy mal   3. regular
   b. *En medio de su <u>remordimiento</u> Manolo lo interrumpió.*
   Si dividimos esa oración en dos partes, *"En medio de su remordimiento"* y *"Manolo lo interrumpió"*:
      • ¿Cuál es la parte más importante para la comprensión de la lectura?
   c. *"Cisco, ¿no te dijo nada?" <u>imploró</u> Manolo.*
      • ¿Por qué *no* es crítico saber lo que significa "imploró" en esta oración?
   d. *Aquí les mando como documento <u>adjunto</u> el resto de lo que encontré en la computadora de Eduardo el día que desapareció.*
      • La palabra "adjunto" es:
        1. un sustantivo (*noun*).   2. un verbo.   3. un adjetivo.
      • Si ignoras la palabra, ¿puedes entender la oración?
3. Lee el episodio otra vez, empleando esa estrategia con cualquier otra palabra que no comprendas (*you do not understand*).

¿Qué sabía?

had told them

Cisco les confesó todo a Manolo, Marisol y Lupe en la videoconferencia. Les dijo que sabía más del caso de lo que les había dicho°. Les mandó el email de Eduardo el cual descubrió el día que éste desapareció.

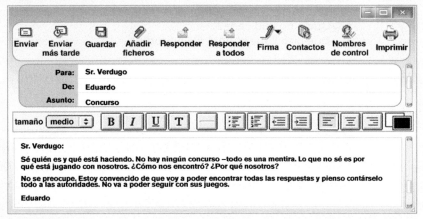

Para: Sr. Verdugo
De: Eduardo
Asunto: Concurso

tamaño [medio ▼] B I U T

Sr. Verdugo:

Sé quién es y qué está haciendo. No hay ningún concurso —todo es una mentira. Lo que no sé es por qué está jugando con nosotros. ¿Cómo nos encontró? ¿Por qué nosotros?

No se preocupe. Estoy convencido de que voy a poder encontrar todas las respuestas y pienso contárselo todo a las autoridades. No va a poder seguir con sus juegos.

Eduardo

Cisco estaba destrozado.

—Me siento responsable por todo —les dijo—. Me pregunto por qué no fui a la policía en seguida. ¡Soy el hombre más tonto del mundo!

En medio de su remordimiento Manolo lo interrumpió.

how he found out

—¿Qué sabía Eduardo? Era obvio por su mensaje que sabía que el concurso era fraudulento, pero me pregunto cómo se enteró°. ¿Cómo y dónde descubrió esa información? ¿Cuándo empezó a tener dudas? Cisco, ¿no te dijo nada? —imploró Manolo.

Cisco se quedó mirando la pantalla por varios minutos antes de responder:

to defraud

evil

proof

—Aquí les mando como documento adjunto el resto de lo que encontré en la computadora de Eduardo el día que desapareció. Les tengo que confesar que yo también tuve dudas e investigué varias ideas que tenía sobre el concurso. Descubrí que era una conspiración Ponzi para estafar° a la gente. El Sr. Verdugo buscaba jóvenes inteligentes que le ayudaran con su malvado° plan. Eduardo encontró los papeles con mis apuntes que tenía al lado de mi computadora y desapareció con ellos. Yo iba a contactar a las autoridades pero cuando Eduardo se fue con toda mi información, yo tenía que reproducirlo todo. Sin las pruebas°, ¿quién me iba a creer? Lo siento mucho, perdónenme…

Manolo, Marisol y Lupe escucharon atentamente y recibieron el documento adjunto de Cisco casi al mismo tiempo en sus computadoras y lo leyeron. Marisol fue la primera en responder:

—Me pregunto si Eduardo pudo hablar con las autoridades antes de desaparecer. ¿Se fue en su coche en busca del Sr. Verdugo? ¿Sabía adónde tenía que ir? ¿Qué piensan?

—Eso es precisamente lo que yo estaba pensando —Manolo les respondió—. —Y algo más: ¿qué tenía que ver Alejandra con todo esto? No podemos olvidarnos de ella.

La única persona que no respondió fue Lupe. Ella también recibió los mensajes y seguía la teleconferencia entre ellos sin participar. De repente abrió otra ventana en su pantalla y empezó a escribir algo muy detallado. Al mismo tiempo, tomó su teléfono celular y

dial

empezó a marcar°…

Después de leer Contesta las siguientes preguntas. ■

1. Por fin, ¿qué les confesó Cisco a Marisol, Manolo y Lupe?
2. Si no había (*If there wasn't*) ningún concurso, ¿en qué consistía "el juego" del Sr. Verdugo?
3. ¿Cuáles eran las preguntas que tenían Manolo y Marisol ahora?
4. ¿Quién no dijo nada?
5. ¿Qué hizo Lupe al final del episodio?

10-52 to 10-54

Video

10-45 **Antes del video** ¿Qué habrá hecho Eduardo (*What must Eduardo have done*) con la información sobre la conspiración Ponzi? ¿Qué escribe Lupe en la computadora y a quién llama? En la segunda parte del episodio vas a saber quién resuelve el rompecabezas y vas a ver una confrontación entre Marisol y Lupe. ■

¡Marisol, no salgas de tu casa! ¡Estás en peligro!

Chicos, tenemos buenas noticias.

Hace mucho tiempo que descubrí que tú no eres la persona que dices ser.

Episodio 10

«Falsas apariencias»

Relájate y disfruta el video.

10-46 **Después del video** Contesta las siguientes preguntas. ■

1. ¿Quién resuelve el rompecabezas?
2. ¿Cómo responde Lupe cuando Marisol le dice que va a ir a su casa?
3. ¿Por qué tiene miedo Marisol?
4. ¿Qué hacen Lupe y Marisol con la respuesta del rompecabezas?
5. ¿Qué quiere hacer Cisco?
6. ¿Qué prueba (*proof*) tiene Marisol de que Lupe no es quien dice ser?
7. ¿Cómo termina el episodio?

Y por fin, ¿cómo andas?

	Feel confident	Need to review

Having completed this chapter, I now can . . .

Comunicación I
- discuss modes of transportation (p. 374) ☐ ☐
- pronounce the letters **b** and **v** (MSL / SAM) ☐ ☐
- influence others and give advice (p. 379) ☐ ☐
- give orders and instructions (p. 383) ☐ ☐

Comunicación II
- share about travel (p. 388) ☐ ☐
- state what belongs to me and others (p. 392) ☐ ☐
- compare people, places, and things (p. 394) ☐ ☐
- focus on linguistic cues (p. 399) ☐ ☐
- communicate about travel plans (p. 400) ☐ ☐
- write and present a report using linking words (p. 401) ☐ ☐

Cultura
- list some public transportation options and discuss procedures for getting a driver's license (p. 386) ☐ ☐
- investigate travel and tourism opportunities in Venezuela (p. 391) ☐ ☐
- impart important facts about this chapter's featured countries: Colombia and Venezuela (pp. 402–403) ☐ ☐

Ambiciones siniestras
- determine when it is appropriate to skip unfamiliar words and to discover the truth about what Cisco knows (p. 404) ☐ ☐
- confirm that Lupe is not who she appears to be (p. 406) ☐ ☐

Comunidades
- use Spanish in real-life contexts (SAM) ☐ ☐

El transporte	Transportation
el autobús	bus
el avión	airplane
la bicicleta	bicycle
el camión	truck
el carro / el coche	car
el metro	subway
la moto(cicleta)	motorcycle
el taxi	taxi
el tren	train

Otras palabras útiles	Other useful words
la autopista	highway; freeway
el boleto	ticket
la calle	street
la cola	line (of people)
el estacionamiento	parking
la gasolinera	gas station
la licencia (de conducir)	driver's license
la multa	traffic ticket; fine
la parada	bus stop
el peatón	pedestrian
el/la policía	policeman/policewoman
el ruido	noise
el semáforo	traffic light
el taller mecánico	auto repair shop
el tráfico	traffic

Algunas partes de un vehículo	Parts of a vehicle
el aire acondicionado	air conditioning
el baúl	trunk
la calefacción	heat
el limpiaparabrisas	windshield wiper
la llanta	tire
la llave	key
el motor	motor; engine
el parabrisas	windshield
el tanque	gas tank
el volante	steering wheel

Algunos verbos útiles	Some useful verbs
arreglar / hacer la maleta	to pack a suitcase
bajar (de)	to get down (from); to get off (of)
cambiar	to change
caminar, ir a pie	to walk; to go on foot
dejar	to leave
doblar	to turn
entrar	to enter
estacionar	to park
funcionar	to work; to function
ir de vacaciones	to go on vacation
ir de viaje	to go on a trip
irse del hotel	to leave the hotel; to check out
llenar	to fill
manejar / conducir	to drive
registrarse (en el hotel)	to check in
revisar	to check; to overhaul
sacar la licencia	to get a driver's license
subir (a)	to go up; to get on
viajar	to travel
visitar	to visit
volar (o → ue)	to fly; to fly away

El viaje	The trip
el aeropuerto	airport
la agencia de viajes	travel agency
el/la agente de viajes	travel agent
el barco	boat
el boleto de ida y vuelta	round-trip ticket
la estación (de tren, de autobús)	(train, bus) station
el extranjero	abroad
la maleta	suitcase
el pasaporte	passport
la reserva	reservation
el sello	postage stamp
la tarjeta postal	postcard
las vacaciones	vacation
los viajeros	travelers
el vuelo	flight

El hotel	The hotel
el botones	bellman
el cuarto doble	double room
el cuarto individual	single room
la recepción	front desk

Algunos lugares	Some places
el lago	lake
las montañas	mountains
el parque de atracciones	theme park
la playa	beach

11

El mundo actual

¿Qué peligros existen hoy en día para el medio ambiente (*environment*)? Hay más de 5.000 especies de animales en peligro (*danger*) de extinción, el 70% del aire en las ciudades está contaminado, y las selvas (*jungles*), las cuales contienen más del 50% de todas las especies de plantas y animales existentes, se reducen drásticamente cada año.

PREGUNTAS

1 ¿Dónde hay selvas tropicales?

2 ¿Puedes nombrar algunos animales que están en peligro de extinción?

3 ¿Dónde está contaminado el aire en los Estados Unidos?

Comunicación I

11-01 to 11-05

Los animales   Describing animals and their habitats

Los animales de la granja

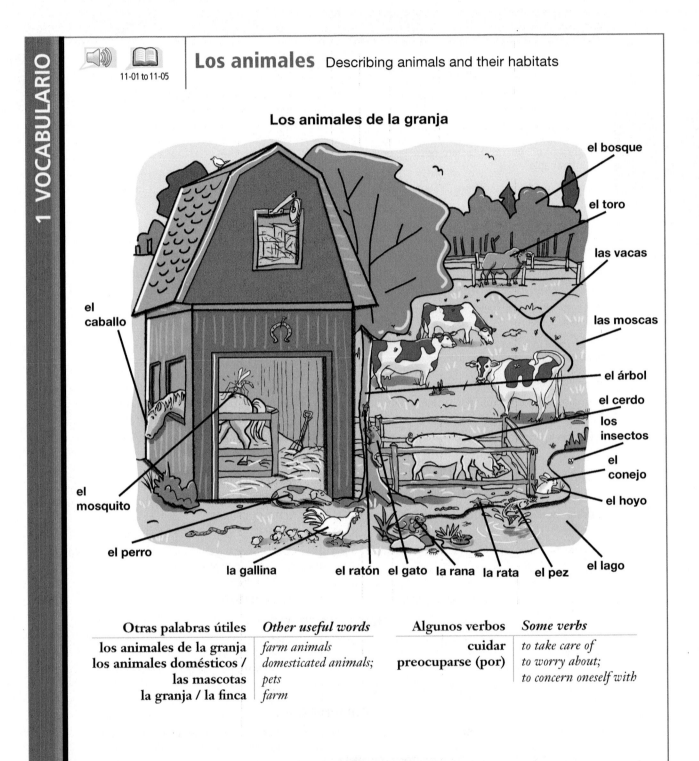

- el bosque
- el toro
- las vacas
- las moscas
- el árbol
- el cerdo
- los insectos
- el conejo
- el hoyo
- el lago
- el caballo
- el mosquito
- el perro
- la gallina
- el ratón
- el gato
- la rana
- la rata
- el pez

Otras palabras útiles	Other useful words	Algunos verbos	Some verbs
los animales de la granja	*farm animals*	cuidar	*to take care of*
los animales domésticos / las mascotas	*domesticated animals; pets*	preocuparse (por)	*to worry about; to concern oneself with*
la granja / la finca	*farm*		

Los animales salvajes

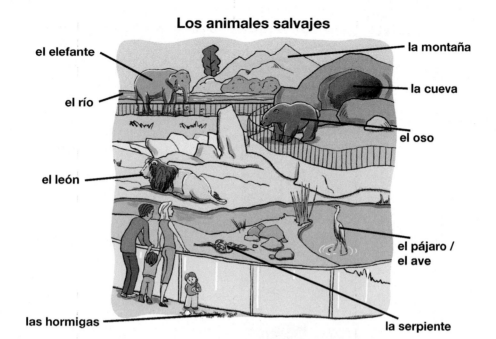

el elefante

la montaña

el río

la cueva

el oso

el león

el pájaro /
el ave

las hormigas

la serpiente

Otras palabras útiles	*Other useful words*
los animales salvajes	*wild animals*
los animales en peligro de extinción	*endangered species*
el bosque	*forest*
el océano	*ocean*
peligroso/a	*dangerous*
la selva	*jungle*

PRONUNCIACIÓN

Review of Word Stress and Accent Marks

¡Hola!

11-06 to 11-10

Go to MySpanishLab / Student Activities Manual to review word stress and accent marks.

Workbooklet

11-1 **La fauna** Organiza los animales
del vocabulario con un/a compañero/a según las
siguientes categorías: **insecto, reptil, mamífero, ave**
y **anfibio.** ∎

INSECTO	REPTIL	MAMÍFERO	AVE	ANFIBIO

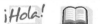

11-2 ¿Dónde viven? Digan en qué lugar viven los siguientes animales. ▪

1. _____   a. la selva

2. _____   b. un lago

3. _____   c. una granja

4. _____   d. el bosque

5. _____   e. un hoyo

6. _____   f. un árbol

11-3 ¿Qué sabemos? Termina las siguientes oraciones con lo que sabes de los animales y dónde viven. Después compara tus oraciones con las de un/a compañero/a. ▪

Capítulo 10, El comparativo y el superlativo, pág. 394.

MODELO   Los insectos más molestos son…

                 Los insectos más molestos son las moscas y los mosquitos.

1. Los animales de la granja más grandes son…
2. Los animales de la granja más pequeños son…
3. Los animales domésticos más comunes en mi familia y entre mis amigos son…
4. El animal salvaje más peligroso es…
5. El animal salvaje más grande es…
6. Los animales del bosque más interesantes son…

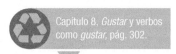

Capítulo 8, *Gustar* y verbos como *gustar*, pág. 302.

11-4 Las preferencias Completa los siguientes pasos. ◼

Paso 1 Escribe los nombres de los **tres** animales que más te gustan y de los **tres** que menos te gustan y explica por qué. Usa verbos como **gustar, fascinar, encantar, hacer falta** y **molestar.** Después, comparte tus respuestas con un/a compañero/a.

MODELO *El animal que más me gusta es el caballo porque es muy fuerte y me encanta montar a caballo* (go horseback riding). *También me gustan los gatos y los perros porque puedo tenerlos en casa. Los tres animales que menos me gustan son… porque…*

Paso 2 Presenten sus respuestas a los compañeros de la clase. ¿Cuál es el animal que más les gusta? ¿Y el que menos les gusta?

11-5 ¿Qué opinas? Circula por la clase para averiguar (*find out*) con quiénes asocian tus compañeros las siguientes actividades. ◼

Workbooklet

MODELO tener miedo de las serpientes

E1: *Hola Sarah. ¿Quién tiene miedo de las serpientes?*

E2: *Hola Tomás. Mi madre tiene mucho miedo de las serpientes.*

¿QUIÉN…?		
tener miedo de las serpientes E1: La madre de Sarah E2: _____ E3: _____	ver un oso el año pasado E1: _____ E2: _____ E3: _____	gustarle los perros E1: _____ E2: _____ E3: _____
tener un animal doméstico E1: _____ E2: _____ E3: _____	odiar los insectos E1: _____ E2: _____ E3: _____	saber ordeñar (*to milk*) una vaca E1: _____ E2: _____ E3: _____
ver un elefante o un león E1: _____ E2: _____ E3: _____	gustarle cuidar animales E1: _____ E2: _____ E3: _____	tener un caballo E1: _____ E2: _____ E3: _____

11-6 Una encuesta ¿Qué experiencias tienen ustedes con los animales? ◾

Paso 1   Háganse preguntas sobre los siguientes animales.

MODELO   los perros

     E1:   *Sarah, ¿tienes perros?*

     E2:   *Sí, tengo dos perros. Se llaman Duke y Spot. ¿Y ustedes?*

     E3:   *Sí, en mi casa tenemos dos perros grandes. Se llaman Sissie y Pepper. Son viejos porque ya tienen ocho años.*

     E4:   *Nosotros no tenemos perrros. Tenemos dos gatos que se llaman Snuggles y Lucky.*

     E1:   *Tengo un perro pequeño. Es chihuahua y se llama Bullet…*

1. los perros	4. los caballos	7. los osos
2. los gatos	5. los pájaros	8. las vacas
3. las ranas	6. las serpientes	9. ¿?

Paso 2   Organicen las respuestas y compártanlas con los otros grupos.

MODELO   *En nuestro grupo todos tenemos perros menos Jack. Los perros se llaman Duke, Spot, Sissie, Pepper y Bullet. Jack tiene dos gatos…*

2 VOCABULARIO

11-11 to 11-18

El medio ambiente   Sharing details about the environment

Los desastres

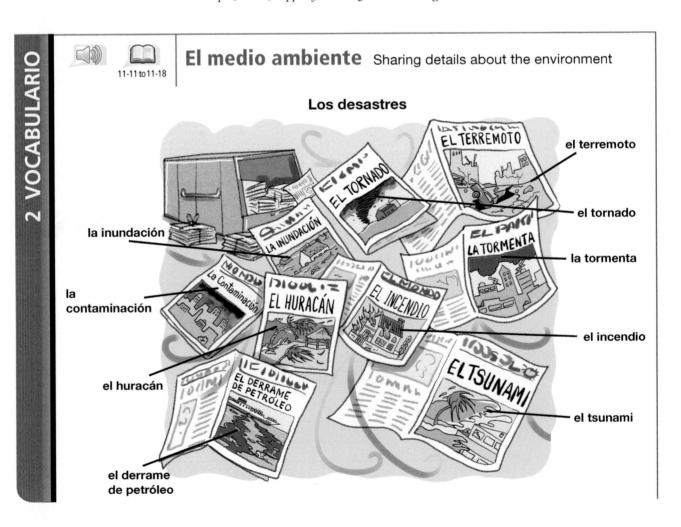

- la inundación
- la contaminación
- el huracán
- el derrame de petróleo
- el terremoto
- el tornado
- la tormenta
- el incendio
- el tsunami

El reciclaje

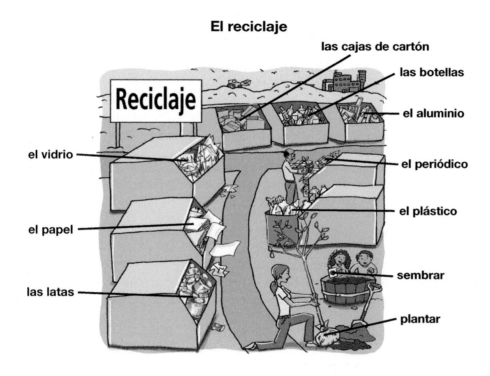

las cajas de cartón
las botellas
el aluminio
el vidrio
el periódico
el plástico
el papel
sembrar
las latas
plantar

El planeta	*The planet*
el cielo	*sky; heaven*
la naturaleza	*nature*
el recurso natural	*natural resource*
la selva (tropical)	*jungle; (tropical) rain forest*
la tierra	*land; soil*
la Tierra	*Earth*

Otras palabras útiles	*Other useful words*
el aire	*air*
la basura	*garbage*
la calidad	*quality*
la ecología	*ecology*
puro/a	*pure*
el vertedero	*dump*
vivo/a	*alive; living*

Los desastres	*Disasters*
la destrucción	*destruction*
el efecto invernadero	*global warming*
la lluvia ácida	*acid rain*
la tragedia	*tragedy*

Algunos verbos	*Some verbs*
botar	*to throw away*
contaminar	*to pollute*
evitar	*to avoid*
hacer daño	*to (do) damage; to harm*
matar	*to kill*
proteger	*to protect*
reciclar	*to recycle*
reforestar	*to reforest*
reutilizar	*to reuse*

 11-7 Asociaciones Túrnense para decir qué asocian con cada una de las siguientes palabras o expresiones. ■

MODELO E1: reutilizar

E2: *reciclar*

1. la basura
2. hacer daño
3. el recurso natural
4. puro
5. proteger
6. la lluvia ácida

11-8 ¿Qué es...? Aquí tienen las definiciones. ¿Cuáles son las palabras? ■

Fíjate

Note that *la Tierra* (Earth) is capitalized in Spanish but *la tierra* (land, soil) is not.

MODELO   E1: lo opuesto de contaminado

           E2: *puro*

1. plantar árboles donde antes los había
2. el estudio de la protección del medio ambiente
3. un lugar designado donde botamos la basura
4. no botar; buscar un uso nuevo para una lata, botella, etc.
5. estas plantas grandes protegen la Tierra de la potencia del sol
6. ensuciar el agua o el aire
7. lo opuesto de muerto
8. el posible resultado de la contaminación del aire

11-9 Hay que reciclar ¿Qué hacen tu familia, tu comunidad y tu universidad para proteger el medio ambiente? Explícale a un/a compañero/a quién hace qué para proteger el medio ambiente. Después, cambien de papel. ■

MODELO   *Yo voy a la universidad en bicicleta para evitar la contaminación del aire. Mi familia y yo reciclamos el plástico. Mi pueblo ofrece programas de prevención contra incendios. La universidad dio un seminario sobre el efecto invernadero y la destrucción de la capa de ozono.*

11-10 Entrevista Circula por la clase haciéndoles a tus compañeros las siguientes preguntas. ■

1. ¿Cuáles son los recursos naturales más importantes donde vivimos?
2. ¿Dónde está el vertedero más cerca de aquí?
3. ¿Qué haces con tu basura?

4. ¿Dónde podemos reciclar en nuestra universidad?
5. ¿Qué reciclamos en nuestra universidad?
6. ¿Cómo es la calidad del aire donde vivimos?

11-11 El reportaje ¿Cómo podemos proteger el medio ambiente? ■

Paso 1   Escribe un párrafo de **seis** a **ocho** oraciones sobre qué podemos hacer en el futuro para proteger el medio ambiente. Puedes usar las ideas de la siguiente lista.

- sembrar muchas plantas
- reciclar y/o reutilizar el plástico, el vidrio, el papel y el cartón
- usar carros eléctricos
- proteger los animales en peligro de extinción
- apoyar las instituciones de conservación de los recursos naturales

- proteger la selva tropical
- reforestar los bosques
- usar el carro lo menos posible
- usar energía solar
- no prender (*turn on*) a menudo el aire acondicionado

MODELO   *Para evitar la destrucción de los bosques y la selva tropical, no debemos cortar más árboles. En el futuro, debemos plantar más árboles para reforestar el bosque…*

Paso 2   Después, en grupos pequeños, comparen sus oraciones y juntos escriban un reportaje corto con sus recomendaciones para proteger el medio ambiente.

NOTA CULTURAL

El Yunque: tesoro tropical

11-19 to 11-20

El Bosque Nacional del Caribe también se conoce como
El Bosque Lluvioso de El Yunque, en honor al dios
bondadoso (*kind*) indígena Yuquiyú. El Yunque es el
único bosque lluvioso tropical que pertenece al Sistema
de Bosques Nacionales de los Estados Unidos. Más de 100
billones de galones de agua de lluvia caen anualmente en
el bosque sobre el monte El Toro (a 1.076 metros).

El Yunque es el bosque nacional más viejo y pequeño de las
Américas. Sin embargo, cuenta con la mayor diversidad de
flora. Hay más de 240 especies de árboles en un área de poco
más de 11.760 hectáreas (28,000 acres). Además, sirve de
refugio a muchas especies de pájaros incluyendo la cotorra
o loro (*parrot*) puertorriqueño, el cual está en peligro de extinción. Después del huracán
Hugo en el año 1989 quedaron solo veinte loros. En esa época se empezó un programa para
salvarlos y hoy en día existen unos ochenta y cinco. La ranita (rana pequeña) llamada *coquí*
es original de Puerto Rico y hay muchas clases diferentes de coquíes en el Yunque.

El Bosque Nacional del Caribe es el lugar de Puerto Rico más frecuentado por los turistas.
También lo frecuentan mucho las familias puertorriqueñas durante los fines de semana
para pasar el día.

Preguntas
1. ¿Por qué es tan importante El Yunque?
2. ¿Cuáles son algunas de las características del Yunque que lo hacen tan especial?

3 GRAMÁTICA

11-21 to 11-25

¡Hola!
Spanish/
English
Tutorials

El subjuntivo Commenting on what is necessary, possible, probable, and improbable

In Spanish, *tenses* such as the present, past, and future are
grouped under two different moods, the **indicative** mood
and the **subjunctive** mood.

Up to this point you have studied tenses grouped under
the *indicative* mood (with the exception of commands) to
report what happened, is happening, or will happen. The
subjunctive mood, on the other hand, is used to express doubt,
insecurity, influence, opinion, feelings, hope, wishes, or desires that can be happening now, have happened in the past,
or will happen in the future. In this chapter you will learn
the present tense of the *subjunctive mood*.

Es una lástima que no quieran reciclar el
plástico, el vidrio, el aluminio y el papel.

(continued)

Present subjunctive

To form the subjunctive, take the **yo** form of the present indicative, drop the final **-o,** and add the following endings.

Present indicative	*yo* form		Present subjunctive
estudiar	estudiø	+ e	**estudie**
comer	comø	+ a	**coma**
vivir	vivø	+ a	**viva**

	estudiar	**comer**	**vivir**
yo	estudie	coma	viva
tú	estudies	comas	vivas
Ud.	estudie	coma	viva
él, ella	estudie	coma	viva
nosotros/as	estudiemos	comamos	vivamos
vosotros/as	estudiéis	comáis	viváis
Uds.	estudien	coman	vivan
ellos/as	estudien	coman	vivan

Irregular forms

- Verbs with irregular **yo** forms maintain this irregularity in all forms of the present subjunctive. Note the following examples.

	conocer	**hacer**	**poner**	**venir**
yo	conozca	haga	ponga	venga
tú	conozcas	hagas	pongas	vengas
Ud.	conozca	haga	ponga	venga
él, ella	conozca	haga	ponga	venga
nosotros/as	conozcamos	hagamos	pongamos	vengamos
vosotros/as	conozcáis	hagáis	pongáis	vengáis
Uds.	conozcan	hagan	pongan	vengan
ellos/as	conozcan	hagan	pongan	vengan

- Verbs ending in **-car, -gar,** and **-zar** have a spelling change in all present subjunctive forms, in order to maintain the sound of the infinitive.

		Present indicative	**Present subjunctive**
buscar	c → qu	yo busco	busque
pagar	g → gu	yo pago	pague
empezar	z → c	yo empiezo	empiece

	buscar	**pagar**	**empezar**
yo	busque	pague	empiece
tú	busques	pagues	empieces
Ud.	busque	pague	empiece
él, ella	busque	pague	empiece
nosotros/as	busquemos	paguemos	empecemos
vosotros/as	busquéis	paguéis	empecéis
Uds.	busquen	paguen	empiecen
ellos/as	busquen	paguen	empiecen

Stem-changing verbs

In the present subjunctive, stem-changing **-ar** and **-er** verbs make the same vowel changes that they do in the present indicative: **e → ie** and **o → ue.**

	pensar (e → ie)	**poder (o → ue)**
yo	piense	pueda
tú	pienses	puedas
Ud.	piense	pueda
él, ella	piense	pueda
nosotros/as	pensemos	podamos
vosotros/as	penséis	podáis
Uds.	piensen	puedan
ellos/as	piensen	puedan

The pattern is different with the **-ir** stem-changing verbs. In addition to their usual changes of **e → ie,** **e → i,** and **o → ue,** in the **nosotros** and **vosotros** forms the stem vowels change **ie → i** and **ue → u.**

	sentir (e → ie, i)	**dormir (o → ue, u)**
yo	sienta	duerma
tú	sientas	duermas
Ud.	sienta	duerma
él, ella	sienta	duerma
nosotros/as	sintamos	durmamos
vosotros/as	sintáis	durmáis
Uds.	sientan	duerman
ellos/as	sientan	duerman

(continued)

The **e → i** stem-changing verbs keep the change in all forms.

	pedir (e → i, i)
yo	pida
tú	pidas
Ud.	pida
él, ella	pida
nosotros/as	pidamos
vosotros/as	pidáis
Uds.	pidan
ellos/as	pidan

Irregular verbs in the present subjunctive

- The following verbs are irregular in the subjunctive.

	dar	**estar**	**saber**	**ser**	**ir**
yo	dé	esté	sepa	sea	vaya
tú	des	estés	sepas	seas	vayas
Ud.	dé	esté	sepa	sea	vaya
él, ella	dé	esté	sepa	sea	vaya
nosotros/as	demos	estemos	sepamos	seamos	vayamos
vosotros/as	deis	estéis	sepáis	seáis	vayáis
Uds.	den	estén	sepan	sean	vayan
ellos/as	den	estén	sepan	sean	vayan

Dar has a written accent on the first- and third-person singular forms (**dé**) to distinguish them from the preposition **de.** All forms of **estar,** except the **nosotros** form, have a written accent in the present subjunctive.

Using the subjunctive

One of the uses of the subjunctive is with fixed expressions that communicate opinion, doubt, probability, and wishes. They are always followed by the subjunctive.

¡Es increíble que este capítulo sea el último!

Opinion

Es bueno / malo / mejor que...	*It's good / bad / better that . . .*
Es importante que...	*It's important that . . .*
Es increíble que...	*It's incredible that . . .*
Es una lástima que...	*It's a pity that . . .*
Es necesario que...	*It's necessary that . . .*
Es preferible que...	*It's preferable that . . .*
Es raro que...	*It's rare that . . .*

Doubt and probability

Es dudoso que…   *It's doubtful that . . .*
Es imposible que…   *It's impossible that . . .*
Es improbable que…   *It's unlikely that . . .*
Es posible que…   *It's possible that . . .*
Es probable que…   *It's likely that . . .*

Wishes and hopes

Ojalá (que)…   *Let's hope that . . . / Hopefully . . .*

Es necesario que protejamos los animales en peligro de extinción.
It's necessary that we protect endangered species.

Es una lástima que algunas personas no quieran reciclar el plástico, el vidrio, el aluminio y el papel.
It's a shame that some people don't want to recycle plastic, glass, aluminum, and paper.

Ojalá (que) haya menos destrucción del medio ambiente en el futuro.
Let's hope that there is less destruction of the environment in the future.

Fíjate

The subjunctive of *hay* is *haya.*

¡Explícalo tú!

1. What is the difference between the subjunctive and the indicative moods?
2. What other verb forms look like the subjunctive?
3. Where does the subjunctive verb come in relation to the word **que**?

✔ Check your answers to the preceding questions in Appendix 1.

 11-12 ¡Corre! Escuchen mientras su profesor/a les explica cómo jugar con las formas de los verbos en el subjuntivo. ∎

 11-13 Opciones Túrnense para crear oraciones completas usando los sujetos indicados en cada frase. ∎

MODELO   Es preferible que ella / nosotros / tú (reciclar el vidrio)
　　　　E1: *Es preferible que ella recicle el vidrio.*
　　　　E2: *Es preferible que nosotros reciclemos el vidrio.*
　　　　E3: *Es preferible que tú recicles el vidrio.*

1. Es dudoso que tú / Marta y yo / ella (reutilizar las botellas de plástico)
2. Es necesario que el gobierno / ellos / Uds. (reforestar los bosques)
3. Ojalá que ellos / él / nosotros (conservar las selvas tropicales)
4. Es posible que yo / tú / Uds. (poder evitar la lluvia ácida)
5. Es importante que mi país / los jóvenes / nosotros (respetar la naturaleza)
6. Es una lástima que papá / tú / tus hermanos (botar basura por las calles)

11-14 **El cocodrilo** Completa el siguiente párrafo con la forma correcta del verbo apropiado en el subjuntivo. Después, compara tus respuestas con las de un/a compañero/a. ∎

El cocodrilo cubano

> **Fíjate**
>
> The *yo* form of the present tense (indicative mode) of *proteger* is *protejo*. Therefore, the subjunctive of *proteger* is *proteja*, *protejas*, etc.

estar	proteger	haber	matar
poder	existir	ser	vivir

Es raro que los cocodrilos (1) _____ en el hemisferio occidental. ¡Siempre pienso en el continente de África como hábitat para este animal! Es una lástima que el cocodrilo americano y el cocodrilo cubano (2) _____ en peligro de extinción. Es bueno que el cocodrilo americano (3) _____ en varias partes del hemisferio (Florida, algunas islas del Caribe y varias zonas costeras del Golfo de México y el océano Pacífico), porque así tiene menos peligro de extinción que el cocodrilo cubano, el cual (*which*) existe solamente en el sureste de Cuba. Es posible que el cocodrilo americano (4) _____ peligroso para los humanos. Son tan grandes que pueden atacar y comer animales de gran tamaño cuando se acercan a beber agua. Es improbable que el cocodrilo cubano (5) _____ a una persona porque es mucho más pequeño y prefiere aves, pequeños mamíferos, peces y otros animales acuáticos. Es increíble que el cocodrilo americano (6) _____ caminar distancias cortas, lo que significa que puede matar fuera del agua también. Es necesario que nosotros (7) _____ estos reptiles y ojalá que (8) _____ muchos más en el futuro.

Workbooklet

 11-15 **Mis mejores consejos…** Completa el cuadro con tus mejores consejos. Después, comparte tu información con un/a compañero/a. ∎

PARA PROTEGER LOS RÍOS Y LOS OCÉANOS	PARA EVITAR LA CONTAMINACIÓN DEL AIRE	PARA MANTENER LAS CALLES LIMPIAS
1. Es importante que no botemos la basura en los ríos.	1.	1.
2.	2.	2.
3.	3.	3.

 11-16 **¿Para quién es necesario que…?**

Túrnense para hacer y contestar las preguntas sobre las siguientes situaciones usando las expresiones de la pág. 422. ∎

MODELO   estudiar esta noche

E1:   *Es probable que estudie esta noche. ¿Y tú?*

E2:   *Tengo que estudiar, pero es posible que vaya al cine.*

1. estudiar este fin de semana
2. comer menos comida rápida
3. arreglar su cuarto
4. gastar menos dinero
5. buscar un/a nuevo/a compañero/a de cuarto
6. dormir más
7. sacar mejores notas
8. comprar un coche nuevo
9. reciclar más

11-17 **Posibles determinaciones** ¿Cuáles pueden ser tus determinaciones (*resolutions*) para el próximo año? Descríbelas y después compártelas con un/a compañero/a. ■

MODELO   *Es mejor que no coma tanto chocolate el próximo año, pero es dudoso que pueda evitarlo. ¡Me fascina el chocolate! Es importante que haga más ejercicio. Es una lástima que no me guste hacerlo.*

 11-18 **Es importante que...** Juntos escojan una de las siguientes situaciones para desarrollar en forma de diálogo. Usando las expresiones que acaban de (*have just*) aprender, den consejos según la situación. Después, presenten el diálogo a los compañeros de clase. ■

Situación A:

La doctora Pérez es especialista en nutrición. María Cecilia es una joven universitaria de dieciocho años que va a hacerle una consulta a la doctora sobre cómo mejorar el cutis (*complexion*).

Situación C:

El sargento López está enamorado de la linda Carolina, pero es tan tímido que nunca la invita a salir con él. Su amiga Carmen trata de ayudarlo.

Situación B:

Bruno quiere comprar un carro usado y le pide a su amigo Manolo, quien trabaja en una agencia de carros, que le ayude.

Situación D:

Patricio se mata estudiando para el examen de matemáticas. Un día antes del examen se da cuenta (*he notices*) de que no tenía un examen de matemáticas, ¡sino de español! Va a su consejero para ver qué le aconseja.

¿Cómo andas? I

	Feel confident	Need to review
Having completed **Comunicación I,** I now can . . .		
• describe animals and their habitats (pp. 412–413)	☐	☐
• pronounce words following the rules for accentuation and stress (MSL / SAM)	☐	☐
• share details about the environment (p. 416)	☐	☐
• describe El Yunque, the rain forest of Puerto Rico (p. 419)	☐	☐
• comment on what is necessary, possible, probable, and improbable (p. 419)	☐	☐

Comunicación II

4 VOCABULARIO

11-26 to 11-29

La política Discussing government and current affairs

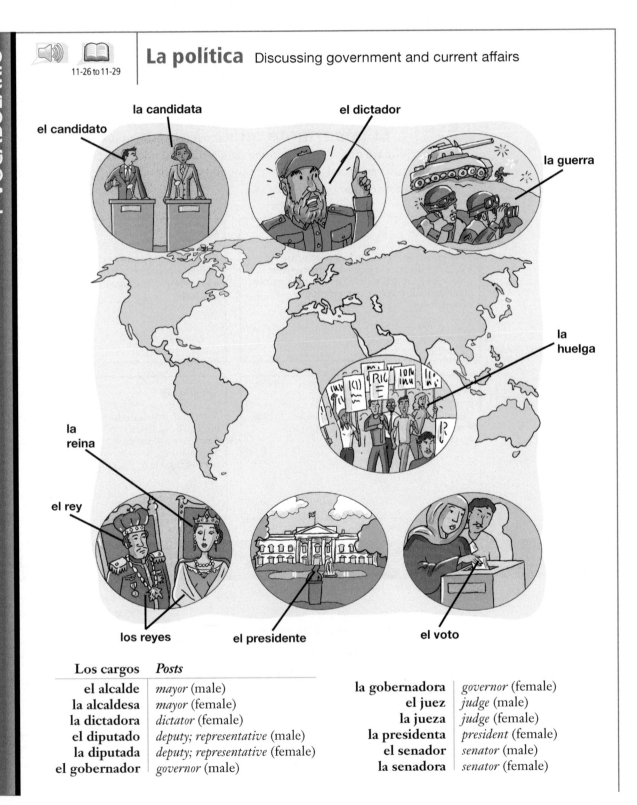

el candidato

la candidata

el dictador

la guerra

la huelga

la reina

el rey

los reyes

el presidente

el voto

Los cargos	Posts		
el alcalde	*mayor* (male)	la gobernadora	*governor* (female)
la alcaldesa	*mayor* (female)	el juez	*judge* (male)
la dictadora	*dictator* (female)	la jueza	*judge* (female)
el diputado	*deputy; representative* (male)	la presidenta	*president* (female)
la diputada	*deputy; representative* (female)	el senador	*senator* (male)
el gobernador	*governor* (male)	la senadora	*senator* (female)

Las administraciones y los regímenes	*Administrations and regimes*
el congreso	*congress*
la democracia	*democracy*
la dictadura	*dictatorship*
el estado	*state*
el gobierno	*government*
la ley	*law*
la monarquía	*monarchy*
la presidencia	*presidency*

Las cuestiones políticas	*Political matters*
el bienestar	*well-being; welfare*
la corte	*court*
la defensa	*defense*
la delincuencia	*crime*
el desempleo	*unemployment*
la deuda (externa)	*(foreign) debt*
el impuesto	*tax*
la inflación	*inflation*
el juicio	*trial*

Algunos verbos	*Some verbs*
apoyar	*to support*
combatir	*to fight; to combat*
elegir	*to elect*
estar en huelga	*to be on strike*
llevar a cabo	*to carry out*
luchar	*to fight; to combat*
meterse en política	*to get involved in politics*
resolver (o → ue)	*to resolve*
votar	*to vote*

11-19 **Al revés** Generalmente ustedes reciben las definiciones y tienen que advinar la palabra o expresión. Esta vez van a elegir **seis** palabras o expresiones de **La política** y escribir las definiciones. ■

MODELO   el impuesto
El dinero que tenemos que pagar al gobierno cuando compramos algo. Es un porcentaje del costo.

Workbooklet

11-20 **Batalla** Completa cada parte del cuadro con el nombre de un lugar o una persona según la descripción. Después, compara tus respuestas con las de un/a compañero/a. Dense un punto por cada acierto (*match*). ■

1. una reina	5. un país con alta inflación	9. el nombre del segundo presidente de los Estados Unidos
2. un estado en el Noreste	6. un país con baja inflación	10. el nombre de un senador de tu estado
3. un país con monarquía	7. una ciudad de los Estados Unidos con mucha delincuencia (*crime*)	11. el nombre de una guerra muy larga
4. un rey	8. un alcalde	12. un/a juez/a de la Corte Suprema de los Estados Unidos

Capítulo 7, El pretérito, pág. 263; Capítulo 7, Algunos verbos irregulares en el pretérito, pág. 272.

11-21 **Reportando** Imagínense que son periodistas y tienen que hacer un reportaje sobre unas charlas y discursos de unos políticos. Formen oraciones lógicas, añadiendo otras palabras cuando sea necesario. ■

MODELO   encuesta / mostrar / el 65% de las personas / no votar / elecciones
          La encuesta mostró que el 65% de las personas no votaron en las elecciones.

1. alcalde / no resolver / problemas / huelgas
2. jefe / partido politico / decir / (él) meterse en política / para combatir / alta inflación
3. senadora / confirmar / senado / votar por / nuevos impuestos
4. reyes / preocuparse por / bienestar / personas / provincias
5. presidente / dedicarse a / luchar contra / delincuencia, desempleo, deuda externa

NOTA CULTURAL

La política en el mundo hispano

11-30

La historia política de Latinoamérica es la historia de la lucha dramática del ser humano contra fuerzas destructivas como la colonización, el imperialismo, la esclavitud y el genocidio en siglos anteriores y, en épocas más recientes, la pobreza, la corrupción, el nepotismo, la división rígida de clases y el militarismo. Muchos países hispanohablantes han sufrido severas dictaduras o democracias débiles e ineficaces. Esta lucha ahora se traduce en la búsqueda de una relación más justa con el mundo desarrollado y en particular con los Estados Unidos.

En décadas recientes, España ha surgido como un país moderno y avanzado, con un rey progresista y amante de la democracia. Latinoamérica, a su vez, experimentó un periodo de paz y esperanza en la segunda mitad del siglo XX. La guerra que azotó (*whipped*) a Centroamérica en la década de los ochenta acabó

Evo Morales, elegido por segunda vez el 6 de diciembre del año 2009, es el primer presidente indígena de Bolivia.

y, aunque sus efectos aún se sienten y la recuperación es lenta en algunos países, el estándar de vida en Centroamérica ha aumentado (*has grown*), así como el comercio y el deseo de fortalecer las instituciones democráticas.

Preguntas
1. ¿Cuáles fueron algunos de los problemas en la historia política de los países hispanos?
2. ¿Qué cambios han experimentado (*have they experienced*) muchos de los países hispanos en los últimos quince o veinte años?

11-22 **¿Qué sabes de...?** Juntos contesten las siguientes preguntas para mostrar sus conocimientos políticos. ■

1. ¿En qué año fue la última campaña para la presidencia de los Estados Unidos?
2. ¿Cómo se llama el/la gobernador/a de tu estado?
3. ¿Quién fue un/a dictador/a infame? ¿De qué país? ¿Cuándo fue dictador/a?
4. ¿Qué países tienen un rey o una reina? ¿Cómo se llaman?
5. ¿Cuántos senadores hay en el senado de los Estados Unidos?
6. ¿Cuántos jueces hay en la Corte Suprema de los Estados Unidos?

 11-23 **El futuro político** Escribe algunas ideas sobre lo que debe pasar en el futuro en tu ciudad, estado, país o en el mundo. Después, en grupos de tres, escriban un párrafo colectivo para la clase. Usen las expresiones que requieren el subjuntivo cuando sea posible. ■

MODELO   *Es necesario que los partidos políticos no combatan tanto entre sí (among themselves). También es importante que el presidente resuelva problemas económicos como la inflación. Es dudoso que podamos bajar la deuda nacional porque todos quieren dinero para sus programas.*

 11-24 **Los partidos políticos** En grupos de cinco o seis estudiantes van a crear un partido político nuevo. Tienen que determinar el nombre del partido y el programa (*platform*). Después, presenten sus partidos a los otros grupos y juntos decidan cuál(es) de los partidos mejor representa(n) las opiniones de la clase. ■

5 GRAMÁTICA

11-31 to 11-34

Por y para Expressing time, deadlines, movement, destination, means, purpose, etc.

As you have seen, Spanish has two main words to express *for*: **por** and **para.** They have distinct uses and are not interchangeable.

¿Por cuánto tiempo ocupa el presidente la presidencia?

(continued)

POR **is used to express:**

1. Duration of time (*during, for*)

El presidente ocupa la presidencia **por** cuatro años consecutivos.

The president holds the presidency for four consecutive years.

El alcalde habló **por** más de media hora.

The mayor spoke for more than a half hour.

2. Movement or location (*through, along, past, around*)

Los candidatos andan **por** la calle y hablan con la gente.

The candidates are going through the streets talking with the people.

El rey saluda **por** la ventana.

The king is waving through the window.

3. Motive (*on account of, because of, for*)

Decidimos meternos en política **por** nuestros hijos. Queremos asegurarles un futuro mejor.

We decided to get involved in politics because of our children. We want to assure them a better future.

En resumen, nos dijeron que hay que reciclar **por** el futuro de nuestro planeta.

In short, they told us that we must recycle for the future of our planet.

4. Exchange (*in exchange for*)

Gracias **por** su ayuda, señora Presidenta.

Thank you for your help, Madam President.

Limpiaron el vertedero **por** diez mil dólares.

They cleaned the dump for ten thousand dollars.

5. Means (*by*)

Los diputados discutieron los resultados de las elecciones **por** teléfono.

The representatives argued about the election results over the phone.

¿Los reyes van a viajar **por** barco o **por** avión?

Are the king and queen going to travel by ship or by plane?

PARA **is used to express:**

1. Point in time or a deadline (*for, by*)

Es dudoso que todos los problemas se solucionen **para** el final de su presidencia.

It is doubtful that all problems will be solved by the end of her presidency.

Es importante que bajemos los impuestos **para** el próximo año.

It is important that we lower taxes by next year.

2. Destination (*for*)

La reina sale hoy **para** Puerto Rico.

The queen leaves for Puerto Rico today.

Los diputados se fueron **para** el Capitolio.

The representatives left for the Capitol.

3. Recipients or intended person or persons (*for*)

Mi hermano escribe discursos **para** la gobernadora.

My brother writes speeches for the governor.

Necesitamos un avión **para** el dictador.

We need a plane for the dictator.

4. Comparison (*for*)

Para un hombre que sabe tanto de la política, no tiene ni idea sobre la delincuencia de nuestras calles.

For a man who knows so much about politics, he has no idea about the crime on our streets.

La tasa de desempleo es bastante baja **para** un país en desarrollo.

The unemployment rate is quite low for a developing country.

5. Purpose or goal (*to, in order to*)

Para recibir más votos, la candidata necesita proponer soluciones **para** los problemas con la deuda externa.

(In order) to receive more votes, the candidate needs to propose solutions for the problems with foreign debt.

Hay que luchar contra la contaminacón **para** proteger el medio ambiente.

One needs to fight pollution to protect the environment.

11-25 **Los políticos** Hoy en día, los políticos son muy activos y están en todas partes. Completen las oraciones de manera lógica. ■

MODELO La candidata Dávila tuvo una entrevista y habló por…
La candidata Dávila tuvo una entrevista y habló por tres horas.

1. El alcalde dijo que se metió en política para…
2. Las diputadas Meana y Caballero dijeron que hay que elegir a un gobernador nuevo para…
3. Nuestro presidente les dio las gracias a las organizadoras por…
4. El dictador se comunicó por…
5. Después del discurso el rey salió para…
6. La senadora, acompañada por _____, caminó por…

Capítulo 5: El presente progresivo, pág. 180.

11-26 **Razones** Túrnense para decir para quiénes están haciendo ustedes las siguientes cosas. ■

MODELO comprar / libro sobre la inflación
E1: *¿Para quién estás comprando el libro sobre la inflación?*
E2: *Estoy comprando el libro para mis padres.*

1. hacer / campaña
2. escribir / discurso
3. pedir / donación (*contribution*)

4. buscar / empleo
5. circular / peticiones
6. proteger / el medio ambiente

11-27 **Mi hermana Leonor** Mi hermana Leonor me dio una gran sorpresa para mi cumpleaños. ■

Paso 1 Para saber qué pasó, completa cada espacio en blanco del siguiente párrafo con **por** o **para**.

Leonor, mi hermana, estuvo en mi casa (1) _____ un mes el verano pasado. Vino (2) _____ mi cumpleaños. Leonor llegó con tres maletas y una enorme caja misteriosa. El día de mi cumpleaños me dijo que (yo) tenía que estar lista (3) _____ las cinco de la tarde. Efectivamente, a las cinco en punto estaba sentada en la sala cuando vi (4) _____ la ventana a un grupo de amigos. Venían con un trío de guitarras. ¡Era una serenata (5) _____ mí! ¡Qué emoción tan grande! La serenata comenzó y Leonor bajó (6) _____ la escalera con una caja.

—Es (7) _____ ti —me dijo. La abrí y ¡qué sorpresa! Era una hamaca de yute (*jute hammock*) de la República Dominicana, donde Leonor había vivido (*had lived*) (8) _____ varios meses.

—¡Una hamaca (9) _____ el patio —exclamé— (10) _____ leer y dormir al sol! ¡Qué delicia! —Y en seguida pregunté:— Pero, Leonor, ¿cómo trajiste esta hamaca desde Santo Domingo? ¿La trajiste (11) _____ avión o la mandaste (12) _____ correo?

Leonor se rió y me contestó: —(13) _____ una hermana como tú, todo es posible. Me la traje en avión. (14) _____ ser una caja tan grande la verdad es que no me causó tantos problemas. ¡Feliz cumpleaños!

Paso 2 Comparte tus respuestas con un/a compañero/a y explícale por qué usaste **por o para** en cada una.

Capítulo 7, El pretérito, pág. 263; Algunos verbos irregulares en el pretérito, pág 272; Capítulo 8, El imperfecto, pág. 317.

11-28 Preguntas personales Túrnense para contestar las siguientes preguntas. ∎

1. ¿Por cuánto tiempo viste las noticias en la televisión anoche?
2. ¿Por cuánto tiempo estudiaste anoche?
3. ¿Qué veías por la ventana de tu cuarto cuando eras joven?
4. Cuando estabas en la escuela primaria, ¿ibas al colegio en autobús, carro o a pie?
5. ¿Por quién votaste la primera vez que pudiste votar?
6. ¿Qué puede hacer un estudiante universitario para ser más activo en la política?
7. ¿Sabes si hay un centro de reciclaje por aquí? ¿Por dónde voy para llegar allí?
8. ¿Qué necesitamos hacer para evitar la contaminación?

6 GRAMÁTICA

11-35 to 11-37 ¡Hola! Spanish/English Tutorials

Las preposiciones y los pronombres preposicionales

Specifying location and other information

Sin duda, su apoyo es esencial. Con ustedes podemos hacer grandes cambios sin dificultades.

Besides the prepositions **por** and **para,** there is a variety of useful prepositions and prepositional phrases, many of which you have already been using throughout *¡Anda! Curso elemental.* Study the following list to review the ones you already know and to acquaint yourself with those that may be new to you.

a	*to; at*	**después de**	*after*
a la derecha de	*to the right of*	**detrás de**	*behind*
a la izquierda de	*to the left of*	**en**	*in*
acerca de	*about*	**encima de**	*on top of*
(a)fuera de	*outside of*	**enfrente de**	*across from; facing*
al lado de	*next to*	**entre**	*among; between*
antes de	*before (time/space)*	**hasta**	*until*
cerca de	*near*	**lejos de**	*far from*
con	*with*	**para**	*for; in order to*
de	*of; from; about*	**por**	*for; through; by; because of*
debajo de	*under; underneath*	**según**	*according to*
delante de	*in front of*	**sin**	*without*
dentro de	*inside of*	**sobre**	*over; about*
desde	*from*		

El centro de reciclaje está **a la derecha del** supermercado.

The recycling center is to the right of the supermarket.

La alcadesa va a hablar **acerca de** los problemas que tenemos con la protección del cocodrilo cubano.

The mayor is going to speak about the problems we are having with the protection of the Cuban crocodile.

Vimos un montón de plástico **encima del** papel.

We saw a mountain of plastic on top of the paper.

Quieren sembrar flores **enfrente del** vertedero.

They want to plant flowers in front of the dump.

El proyecto no puede tener éxito **sin** el apoyo del gobierno local.

The project cannot be successful without the support of the local government.

Los pronombres preposicionales

Study the list of pronouns that are used following prepositions.

mí	*me*	**nosotros/as**	*us*
ti	*you*	**vosotros/as**	*you*
usted	*you*	**ustedes**	*you*
él	*him*	**ellos**	*them*
ella	*her*	**ellas**	*them*

Para mí, es muy importante resolver el problema de la lluvia ácida.

For me, it's really important to solve the problem of acid rain.

¿Qué candidato está sentado **enfrente de ti**?

Which candidate is seated in front of you?

Se fueron de la huelga **sin nosotros.**

They left the strike without us.

Trabajamos **con ellos** para proteger el medio ambiente.

We work with them to protect the environment.

Note that **con** has two special forms:

1. con + mí = **conmigo** *with me*
—¿Vienes **conmigo** al discurso?
Are you coming with me to the speech?

2. con + ti = **contigo** *with you*
—Sí, voy **contigo.**
Yes, I'm going with you.

 11-29 **Hablando del candidato** Termina la conversación entre Celia y Manolo sobre el candidato Carlos Arroyo con los pronombres preposicionales apropiados y después comparte tus respuestas con un/a compañero/a. ■

CELIA: Manolo, ¿qué opinas tú de (1) _____?

MANOLO: Pues, te digo que para (2) _____ está muy claro. El señor Arroyo no piensa en (3) _____ ni en nuestros problemas.

CELIA: Sí, siempre está con las personas ricas e influyentes (*influential*), tratando de conseguir dinero de (4) _____ para su campaña.

MANOLO: También creo que vive parte del año aquí y parte en la costa. Para (5) _____ eso significa que quiere ser nuestro líder pero no quiere vivir con (6) _____. ¿Y para (7) _____, Celia?

CELIA: Creo que tienes razón. Me gusta hablar con _____ (8) porque me haces pensar en las cosas que no son tan obvias.

11-30 **Descríbemelo** Juntos describan el dibujo usando las siguientes preposiciones. ∎

MODELO *El gato está al lado del árbol.*

1. al lado de
2. a la derecha de
3. a la izquierda de
4. cerca de

5. debajo de
6. delante de
7. detrás de
8. lejos de

 11-31 **Una política joven** Completa el párrafo sobre Martina Peña, una candidata nueva en el mundo político, con las preposiciones de la lista. Después compara tu párrafo con el de un/a compañero/a. ∎

a	antes de	con (2 veces)	de
después de	entre	sobre	sin

(1) _____ meterse en la política. Martina compartió sus ideas (2) _____ mucha gente. (3) _____ otras personas se reunió (4) _____ políticos importantes y, (5) _____ ellos, aprendió mucho (6) _____ el bienestar, los derechos humanos, la violencia, el desempleo y la inflación. (7) _____ escuchar todo lo que tenían que decir, ella volvió (8) _____ su casa y empezó a convertir sus ideas en discursos. El próximo paso fue buscar apoyo y dinero. Sabía perfectamente que (9) _____ ese apoyo no iba a ser posible ganar las elecciones.

11-32 **¿Dónde están?**

Con un/a compañero/a, expliquen dónde están los siguientes lugares en El Viejo San Juan en Puerto Rico, usando siempre las preposiciones apropiadas. ■

MODELO   E1:   *¿Dónde está el Campo del Morro?*

E2:   *Está entre el Castillo y La Casa Blanca, al lado del Cementerio de San Juan.*

1. La Fortaleza, casa del gobernador
2. El Capitolio, edificio de las oficinas de los senadores y representantes
3. La Plaza de Armas
4. El Castillo de San Felipe del Morro
5. La Casa Blanca, casa de la familia de Juan Ponce de León
6. La Alcaldía / El Ayuntamiento, edificio donde el alcalde tiene sus oficinas
7. Correos
8. El Banco Popular
9. La puerta de San Juan
10. La catedral de San Juan

 11-33 **La universidad** Túrnense para explicar dónde están los siguientes lugares en su universidad. ■

Capítulo 2. En la universidad, pág. 74.

MODELO   *La biblioteca está detrás del centro estudiantil.*

1. la biblioteca
2. el gimnasio
3. el centro estudiantil
4. la librería
5. la cafetería
6. tu cuarto o residencia estudiantil
7. el centro de salud
8. el estadio de fútbol

11-34 **¿Con quién...?** Decide quién hace las siguientes actividades contigo y después comparte las respuestas con un/a compañero/a. ■

MODELO   E1:   *¿Quién... habla contigo por teléfono todos los días?*

E2:   *Mi madre habla conmigo por teléfono todos los días.*

¿Quién...?
1. viene a clase contigo
2. se sienta contigo en la sala de clase
3. hace las actividades de clase contigo
4. estudia contigo fuera de clase
5. almuerza o cena contigo
6. sale contigo por la tarde (para ir al cine / bar / club de baile, etc.)

11-38 to 11-40

El infinitivo después de preposiciones

Providing more information about location, time, and other subjects

> ¡No me digas que todos tienen que comer antes de salir nosotros!

In Spanish, if you need to use a verb immediately after a preposition, it must always be in the **infinitive** form. Study the following examples:

Antes de reciclar las latas debes limpiarlas.
Before recycling the cans, you should clean them.

Después de pisar la hormiga la niña empezó a llorar.
After stepping on the ant, the little girl began to cry.

Es fácil decidir **entre reciclar** y **botar.**
It is easy to decide between recycling and throwing away.

Necesitamos trabajar con personas de todos los países **para proteger** mejor la Tierra.
We need to work with people from all countries in order to better protect the Earth.

Ganaste el premio **por estar** tan interesado en el medio ambiente.
You won the prize for being so interested in the environment.

No podemos vivir **sin trabajar** juntos.
We cannot live without working together.

Capítulo 10. El viaje, pág. 388.

11-35 **De viaje** Forma oraciones lógicas usando **antes de** o **después de.** Después, compártelas con un/a compañero/a. ∎

MODELO   E1:   salir / hacer la maleta

           E2:   *Antes de salir, necesito hacer la maleta. / Antes de salir, tengo que hacer la maleta.*

1. comprar el boleto / ir al banco
2. pasar por recepción / ir al cuarto
3. llegar al aeropuerto / mostrar el pasaporte
4. hacer la maleta / lavar la ropa
5. ir de vacaciones / dejar el gato con mis padres

Fíjate

The sentences for **11-35** can be written two ways. Start the sentence with *antes de + infinitive* or *después de + infinitive* and finish the sentence, as in *Antes de salir necesito hacer la maleta.* Or end the sentence with the prepositional phrase, e.g., *Necesito hacer la maleta antes de salir.*

11-36 **Lo que pasó con el perro** Termina las siguientes oraciones de forma lógica según el modelo. Después, comparte tus respuestas con un/a compañero/a. ■

MODELO   E1:   Es importante que sepas que el perro se escapó para…

              E2:   *Es importante que sepas que el perro se escapó para jugar con esa perra bonita del vecino.*

1. Es mejor que busquemos el perro antes de…
2. Es probable que el perro nos evite para…
3. Es posible que el perro tenga hambre después de…
4. Sí, es raro que no venga para…
5. Es dudoso que se vaya con otra persona después de…
6. Ojalá que lo encontremos sin…

 11-37 **Mis decisiones** Termina las siguientes oraciones y después compártelas con un/a compañero/a. ■

MODELO   E1:   No me voy de aquí sin…

              E2:   *No me voy de aquí sin terminar la tarea.*

1. Necesito pensar en el futuro antes de…
2. Quiero hablar con mis padres / mi mejor amigo sobre…
3. Voy a buscar un trabajo después de…
4. Tengo que escoger entre…
5. Me quedo en este lugar hasta…
6. Después pienso ir a _____ para…

ESCUCHA

11-41 to 11-43

Un anuncio político

Estrategia	Once you know the topic or gist of a passage, it may be helpful to mentally organize what you are about to hear.	Determine whether a list, chart, or diagram could be useful in helping you keep track of the information.
Using visual organizers		

11-38 Antes de escuchar Fania Marte Lozada tiene un anuncio político en la radio. ■

1. ¿Qué es un anuncio político?
2. ¿Escuchaste alguna vez un anuncio político de un candidato en la radio o viste uno de estos anuncios en la televisión?
3. ¿Qué información contiene generalmente un anuncio de este tipo?

Fania Marte Lozada, candidata

11-39 A escuchar Completa los siguientes pasos. ■

1. Escucha el anuncio para sacar la idea general.
2. Decide de qué forma quieres organizar la información (*list, chart, diagram,* etc.).
3. Escucha otra vez para completar tu diagrama o lista con la información esencial.
4. Escucha una vez más para añadir algunos detalles.

11-40 Después de escuchar En grupos de tres o cuatro, compartan su información y juntos decidan si la Dra. Marte Lozada sería (*would be*) una buena alcaldesa. Expliquen. ■

¡CONVERSEMOS!

11-44

 11-41 ## Nuestro mundo

Junto con un/a compañero/a, creen una conversación entre un ciudadano y un candidato sobre los problemas más críticos del medio ambiente y las posibles soluciones y fondos (*funding*). Necesitan incluir por lo menos **diez** oraciones y usar el **subjuntivo por lo menos cinco veces**. Después, presenten la entrevista para los compañeros de la clase. ■

 11-42 ## La política Tu

companero/a y tú son reporteros de noticias. Juntos creen un reportaje sobre algún aspecto de la política del mundo y de lo que pasó hoy. Incluyan por lo menos **diez** oraciones. ■

ESCRIBE

11-45

Un anuncio de servicio público

Estrategia	In writing a public announcement, your goal is to influence the listeners to support your cause and become better environmentalists. To create the most effective announcement, consider the elements of persuasive writing: appeal to reason, emotions, and good character (ethical, morals, and concern for the well-being of the	audience); define any key terms that may not be clear; reference an authority and/or supporting evidence to back your claims; and anticipate counterarguments and address them. You must develop a rational argument, making sure the conclusion logically follows the claims you make.
Persuasive writing		

11-43 **Antes de escribir** Vas a crear un anuncio de publicidad para la radio sobre algún aspecto de la protección del medio ambiente. Debe durar (*last*) unos quince segundos. Decide de qué quieres hablar y haz una lista de los puntos más importantes que quieres incluir. ▪

11-44 **A escribir** Organiza tus ideas y escribe un anuncio. Debe estar dirigido (*directed*) a los adultos jóvenes. ▪

 11-45 **Después de escribir** Presenta tu anuncio a los compañeros de clase. ▪

¿Cómo andas? II

	Feel confident	Need to review
Having completed **Comunicación II**, I now can . . .		
• discuss government and current affairs (p. 426)	☐	☐
• relate specific facts about politics in the Spanish-speaking world (p. 428)	☐	☐
• express time, deadlines, movement, destination, means, purpose, etc. (p. 429)	☐	☐
• specify location and other information (p. 432)	☐	☐
• provide more information about location, time, and other subjects (p. 436)	☐	☐
• listen to a radio announcement and practice using visual organizers to enhance comprehension (p. 438)	☐	☐
• communicate about world issues (p. 439)	☐	☐
• employ persuasive writing to create a public announcement (p. 440)	☐	☐

11-46 to 11-47

Les presento mi país

Alicia Ortega Mujica

Mi nombre es Alicia Ortega Mujica y soy de La Habana, la capital de Cuba. La mayoría de los cubanos tenemos herencia española, africana o una mezcla (*mixture*) de las dos. La influencia africana se nota sobre todo en la música cubana, especialmente en la salsa. Celia Cruz, "la reina de la salsa", siempre alababa estas raíces africanas en sus canciones. **¿Qué influencia africana se siente en la música de tu país?** Antes, la economía cubana dependía mayormente de la producción de azúcar, pero ahora el turismo es muy importante y el gobierno invierte recursos para desarrollar esa infraestructura a fin de (*in order to*) atraer más visitantes al país.

La Plaza de la Revolución

El ajiaco, un plato típico cubano

El Gran Teatro de La Habana
y El Ballet Nacional de Cuba

ALMANAQUE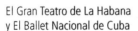

Nombre oficial: República de Cuba
Gobierno: Estado/Régimen comunista
Población: 11.477.459 (2010)
Idioma: español
Moneda: Peso cubano (CUP) y Peso convertible (CUC)

¿Sabías que...?

- El zunzuncito, el pájaro más pequeño del mundo, es endémico (*common*) de Cuba. Mide menos de seis centímetros y pesa menos de dos gramos. Es una especie de colibrí (*hummingbird*).

Preguntas

1. ¿Cuál es la composición étnica de la población cubana?
2. ¿Cuáles son las bases principales de la economía cubana?
3. ¿Qué tipo de música es popular en Cuba? ¿Es popular en otras partes del mundo?

 Amplía tus conocimientos sobre Cuba en MySpanishLab.

11-46, 11-48

Les presento mi país

Pablo Colón Padín

Mi nombre es Pablo Colón Padín y soy de San Germán, Puerto Rico, conocido como la Ciudad de las Lomas (*hills*). Actualmente soy estudiante del Recinto Universitario de Mayagüez, donde han asistido, entre muchos otros, algunos ingenieros de NASA. **¿Te interesan los estudios del espacio y de los planetas?** El Observatorio de Arecibo, sitio del radiotelescopio de un solo plato más grande del mundo, está a unas setenta millas de mi universidad. También se puede estudiar una naturaleza muy diversa en mi isla: desde un área de cuevas del norte hasta El Yunque, bosque lluvioso del este. Puerto Rico es territorio de los Estados Unidos pero la cuestión de la independencia y la estadidad (*statehood*) se siguen debatiendo. **¿Qué opinas tú de esta cuestión?**

El radiotelescopio del Observatorio de Arecibo

Vista de San Juan, la capital

OCÉANO ATLÁNTICO

Isabela · Arecibo · San Juan · Bayamón · Río Piedras · Mayagüez · PUERTO RICO · Ponce · Isla de Culebra · Isla de Vieques

Mar Caribe

El coquí, el famoso símbolo de Puerto Rico

ALMANAQUE

Nombre oficial: Estado Libre Asociado de Puerto Rico
Gobierno: Territorio de los Estados Unidos; Estado Libre Asociado
Población: 3.978.702 (2010)
Idiomas: español e inglés
Moneda: Dólar estadounidense ($)

¿Sabías que...?

• Puerto Rico tiene tres bahías fosforescentes habitadas por millones de microorganismos (dinoflagelados) que emanan (*emanate*) luz cuando son alborotados (*stirred up*). Se puede observar este fenómeno por la noche. ¡Qué maravilla!

Preguntas

1. ¿Qué evidencia del desarrollo avanzado de las ciencias hay en Puerto Rico?
2. Describe la variedad natural de la isla.
3. ¿Hay otros países de Centroamérica que tienen bosques lluviosos?

 Amplía tus conocimientos sobre Puerto Rico en MySpanishLab.

La República Dominicana

11-46, 11-49

Les presento mi país

Amparo Burgos Báez

Mi nombre es Amparo Burgos Báez y soy de la República Dominicana, que comparte la isla de La Española con Haití. Mi país es muy montañoso y áspero (*rough*), con cuatro sistemas principales de cordilleras (*mountain ranges*), pero también tiene unas playas increíbles de arena fina y agua cristalina. **¿Prefieres las montañas o la playa?** Uno de nuestros platos más típicos es *la bandera dominicana,* que consiste en arroz, habichuelas rojas, carne, ensalada y tostones (*plantain chips*)… Si nos visitas, vas a escuchar el merengue y la bachata con sus ritmos contagiosos. Otras aficiones del país son los deportes acuáticos y el béisbol. **¿Sabes qué jugadores dominicanos juegan para equipos estadounidenses?**

Santa María La Menor, la primera catedral del Nuevo Mundo

Los cigarros dominicanos son de los mejores del mundo.

OCÉANO ATLÁNTICO

Puerto Plata

Santiago

HAITÍ

Samaná

Cotuí

Punta Cana

LA REPÚBLICA DOMINICANA

San Juan

Santo Domingo

La Romana

Barahona

San Pedro de Macoris

Mar Caribe

El merengue, la música nacional

¿Sabías que…?

- Cristóbal Colón descubrió la isla en su primer viaje y la nombró La Española. Santo Domingo fue la primera ciudad europea fundada en el Nuevo Mundo y hoy en día casi la mitad de la población vive ahí, en la capital.
- La mayoría de los beisbolistas hispanos en las Grandes Ligas son dominicanos.

Preguntas

1. ¿Cómo es la geografía dominicana y qué tiene de especial?
2. ¿Qué es "la bandera dominicana"?
3. ¿Qué tienen en común la República Dominicana y los otros países del Caribe que has estudiado?

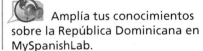 Amplía tus conocimientos sobre la República Dominicana en MySpanishLab.

ALMANAQUE

Nombre oficial: La República Dominicana
Gobierno: Democracia representativa
Población: 9.823.821 (2010)
Idioma: español (oficial)
Moneda: Peso dominicano ($RD)

443

Ambiciones siniestras

EPISODIO 11

Lectura

Estrategia · · · · · Using visual organizers

After you have read a text, it may be useful to create a visual organizer for the information contained therein. In *¡Anda! Curso elemental,* you have already worked with timelines, semantic maps (or web diagrams), charts, and Venn diagrams in completing activities. Try these organizers as you read.

11-46 **Antes de leer** En el **Episodio 10** tuvimos una confesión de Cisco y surgieron más dudas sobre Lupe. Parece que tiene secretos. Teniendo esto en cuenta, contesta las siguientes preguntas. ■

1. ¿Quién es Lupe?
2. ¿Cuáles pueden ser sus secretos?
3. ¿Está en peligro Marisol?

11-47 **A leer** Complete the following steps. ■

1. Skim the episode and think about which visual organizer(s) would best summarize what you learn about Lupe.
2. Create the visual organizer(s), then read the passage carefully to gather all the information you can to complete your organizer. Finally, share it with your classmates. Did you all create the same type of visual organizer? Which one(s) proved to be most beneficial?

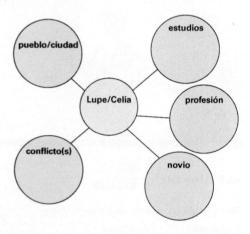

Celia

stayed there Marisol tenía una cara de terror. Lupe se quedó° mirando la pistola que tenía en la mano.
sighed Por fin la puso en la mesa y suspiró° lentamente.

—Bueno —dijo Lupe—. Veo que es necesario que te lo cuente todo ahora. Pensaba hacerlo,
hurt pero no en este momento. Creía que te protegía… No quise hacerle daño° a nadie, Marisol.
Me mandaron aquí para ayudar.

—¿Protegerme? ¿Ayudarme? —respondió Marisol—. No sé qué creer. No sé quién eres. No sé qué quieres de mí… de nosotros.

—Marisol, no soy estudiante. Soy agente del FBI.

—¿Cómo? ¿Cómo que eres una agente? No lo comprendo —dijo Marisol—. Te ves tan joven.

I haven't been / *lies*

—Yo sé que no he sido° honesta —respondió Lupe—. No estoy nada orgullosa de las falsas apariencias y de tantas mentiras°. A veces tengo la sensación de que mi vida es una mentira… pero después pienso en las personas a las que estoy ayudando.

—¿A quiénes estás ayudando? —preguntó Marisol—. Estoy desilusionada… muy desilusionada.

—Escuche —imploró Lupe.

—¿Escuche? —preguntó Marisol, incrédula—. ¿Ahora me tratas de «usted»? ¡Éramos amigas! Confiaba en ti.

—Bueno, Marisol. *Te* lo cuento todo pero tienes que dejarme hablar —dijo Lupe.

—Te escucho… ojalá que sea la verdad —respondió Marisol con voz desesperada.

Entonces se sentaron juntas y Lupe empezó a explicárselo todo:

—Mi nombre verdadero es Celia Cortez y soy de Los Ángeles. Me gradué hace ocho años de la Universidad de Georgetown con una especialidad en ciencias políticas. Mientras estaba en el último año, conocí a un hombre increíble y me enamoré de él en seguida.

that I had / *ever met*

Era el hombre más inteligente, más atractivo, más interesante que había conocido jamás°.

as soon as / *I graduated*

Tenía un trabajo muy bueno con el gobierno federal. Era mi mejor amigo… Decidimos casarnos en cuanto me graduara°. Una noche dábamos un paseo por el centro de Washington cuando me dijo que tenía que contarme algo muy importante, que no había

he had not been

sido° totalmente honesto conmigo. Me dijo entonces que trabajaba para el FBI, no para el Departamento de Estado como yo pensaba. Le pregunté por qué decidió contármelo todo aquella noche y me respondió que era porque estaba involucrado° en un trabajo que

involved / *required that he leave* / *undercover*

requería que saliera° de Washington por varias semanas. Me explicó que no iba a poder estar en contacto conmigo mientras tanto. Sin preguntar, imaginaba que iba encubierto°. Nunca pensé en el peligro que le podía esperar. Yo era muy joven y realmente no sabía nada de su trabajo. Dos semanas después recibí la llamada que cambió mi vida por

dead

completo: mi amor estaba muerto°. Lo mataron. Yo estaba perdida…

—Ay Lupe… perdón, Celia —respondió Marisol—. Lo siento. ¿Qué hiciste entonces?

—Me gradué y fui a trabajar para la misma agencia para conocer mejor quién era él, para poder saber más de su vida y para sentirme más unida a él. Eso fue, como te dije, hace ocho años.

Sonó el teléfono celular de Celia. Contestó y se quedó escuchando sin decir nada. Cortó y le dijo a Marisol:

—Perdona. Es muy importante que hable con esta persona. Tengo que salir ahora pero después vuelvo para contestar tus preguntas. Y no te preocupes por Eduardo y Alejandra. Todo eso fue una mentira también.

11-48 **Después de leer** Contesta las siguientes preguntas. ■

1. ¿Cómo se llama Lupe en realidad?
2. ¿De dónde es?
3. ¿Dónde estudió y cuál era su especialidad?
4. ¿Cuál es su trabajo ahora?
5. ¿Cuándo y dónde conoció a su novio?
6. ¿Qué le pasó al novio?
7. ¿Qué hizo ella después?
8. ¿Cómo termina la lectura?

11-53 to 11-54

Video

11-49 **Antes del video** ¿Qué crees que sabe Celia del Sr. Verdugo? ¿De Eduardo y Alejandra? ¿Quién llama a Celia? ¿Adónde va ella? En la segunda parte del episodio vas a encontrar todas las respuestas, y más. ■

Buenas tardes. Soy la agente Celia Cortez.

Llegamos demasiado tarde. Todos se fueron.

Eduardo, ¿estás bien?

Episodio 11

«El desenlace»

Relájate y disfruta el video.

11-50 **Después del video** Contesta las siguientes preguntas. ■

1. ¿Dónde estaba Celia cuando empezó el episodio del video?
2. ¿Adónde fueron?
3. ¿A quién(es) encontraron allí?
4. ¿Qué les pasó a Eduardo y Alejandra cuando desaparecieron?
5. ¿Quién escribió los rompecabezas? ¿Por qué?
6. ¿Cómo termina **Ambiciones siniestras**?

Y por fin, ¿cómo andas?

	Feel confident	Need to review
Having completed this chapter, I now can . . .		
Comunicación I		
• describe animals and their habitats (pp. 412–413)	☐	☐
• pronounce words following the rules for accentuation and stress (MSL / SAM)	☐	☐
• share details about the environment (p. 416)	☐	☐
• comment on what is necessary, possible, probable, and improbable (p. 419)	☐	☐
Comunicación II		
• discuss government and current affairs (p. 426)	☐	☐
• express time, deadlines, movement, destination, means, purpose, etc. (p. 429)	☐	☐
• specify location and other information (p. 432)	☐	☐
• provide more information about location, time, and other subjects (p. 436)	☐	☐
• listen to a radio announcement and practice using visual organizers to enhance comprehension (p. 438)	☐	☐
• communicate about world issues (p. 439)	☐	☐
• employ persuasive writing to create a public announcement (p. 440)	☐	☐
Cultura		
• describe El Yunque, the rain forest of Puerto Rico (p. 419)	☐	☐
• relate specific facts about politics in the Spanish-speaking world (p. 428)	☐	☐
• share important facts about Cuba, Puerto Rico, and the Dominican Republic (pp. 441–443)	☐	☐
Ambiciones siniestras		
• use visual organizers when reading, and explain who Lupe really is (p. 444)	☐	☐
• relate what happened to Eduardo and Alejandra (p. 446)	☐	☐
Comunidades		
• use Spanish in real-life contexts (SAM)	☐	☐

VOCABULARIO ACTIVO

Algunos animales — *Some animals*

el caballo	*horse*
el cerdo	*pig*
el conejo	*rabbit*
el elefante	*elephant*
la gallina	*chicken; hen*
el gato	*cat*
la hormiga	*ant*
el insecto	*insect*
el león	*lion*
la mosca	*fly*
el mosquito	*mosquito*
el oso	*bear*
el pájaro / el ave	*bird*
el perro	*dog*
el pez (*pl.*, los peces)	*fish*
la rana	*frog*
la rata	*rat*
el ratón	*mouse*
la serpiente	*snake*
el toro	*bull*
la vaca	*cow*

Algunos verbos — *Some verbs*

cuidar	*to take care of*
preocuparse (por)	*to worry about; to concern oneself with*

Las cuestiones políticas — *Political issues*

el bienestar	*well-being; welfare*
la defensa	*defense*
la delincuencia	*crime*
el desempleo	*unemployment*
la deuda (externa)	*(foreign) debt*
el impuesto	*tax*
la inflación	*inflation*

Otras palabras útiles — *Other useful words*

los animal domésticos / las mascotas	*domesticated animals; pets*
los animales en peligro de extinción	*endangered species*
los animales salvajes	*wild animals*
el árbol	*tree*
el bosque	*forest*
la cueva	*cave*
la finca	*farm*
la granja	*farm*
el hoyo	*hole*
el lago	*lake*
la montaña	*mountain*
el océano	*ocean*
peligroso/a	*dangerous*
el río	*river*
la selva	*jungle*

El medio ambiente — *The environment*

el aluminio	*aluminum*
la botella	*bottle*
la caja (de cartón)	*(cardboard) box*
la contaminación	*pollution*
el derrame de petróleo	*oil spill*
el huracán	*hurricane*
el incendio	*fire*
la inundación	*flood*
la lata	*can*
el periódico	*newspaper*
el plástico	*plastic*
el terremoto	*earthquake*
la tormenta	*storm*
el tornado	*tornado*
el tsunami	*tsunami*
el vidrio	*glass*

Algunos verbos	Some verbs
apoyar	to support
botar	to throw away
combatir	to fight; to combat
contaminar	to pollute
cuidar	to take care of
elegir	to elect
estar en huelga	to be on strike
evitar	to avoid
hacer daño	to (do) damage; to harm
llevar a cabo	to carry out
luchar	to fight; to combat
matar	to kill
meterse en política	to get involved in politics
plantar	to plant
proteger	to protect
reciclar	to recycle
reforestar	to reforest
reutilizar	to reuse
resolver (o → ue)	to resolve
sembrar (e → ie)	to sow
votar	to vote

La política	Politics
el alcalde / la alcaldesa	mayor
el/la candidato/a	candidate
el/la dictador/a	dictator
el/la diputado/a	deputy; representative
el/la gobernador/a	governor
la guerra	war
la huelga	strike
el/la juez/a	judge
el juicio	trial
el/la presidente/a	president
el rey / la reina	king / queen
el/la senador/a	senator

Las preposiciones	Prepositions
See page 432.	

Las administraciones y los regímenes	Administrations and regimes
el congreso	congress
la corte	court
la democracia	democracy
la dictadura	dictatorship
el estado	state
el gobierno	government
la ley	law
la monarquía	monarchy
la presidencia	presidency
la provincia	province
la región	region
el senado	senate

Las elecciones	Elections
la campaña	campaign
el discurso	speech
la encuesta	survey; poll
el partido político	political party
el voto	vote

Otras palabras útiles	Other useful words
el aire	air
la basura	garbage
la calidad	quality
la capa de ozono	ozone layer
el cielo	sky; heaven
el desastre	disaster
la destrucción	destruction
la ecología	ecology
el efecto invernadero	global warming
la lluvia ácida	acid rain
la naturaleza	nature
el planeta	planet
puro/a	pure
el recurso natural	natural resource
la selva tropical	jungle; (tropical) rain forest
la Tierra	Earth
la tierra	land; soil
la tragedia	tragedy
el vertedero	dump
vivo/a	alive; living

12

Y por fin, ¡lo sé!

This final chapter is designed for you to see just how much Spanish you have acquired thus far. The *major points* of **Capítulos 7–11** are recycled in this chapter. No new vocabulary is presented.

All learners are different in terms of what they have mastered and what they still need to practice. Take the time with this chapter to determine what you feel confident with, and what you personally need to work on. And remember, language learning is a process. Like any skill, learning Spanish requires practice, review of the basics, and then more practice!

Before we begin revisiting the important grammar concepts, go to the end of each chapter, to the **Vocabulario activo** summary sections, and review the vocabulary that you have learned. Doing so now will help you successfully and creatively complete the following recycling activities. Consult the **Vocabulario activo** pages as needed as you progress through this chapter.

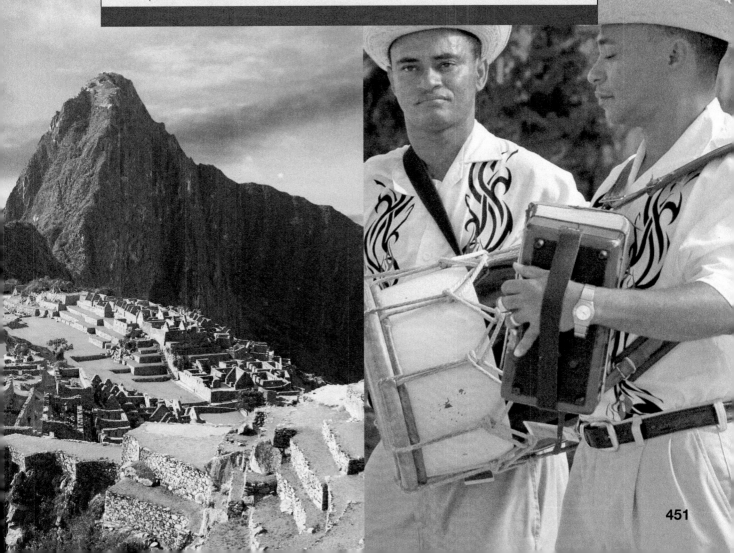

OBJETIVOS

COMUNICACIÓN

To communicate preferences regarding food and clothing

To relate ideas about past experiences and your daily routine

To convey information about people and things

To express ideas on topics such as health, travel, animals, the environment, and politics

To make requests and give advice using commands

To articulate desires and opinions on a variety of topics

CULTURA

To share information about Chile, Paraguay, Argentina, Uruguay, Perú, Bolivia, Ecuador, Venezuela, Colombia, Cuba, Puerto Rico, and La República Dominicana

To compare and contrast the countries you learned about in **Capítulos 7–11**

AMBICIONES SINIESTRAS

To go behind the scenes of **Ambiciones siniestras**

COMUNIDADES

To use Spanish in real-life contexts (SAM)

Organizing Your Review

There are processes used by successful language learners for reviewing a world language. The following tips can help you organize your review. There is no one correct way, but these are some suggestions that will best utilize your time and energy.

1 Reviewing Strategies

1. Make a list of the *major* topics you have studied and need to review, dividing them into categories: *vocabulary, grammar,* and *culture.* These are the topics where you need to focus the majority of your time and energy.
   Note: The two-page chapter openers can help you determine the *major* topics.
2. Allocate a minimum of an hour each day over a period of days to review. Budget the majority of your time with the major topics. After beginning with the major grammar and vocabulary topics, review the secondary/supporting grammar topics and the culture. Cramming the night before a test is *not* an effective way to review and retain information.
3. Many educational researchers suggest that you start your review with the most recent chapter, or for this review, **Capítulo 11.** The most recent chapter is the freshest in your mind, so you tend to remember the concepts better, and you will experience quick success in your review.
4. Spend the most amount of time on concepts in which you determine *you* need to improve. Revisit the self-assessment tools from **Y por fin, ¿cómo andas?** in each chapter to see how you rated yourself. Those tools are designed to help you become good at self-assessing what *you* need to work on the most.

2 Reviewing Grammar

1. When reviewing grammar, begin with the *major* points, that is, begin with the *preterit, imperfect, pronouns (direct, indirect, and reflexive), commands,* and the *subjunctive.* After feeling confident using the major grammar points correctly, then proceed with the additional grammar points and review them.
2. Good ways to review include redoing activities in your textbook, redoing activities in your Student Activities Manual, and (re)doing activities on MySpanishLab.

3 Reviewing Vocabulary

1. When studying vocabulary, it is usually most helpful to look at the English word, and then say or write the word in Spanish. Make a special list of words that are difficult for you to remember, writing them in a small notebook or in an electronic file. Pull out the notebook every time you have a few minutes (in between classes, waiting in line at the grocery store, etc.) to review the words. The **Vocabulario activo** pages at the end of each chapter will help you organize the most important words of each chapter.
2. Saying vocabulary (which includes verbs) out loud helps you retain the words better.

4 Overall Review Technique

1. Get together with someone with whom you can practice speaking Spanish. It is always good to structure the oral practice. If you need something to spark the conversation, take the drawings from each vocabulary presentation in *¡Anda! Curso elemental* and say as many things as you can about each picture. Have a friendly challenge to see who can make more complete sentences or create the longest story about the pictures. This will help you build your confidence and practice stringing sentences together to speak in paragraphs.
2. Yes, it is important for you to know "mechanical" pieces of information such as verb endings, or how to take a sentence and replace the direct object with a pronoun. *But,* it is *much more important* for you to be able to take those mechanical pieces of information and put them all together, creating meaningful and creative samples of your speaking and writing on the themes of **Capítulos 7–11.** Also remember that **Capítulos 7–11** are built upon previous knowledge that you acquired in the beginning chapters of *¡Anda! Curso elemental.*
3. You are on the road to success if you can demonstrate that you can speak and write in paragraphs, using a wide variety of verbs and vocabulary words correctly. Keep up the good work!

Comunicación

 Capítulo 7

Capítulo 7

1 to 12-07

 12-1 **¡Fiesta!** Decidieron tener una fiesta y tienen que trabajar mucho para prepararlo todo. Organícense, siguiendo el modelo y utilizando **el pretérito**, para organizar la fiesta. ■

MODELO   ¿Comprar / tú / las bebidas?
　　E1: *¿Compraste las bebidas?*
　　E2: *Sí, las compré ayer.*

1. ¿Pedir / ustedes / los mariscos?
2. ¿Preparar / tu compañero / los perros calientes?
3. ¿Comprar / tu amiga / el pastel?
4. ¿Limpiar / tú / la sala?

5. ¿Lavar / ustedes / los manteles?
6. ¿Encontrar / Manuel y Manuela / las servilletas?
7. ¿Traer / Jorge / los CD?
8. ¿Invitar / tú / al profesor?

 12-2 **Después de la fiesta** ¡La fiesta de la actividad **12-1** fue un éxito! Describan lo que pasó en la fiesta y qué hicieron cuando se fueron los invitados. Sean creativos y usen por lo menos **siete** oraciones. ■

MODELO   *¡Nuestra fiesta fue un éxito! Vinieron muchos invitados. La gente bailó, comió y se divirtió mucho. Escuchamos música salsa y rock. Después, tuvimos que pasar la aspiradora…*

12-3 **La semana pasada** Túrnense para describir qué hicieron y adónde fueron **la semana** pasada, usando por lo menos **siete** oraciones en **el pretérito** con verbos diferentes. ■

l	m	m	j	v	s	d
estudiar, ver una película	ir al médico	ir al concierto de Juanes			ir al café Chulo	

MODELO   *La semana pasada hice muchas cosas. Por ejemplo, vi una película en la televisión. Estudié mucho también. Conduje a la universidad el martes en vez de tomar el autobús porque tuve que ir al médico por la tarde. El miércoles por la noche mi amigo y yo fuimos al concierto de Juanes. Dormí muy poco toda la semana…*

Rúbrica

All aspects of our lives benefit from self-reflection and self-assessment. Learning Spanish is an aspect of our academic and future professional lives that benefits greatly from just such a self-assessment. Also coming into play is the fact that as college students, you personally are being held accountable for your learning and are expected to take ownership for your performance. Having said that, we instructors can assist you greatly by letting you know what we will expect of you. It will help you determine how well you are doing with the recycling of **Capítulo 7**. This rubric is meant first and foremost for you to use as a self-assessment, but you also can use it to peer-assess. Your instructor may use the rubric to assess your progress as well.

	3 EXCEEDS EXPECTATIONS	2 MEETS EXPECTATIONS	1 APPROACHES EXPECTATIONS	0 DOES NOT MEET EXPECTATIONS
Duración y precisión	• Has at least 8 sentences and includes all the required information. • May have errors, but they do not interfere with communication.	• Has 5–7 sentences and includes all the required information. • May have errors, but they rarely interfere with communication.	• Has 4 sentences and includes some of the required information. • Has errors that interfere with communication.	• Supplies fewer sentences and little of the required information in *Approaches Expectations*. • If communicating at all, has frequent errors that make communication limited or impossible.
Gramática nueva del *Capítulo 7*	• Makes excellent use of the chapter's new grammar (e.g., direct object pronouns and the preterit). • Uses a wide variety of verbs when appropriate.	• Makes good use of the chapter's new grammar (e.g., direct object pronouns and the preterit). • Uses a variety of verbs when appropriate.	• Makes use of some of the chapter's new grammar (e.g., direct object pronouns and the preterit). • Uses a limited variety of verbs when appropriate.	• Uses little, if any, of the chapter's new grammar (e.g., direct object pronouns and the preterit). • Uses few, if any, of the chapter's verbs.

(continued)

	3 EXCEEDS EXPECTATIONS	2 MEETS EXPECTATIONS	1 APPROACHES EXPECTATIONS	0 DOES NOT MEET EXPECTATIONS
Vocabulario nuevo del *Capítulo 7*	• Uses many of the new vocabulary words (e.g., foods, food preparation, and the restaurant).	• Uses a variety of the new vocabulary words (e.g., foods, food preparation, and the restaurant).	• Uses some of the new vocabulary words (e.g., foods, food preparation, and the restaurant).	• Uses few, if any, new vocabulary words (e.g., foods, food preparation, and the restaurant).
Gramática y vocabulario reciclado de los capítulos anteriores	• Does an excellent job using recycled grammar and vocabulary to support what is being said. • Uses a wide array of recycled verbs. • Uses some recycled vocabulary, but focuses predominantly on new vocabulary.	• Does a good job using recycled grammar and vocabulary to support what is being said. • Uses an array of recycled verbs. • Uses some recycled vocabulary, but focuses predominantly on new vocabulary.	• Does an average job using recycled grammar and vocabulary to support what is being said. • Uses a limited array of recycled verbs. • Uses mostly recycled vocabulary and some new vocabulary.	• If speaking at all, relies almost completely on a few isolated words. • Usage of previously learned grammar is inconsistent.
Esfuerzo	• Clearly the student made his/her best effort.	• The student made a good effort.	• The student made an effort.	• Little or no effort went into the activity.

Capítulo 8

to 12-14

Capítulo 8

12-4 **La boda del siglo** David y Adriana se casan. Tu compañero/a y tú están invitados y están planeando cómo vestirse. Túrnense para hablar del evento siguiendo el modelo. ■

MODELO   tú / prestar / a mí / pantalones / amarillo

    E1: *¿Me prestas tus pantalones amarillos?*

    E2: *Sí, te los presto. / No, no te los presto.*

1. tú / prestar / a mí / zapatos / negro
2. tú / prestar / a Julieta / blusa / azul / seda
3. ellas / prestar / a Mariela / falda / corto / atrevido
4. Raúl y Rafa / prestar / a Leo / el cinturón / de cuero / negro
5. Ud. / prestar / a Jaime / coche / nuevo

12-5 **La recomendación fue...** ¿Cuáles fueron sus recomendaciones a las siguientes personas? Túrnense para formar preguntas y contestar según el modelo. ■

MODELO   tú / las blusas de Kohls (a tus primas)

E1:   *¿Les recomendaste las blusas de Kohls a tus primas?*

E2:   *No, no se las recomendé. / Sí, se las recomendé.*

1. ellos / los museos de arqueología (a tu profesor/a)
2. tú / el café Starbucks (a tus padres)
3. tu hermano / el hotel Ritz (a su amiga que no tiene dinero)
4. nosotros / la música de Shakira (a unos compañeros)
5. yo / la película *Shrek* (a mis primos de cinco años)
6. ustedes / las novelas de Gabriel García Márquez (a sus tíos)
7. tú / la clase de español (a tu mejor amigo/a)

  12-6 **Una encuesta** Usa las siguientes expresiones para crear una encuesta de **diez** preguntas. Hazles las preguntas a diez personas diferentes y comparte tus resultados con la clase. ■

Workbooklet

PREGUNTA	ME ENCANTA(N)	ME MOLESTA(N)	ME IMPORTA(N)	ME HACE(N) FALTA	ME FASCINA(N)
¿Te gustan los animales salvajes? ¿Cuáles?					Erika: Sí, me fascinan los tigres.
¿Te gusta la ropa elegante?		Alex: No, me molesta. Prefiero la ropa informal.			

12-7 **¿Qué hiciste ayer?** Escribe un párrafo sobre lo que hiciste ayer. Incluye por lo menos **diez** actividades usando un mínimo de **siete** verbos reflexivos. Después, léeselo a un/a compañero/a. ■

MODELO   *Ayer me levanté a las seis de la mañana.*
           Me duché en tres minutos. Me puse los
           pantalones rojos con rayas blancas...

 12-8 **Para conocerte mejor** Cuando tenías quince años, ¿qué hacías en las siguientes situaciones? ■

Paso 1   Contesta las siguientes preguntas.

MODELO   E1: ¿Qué hacías por las tardes, después de salir del colegio?

           E2: *Yo jugaba al tenis. ¿Qué hacías tú?*

           E1: *Hacía la tarea y ayudaba a mi madre con los quehaceres de la casa.*

1. ¿Qué te ponías cuando salías con esa "persona especial"?
2. Antes de dormirte, ¿pensabas en tu día?
3. ¿Tenías un perro?
4. ¿Cómo te divertías?
5. ¿Siempre te acordabas de hacer toda la tarea?
6. Si tenías tiempo, ¿con quién(es) te reunías?
7. ¿Dónde te gustaba sentarte en el cine, adelante o atrás? ¿Por qué?
8. ¿Qué querías ser de mayor?
9. ¿En qué situaciones te ponías nervioso/a?
10. ¿Cuándo te sentías feliz?

Estrategia

Being a good listener is an important life skill. Repeating what your classmate said gives you practice in demonstrating how well you listened.

Paso 2   Escucha las respuestas de tu compañero/a. ¿Cuántas preguntas contestaron ustedes de manera similar? ¿De manera diferente?

12-9 **Mi primera casa** ¿Cómo era tu primera casa o la de un/a amigo/a de tu infancia? Descríbesela a un/a compañero/a en por lo menos **diez** oraciones incluyendo todos los detalles posibles (los muebles, los colores, etc.). ■

MODELO　　*Mi primera casa estaba en una ciudad pequeña. Tenía dos dormitorios. La cocina era amarilla. El comedor y la sala eran pequeños. Tenía solamente (only) un baño…*

Estrategia
You and your instructor can use this rubric to assess your progress for activities **12-4** through **12-9**.

Rúbrica

	3 EXCEEDS EXPECTATIONS	**2 MEETS EXPECTATIONS**	**1 APPROACHES EXPECTATIONS**	**0 DOES NOT MEET EXPECTATIONS**
Duración y precisión	• Has at least 8 sentences and includes all the required information. • May have errors, but they do not interfere with communication.	• Has 5–7 sentences and includes all the required information. • May have errors, but they rarely interfere with communication.	• Has 4 sentences and includes some of the required information. • Has errors that interfere with communication.	• Supplies fewer sentences and little of the required information in *Approaches Expectations*. • If communicating at all, has frequent errors that make communication limited or impossible.
Gramática nueva del *Capítulo 8*	• Makes excellent use of the chapter's new grammar (e.g., the imperfect, object pronouns, reflexive verbs, and verbs like *gustar*). • Uses a wide variety of verbs when appropriate.	• Makes good use of the chapter's new grammar (e.g., the imperfect, object pronouns, reflexive verbs, and verbs like *gustar*). • Uses a variety of verbs when appropriate.	• Makes use of some of the chapter's new grammar (e.g., the imperfect, object pronouns, reflexive verbs, and verbs like *gustar*). • Uses a limited variety of verbs when appropriate.	• Uses little, if any, of the chapter's new grammar (e.g., the imperfect, object pronouns, reflexive verbs, and verbs like *gustar*). • Uses few, if any, of the chapter's verbs.
Vocabulario nuevo del *Capítulo 8*	• Uses many of the new clothing-related vocabulary words.	• Uses a variety of the new clothing-related vocabulary words.	• Uses some of the new clothing-related vocabulary words.	• Uses few, if any, new clothing-related vocabulary words.

(continued)

	3 EXCEEDS EXPECTATIONS	2 MEETS EXPECTATIONS	1 APPROACHES EXPECTATIONS	0 DOES NOT MEET EXPECTATIONS
♻ **Gramática y vocabulario reciclado de los capítulos anteriores**	• Does an excellent job using recycled grammar and vocabulary to support what is being said. • Uses a wide array of recycled verbs. • Uses some recycled vocabulary, but focuses predominantly on new vocabulary.	• Does a good job using recycled grammar and vocabulary to support what is being said. • Uses an array of recycled verbs. • Uses some recycled vocabulary, but focuses predominantly on new vocabulary.	• Does an average job using recycled grammar and vocabulary to support what is being said. • Uses a limited array of recycled verbs. • Uses mostly recycled vocabulary and some new vocabulary.	• If speaking at all, relies almost completely on a few isolated words. • Usage of previously learned grammar is inconsistent.
Esfuerzo	• Clearly the student made his/her best effort.	• The student made a good effort.	• The student made an effort.	• Little or no effort went into the activity.

 Capítulo 9

15 to 12-21

Capítulo 9

 12-10 **Un diálogo** Imaginen que trabajan como voluntarios con un médico. Creen un diálogo entre el médico y el paciente con respecto a sus síntomas y su tratamiento. Escriban por lo menos **catorce** oraciones. ▪

MODELO E1 (MÉDICO): *¿Cómo está? ¿Qué le duele?*

E2 (PACIENTE): *Creo que tengo catarro o un virus. Me duele todo.*

E1: *¿Tiene fiebre? ¿Tose? ¿Estornuda?*

E2: *No, no tengo fiebre pero sí tengo tos. Y sí, estornudo mucho. ¡También me quemé!*

E1: *¿Se quemó? ¿Cómo?*

E2: *…*

 12-11 **¡Me enfermé!** ¿Cuándo fue la última vez que se enfermaron? ¿Qué hicieron? ¿Qué pasó? ▪

Paso 1 Descríbele a un/a compañero/a tu última enfermedad en por lo menos **diez** oraciones.

MODELO *Hace dos semanas que me enfermé. Tuve gripe y guardé cama por una semana. Mi madre me llevó al médico porque me dolía el cuerpo y tenía fiebre…*

Paso 2 Describe en tus propias (*own*) palabras la enfermedad de tu compañero/a de clase.

Estrategia

It is rare that people remember *everything* that they hear! It is important that you feel comfortable asking someone to repeat information or asking for clarification.

Rúbrica

Estrategia

You and your instructor can use this rubric to assess your progress for activities **12-10** through **12-11**.

	3 **EXCEEDS EXPECTATIONS**	**2** **MEETS EXPECTATIONS**	**1** **APPROACHES EXPECTATIONS**	**0** **DOES NOT MEET EXPECTATIONS**
Duración y precisión	• Has at least 8 sentences and includes all the required information. • May have errors, but they do not interfere with communication.	• Has 5–7 sentences and includes all the required information. • May have errors, but they rarely interfere with communication.	• Has 4 sentences and includes some of the required information. • Has errors that interfere with communication.	• Supplies fewer sentences and little of the required information in *Approaches Expectations*. • If communicating at all, has frequent errors that make communication limited or impossible.
Gramática nueva del *Capítulo 9*	• Makes excellent use of the chapter's new grammar (e.g., preterit and imperfect). • Uses a wide variety of verbs when appropriate.	• Makes good use of the chapter's new grammar (e.g., preterit and imperfect). • Uses a variety of verbs when appropriate.	• Makes use of some of the chapter's new grammar (e.g., preterit and imperfect). • Uses a limited variety of verbs when appropriate.	• Uses little, if any, of the chapter's new grammar (e.g., preterit and imperfect). • Uses few, if any, of the chapter's verbs.
Vocabulario nuevo del *Capítulo 9*	• Uses many of the new vocabulary words (e.g., the body and medical terms).	• Uses a variety of the new vocabulary words (e.g., the body and medical terms).	• Uses some of the new vocabulary words (e.g., the body and medical terms).	• Uses few, if any, new vocabulary words (e.g., the body and medical terms).
🌐 **Gramática y vocabulario reciclado de los capítulos anteriores**	• Does an excellent job using recycled grammar and vocabulary to support what is being said. • Uses a wide array of recycled verbs. • Uses some recycled vocabulary, but focuses predominantly on new vocabulary.	• Does a good job using recycled grammar and vocabulary to support what is being said. • Uses an array of recycled verbs. • Uses some recycled vocabulary, but focuses predominantly on new vocabulary.	• Does an average job using recycled grammar and vocabulary to support what is being said. • Uses a limited array of recycled verbs. • Uses mostly recycled vocabulary and some new vocabulary.	• If speaking at all, relies almost completely on a few isolated words. • Usage of previously learned grammar is inconsistent.
Esfuerzo	• Clearly the student made his/her best effort.	• The student made a good effort.	• The student made an effort.	• Little or no effort went into the activity.

Capítulo 10

22 to 12-27

 12-12 **Los días de vacaciones** ¿Qué hiciste durante las últimas vacaciones? Descríbele a tu compañero/a, en por lo menos **diez** oraciones y usando una variedad de verbos y vocabulario, tus últimas vacaciones. Incluye las siguientes palabras: ■

todos los días	todas las noches	generalmente	normalmente
un día	una vez	una mañana	nunca

MODELO *Durante las últimas vacaciones nosotros fuimos a Punta Cana. Fue la primera vez que visitamos la República Dominicana. Todos los días íbamos a la playa. Allí nadábamos…*

 12-13 **Mis vacaciones favoritas** ¿Adónde fuiste y cómo fueron tus vacaciones favoritas? Descríbeselas a un/a compañero/a en por lo menos **siete** oraciones usando el pretérito y una variedad de verbos. ■

MODELO *Mis vacaciones en Argentina fueron mis mejores vacaciones. Fuimos a la playa, donde mi familia y yo anduvimos muchas horas. Bebí mate por primera vez…*

12-14 **Y también…** Imagina que tienes un hijo y que, por primera vez, él va a salir solo con sus amigos y se va a llevar el coche. ¿Qué le aconsejas? Túrnense para hacer **mandatos informales** con los siguientes verbos. ∎

MODELO   E1:   leer / el manual

          E2:   *Lee el manual.*

1. conducir / con cuidado
2. llevar / el permiso
3. tener cuidado / los peatones
4. llenar el tanque / gasolina
5. no mandar / mensajes de texto
6. no perder / llaves
7. no abrir / ventanas / si llueve
8. no estacionarse / en lugares prohibidos
9. no doblar a la izquierda / sin mirar
10. no comer ni beber / en el coche
11. limpiar / parabrisas
12. no ir / muy rápido

12-15   **¡Me molestas!**   ¿En tu vida hay alguien que te está volviendo loco/a (*is driving you crazy*)? Túrnense para decirle a tu compañero/a lo que debe y no debe hacer. Pueden usar las palabras y expresiones de la lista y otras también. ¡Sean creativos! ∎

guardar tu comida	tener más paciencia
no dejar la ropa sucia en el piso	no estornudar
lavar los platos	mejorarte
sacar la basura	cuidarte
no invitar siempre a tus amigos	no ponerte mi ropa

MODELO   *Raúl, por favor, ¡me estás volviendo loca! Primero, guarda tu comida en el refrigerador, no la pongas en el sofá. Segundo, ¡no estornudes encima de la comida! Ponte el abrigo porque hace frío. Cuídate, por favor…*

12-16 **En la gasolinera** Están en una gasolinera. Túrnense para decirle al empleado (*attendant*) lo que necesitan. ∎

MODELO   *Ponga aire en las llantas, por favor. También, abra el baúl, por favor. Yo no puedo abrirlo…*

12-17 **¡Por fin!** ¡Este es el momento que esperabas! ¡Por fin ustedes son los profesores de español! Túrnense para decirles a sus estudiantes por lo menos **ocho** cosas que deben o no deben hacer. ¡Sean creativos! ◼

MODELO *Hagan la tarea para mañana. También, hablen en español durante toda la clase…*

12-18 **Comparando** Estás planeando unas vacaciones. Dile a tu compañero/a cuáles son, en tu opinión, los mejores y los peores servicios y destinos. Usa comparaciones y superlativos. Crea por lo menos **diez** oraciones. ◼

MODELO *El aeropuerto de Austin es más pequeño que el aeropuerto de Dallas, pero en mi opinión es mejor porque no es muy grande. Para mí, la agencia Travel Experts es la mejor porque saben preparar unos viajes estupendos. Por ejemplo, la playa de Ixtapa en México es tan bonita como la playa de Cancún, y los hoteles no cuestan tanto como los hoteles de Cancún…*

Rúbrica

Estrategia

You and your instructor can use this rubric to assess your progress for activities **12-12** through **12-18**.

	3 **EXCEEDS EXPECTATIONS**	**2** **MEETS EXPECTATIONS**	**1** **APPROACHES EXPECTATIONS**	**0** **DOES NOT MEET EXPECTATIONS**
Duración y precisión	• Has at least 8 sentences and includes all the required information. • May have errors, but they do not interfere with communication.	• Has 5–7 sentences and includes all the required information. • May have errors, but they rarely interfere with communication.	• Has 4 sentences and includes some of the required information. • Has errors that interfere with communication.	• Supplies fewer sentences and little of the required information in *Approaches Expectations*. • If communicating at all, has frequent errors that make communication limited or impossible.
Gramática nueva del *Capítulo 10*	• Makes excellent use of the chapter's new grammar (e.g., formal and informal commands, the comparative and superlative). • Uses a wide variety of verbs when appropriate.	• Makes good use of the chapter's new grammar (e.g., formal and informal commands, the comparative and superlative). • Uses a variety of verbs when appropriate.	• Makes use of some of the chapter's new grammar (e.g., formal and informal commands, the comparative and superlative). • Uses a limited variety of verbs when appropriate.	• Uses little, if any, of the chapter's new grammar (e.g., formal and informal commands, the comparative and superlative). • Uses few, if any, of the chapter's verbs.

(continued)

	3 **EXCEEDS EXPECTATIONS**	**2** **MEETS EXPECTATIONS**	**1** **APPROACHES EXPECTATIONS**	**0** **DOES NOT MEET EXPECTATIONS**
Vocabulario nuevo del *Capítulo 10*	• Uses many of the new travel-related vocabulary words.	• Uses a variety of the new travel-related vocabulary words.	• Uses some of the new travel-related vocabulary words.	• Uses few, if any, new travel-related vocabulary words.
⊕ Gramática y vocabulario reciclado de los capítulos anteriores	• Does an excellent job using recycled grammar and vocabulary to support what is being said. • Uses a wide array of recycled verbs. • Uses some recycled vocabulary, but focuses predominantly on new vocabulary.	• Does a good job using recycled grammar and vocabulary to support what is being said. • Uses an array of recycled verbs. • Uses some recycled vocabulary, but focuses predominantly on new vocabulary.	• Does an average job using recycled grammar and vocabulary to support what is being said. • Uses a limited array of recycled verbs. • Uses mostly recycled vocabulary and some new vocabulary.	• If speaking at all, relies almost completely on a few isolated words. • Usage of previously learned grammar is inconsistent.
Esfuerzo	• Clearly the student made his/her best effort.	• The student made a good effort.	• The student made an effort.	• Little or no effort went into the activity.

📖 Capítulo 11

12-28 to 12-32

  12-19 **Mis deberes** Siempre hay algo que podemos hacer para mejorar. Dile a tu compañero/a por lo menos **diez** cosas que debes hacer ahora o que te propones (*you intend*) hacer en el futuro. Usa **el subjuntivo** cuando sea necesario. ■

MODELO *Primero, es necesario que estudie más en el futuro. También es importante que no coma tanto chocolate, pero es dudoso que pueda evitarlo. Entonces, es importante que compre cosas saludables. Pero, ¡qué lástima! ¡Me fascina el chocolate! Pues, como me gusta tanto, es importante que haga más ejercicio. ¡Es una lástima que no me guste hacerlo!*

12-20 **Mi casa ideal** ¿Cómo esperas que sea tu casa en diez años? ∎

Paso 1 Descríbesela a un/a compañero/a con todo detalle (los cuartos, los muebles, los colores, etc.). Incluye por lo menos **cinco** preposiciones diferentes en la descripción.

MODELO *Espero que mi casa tenga cinco dormitorios. Al lado de la puerta quiero que haya una sala y una cocina detrás de la sala. ¡Ojalá que tenga una cocina muy grande!*

Paso 2 Repite lo que tu compañero/a te dijo. Es importante que uses y practiques las preposiciones.

> **Estrategia**
>
> You may want to draw the floor plan of your house and label the rooms. That way, it will be easier to talk about where each room is located in relation to other rooms. When working with a partner, you might want to draw your partner's house as you hear it described, taking note of the prepositions he/she has mentioned.

Rúbrica

> **Estrategia**
>
> You and your instructor can use this rubric to assess your progress for activities **12-19** through **12-20**.

	3 **EXCEEDS** **EXPECTATIONS**	**2** **MEETS** **EXPECTATIONS**	**1** **APPROACHES** **EXPECTATIONS**	**0** **DOES NOT MEET** **EXPECTATIONS**
Duración y precisión	• Has at least 8 sentences and includes all the required information. • May have errors, but they do not interfere with communication.	• Has 5–7 sentences and includes all the required information. • May have errors, but they rarely interfere with communication.	• Has 4 sentences and includes some of the required information. • Has errors that interfere with communication.	• Supplies fewer sentences and little of the required information in *Approaches Expectations*. • If communicating at all, has frequent errors that make communication limited or impossible.
Gramática nueva del *Capítulo 11*	• Makes excellent use of the chapter's new grammar (e.g., the subjunctive and prepositions). • Uses a wide variety of verbs when appropriate.	• Makes good use of the chapter's new grammar (e.g., the subjunctive and prepositions). • Uses a variety of verbs when appropriate.	• Makes use of some of the chapter's new grammar (e.g., the subjunctive and prepositions). • Uses a limited variety of verbs when appropriate.	• Uses little, if any, of the chapter's new grammar (e.g., the subjunctive and prepositions). • Uses few, if any, of the chapter's verbs.

(continued)

	3 EXCEEDS EXPECTATIONS	2 MEETS EXPECTATIONS	1 APPROACHES EXPECTATIONS	0 DOES NOT MEET EXPECTATIONS
Vocabulario nuevo del *Capítulo 11*	• Uses many of the new vocabulary words (e.g., animals, the environment, and politics).	• Uses a variety of the new vocabulary words (e.g., animals, the environment, and politics).	• Uses some of the new vocabulary words (e.g., animals, the environment, and politics).	• Uses few, if any, new vocabulary words (e.g., animals, the environment, and politics).
✪ **Gramática y vocabulario reciclado de los capítulos anteriores**	• Does an excellent job using recycled grammar and vocabulary to support what is being said. • Uses a wide array of recycled verbs. • Uses some recycled vocabulary, but focuses predominantly on new vocabulary.	• Does a good job using recycled grammar and vocabulary to support what is being said. • Uses an array of recycled verbs. • Uses some recycled vocabulary, but focuses predominantly on new vocabulary.	• Does an average job using recycled grammar and vocabulary to support what is being said. • Uses a limited array of recycled verbs. • Uses mostly recycled vocabulary and some new vocabulary.	• If speaking at all, relies almost completely on a few isolated words. • Usage of previously learned grammar is inconsistent.
Esfuerzo	• Clearly the student made his/her best effort.	• The student made a good effort.	• The student made an effort.	• Little or no effort went into the activity.

Un poco de todo

12-33 to 12-41

 12-21 Nuestro medio ambiente y más aún Creen juntos un reportaje (*report*) para la televisión sobre uno de los siguientes temas. ▪

TEMAS

1. el medio ambiente
2. la política
3. el tiempo
4. el arte, la música, los deportes y otros eventos

12-22 ¿Cómo eres?
Conoces un poco a los estudiantes de los países que estudiamos en los capítulos anteriores. ¿Qué más quieres saber de ellos? Escribe por lo menos **diez** preguntas que quieras hacerles. Usa **el pretérito, el imperfecto** y **el subjuntivo** en tus preguntas. ◼

MODELO
1. ¿Qué estudiaste el semestre pasado?
2. ¿Adónde fuiste el verano pasado?
3. ¿Es posible que viajes este verano?
4. ...

Gino Breschi Arteaga

Sandra Manrique Esquivel

María Graciela Martelli Paz

Francisco Tomás Bacigalupe Bustamante

Diana Ávila Peralta

Jorge Gustavo Salazar

Yolanda Pico Briones

Rosa María Gutiérrez Murcia

Joaquín Navas Posada

Alicia Ortega Mujica

Pablo Colón Padín

Amparo Burgos Báez

12-23 **¿Sabías que…?** Completa los siguientes pasos. ■

Workbooklet

Paso 1   Escribe dos cosas interesantes que no sabías antes pero que aprendiste sobre cada uno de los siguientes países.

284   *324*

CHILE	PARAGUAY	ARGENTINA	URUGUAY
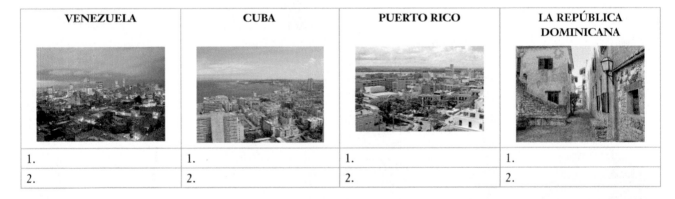			
1.	1.	1.	1.
2.	2.	2.	**2.**

364

PERÚ	BOLIVIA	ECUADOR	COLOMBIA
1.	1.	1.	1.
2.	2.	2.	**2.**

VENEZUELA	CUBA	PUERTO RICO	LA REPÚBLICA DOMINICANA
1.	1.	1.	1.
2.	2.	2.	2.

Paso 2   Compara la información con el lugar donde vives. ¿Qué cosas son similares? ¿Qué diferencias hay?

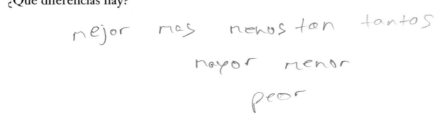

equality   mejor   mas   menos tan tantos

inequality   mayor   menor

superlatives   peor

12-24 **¡A cocinar!** Vas a preparar una cena latina para tus amigos con platos representativos de varios países. Selecciona por lo menos **tres** platos y **una** bebida. Indica el país de origen de cada plato y los ingredientes. Si varios países comparten el plato, menciónalos también. ■

La parrillada

El chivito

12-25 **Los símbolos nacionales** Escoge **tres** países distintos y un símbolo para cada uno de ellos. Describe estos símbolos nacionales y habla de cómo y por qué son representativos del país. Después, haz una comparación entre los países y sus símbolos. ■

12-26 **¿El ecoturismo o una expedición antropológica?**
¡Qué suerte! Recibiste la distinción de ser el/la mejor estudiante de español y puedes elegir entre un viaje de ecoturismo o una expedición antropológica. Piensa en lo que aprendiste de cada país y decide adónde quieres ir para divertirte e investigar más. Después, describe el lugar específico que vas a visitar y di por qué, cómo, cuándo, etc. Si hay dos países con lugares similares, compáralos e indica por qué seleccionaste uno en particular. ■

Episodio 12

12-27 Tus propias ambiciones siniestras

¡Ahora te toca a ti! Puedes seleccionar entre las siguientes actividades basadas en **Ambiciones siniestras.** ■

1. Imagina que eres David Letterman o Cristina y que tienes la oportunidad de entrevistar a los actores de **Ambiciones siniestras.** Prepara la entrevista con un/a compañero/a.

2. Escribe tu propia versión resumida de **Ambiciones siniestras.** ¿Termina igual que el original? Compara tu versión con la de un/a compañero/a.

3. Escribe y filma **Ambiciones siniestras II.** Al final, ¿qué pasa con el Sr. Verdugo? Preséntale tu película a la clase.

Y por fin, ¿cómo andas?

	Feel confident	Need to review
Having completed this chapter, I now can . . .		

Comunicación

- communicate preferences regarding food and clothing ☐ ☐
- relate ideas about past experiences and my daily routine ☐ ☐
- convey information about people and things ☐ ☐
- express ideas on topics such as health, travel, animals, the environment, and politics ☐ ☐
- make requests and give advice using commands ☐ ☐
- articulate desires and opinions on a variety of topics ☐ ☐

Cultura

- share information about Chile, Paraguay, Argentina, Uruguay, Perú, Bolivia, Ecuador, Venezuela, Colombia, Cuba, Puerto Rico, and La República Dominicana ☐ ☐
- compare and contrast the countries I learned about in **Capítulos 7–11** ☐ ☐

Ambiciones siniestras

- go behind the scenes of **Ambiciones siniestras** ☐ ☐

Comunidades

- use Spanish in real-life contexts (SAM) ☐ ☐

Appendix 1

Answers to *¡Explícalo tú!*
(Inductive Grammar Answers)

Capítulo Preliminar A

12. Gustar

1. To say you like or dislike one thing, what form of **gustar** do you use?
   gusta
2. To say you like or dislike more than one thing, what form of **gustar** do you use?
   gustan

Capítulo 2

9. El verbo *gustar*

1. To say you like or dislike one thing, what form of **gustar** do you use?
   gusta
2. To say you like or dislike more than one thing, what form of **gustar** do you use?
   gustan
3. Which words in the examples mean *I?* **(Me)** *You?* **(Te)** *He/she?* **(le)**
4. If a verb is needed after **gusta/gustan,** what form of the verb do you use?
   the infinitive form of the verb

Capítulo 4

4. Los verbos con cambio de raíz

1. Which verb forms look like the infinitive **cerrar**?
   nosotros, vosotros
2. Which verb forms have a spelling change that differs from the infinitive **cerrar**?
   yo, tú, él, ella, usted, ellos, ellas, ustedes

1. Which verb forms look like the infinitive **pedir**?
   nosotros, vosotros
2. Which verb forms have a spelling change that differs from the infinitive **pedir**?
   yo, tú, él, ella, usted, ellos, ellas, ustedes

1. Which verb forms look like the infinitive **encontrar**?
   nosotros, vosotros
2. Which verb forms have a spelling change that differs from the infinitive **encontrar**?
   yo, tú, usted, él, ella, ustedes, ellos, ellas

1. Which verb forms look like the infinitive **jugar**?
   nosotros, vosotros
2. Which verb forms have a spelling change that differs from the infinitive **jugar**?
   yo, tú, usted, él, ella, ustedes, ellos, ellas
3. Why does **jugar** not belong with the verbs like **encontrar**?
   because the change is *u → ue*, not *o → ue* like *encontrar*

To summarize . . .

1. What is a rule that you can make regarding all four groups of stem-changing verbs and their forms?
   ***Nosotros/vosotros* look like the infinitive. All the other forms have the spelling change.**
2. With what group of stem-changing verbs would you put **querer**?
   e → ie
3. With what group of stem-changing verbs would you put the following verbs:
demostrar	*to demonstrate*	**o → ue**
devolver	*to return (an object)*	**o → ue**
encerrar	*to enclose*	**e → ie**
perseguir	*to chase*	**e → i**

6. *Ir + a +* infinitivo

1. When do the actions in these sentences take place: in the *past, present,* or *future?*
   future
2. What is the first bold type verb you see in each sentence?
   a form of *ir*
3. In what form is the second bolded verb?
   infinitive
4. What word comes between the two verbs?
   a

   Does this word have an equivalent in English?
   no
5. What is your rule, then, for expressing future actions or statements?
   use a form of *ir + a +* infinitive

8. Las expresiones afirmativas y negativas

1. When you use a negative word (**nadie, nunca,** etc.) in a sentence, does it come before or after the verb?
   The negative word can go either before or after the verb.
2. When you use the word **no** and then a negative word in the same sentence, does **no** come before or after the verb?
   ***No* comes before the verb.**

   Where does the negative word come in these sentences?
   The negative word can go either before or after the verb.
3. Does the meaning change depending on where you put the negative word? (E.g., **Nadie** llama *versus* **No llama nadie.**)
   No, the meaning stays the same.

9. Un repaso de *ser* y *estar*

1. Why do you use a form of **ser** in the first sentence?
   because it is a characteristic that remains relatively constant
2. Why do you use a form of **estar** in the second sentence?
   because it describes a physical or personality characteristic that can change, or a change in condition

Capítulo 5

2. Los adjetivos demostrativos

1. When do you use **este, ese,** and **aquel**?
   when you want to point out *one* masculine person or object
2. When do you use **esta, esa,** and **aquella**?
   when you want to point out *one* feminine person or object
3. When do you use **estos, esos,** and **aquellos**?
   when you want to point out *two or more* masculine persons or objects, or a mix of masculine and feminine persons or objects
4. When do you use **estas, esas,** and **aquellas**?
   when you want to point out *two or more* feminine persons or objects

5. El presente progresivo

1. What is the infinitive of the first verb in each sentence that is in *italics*?
   estar
2. What are the infinitives of **haciendo, estudiando, escuchando, tocando, viendo,** and **escribiendo**?
   hacer, estudiar, escuchar, tocar, ver, escribir
3. How do you form the verb forms in **boldface**?
   Take the infinitive, drop the *-ar, -er,* or *-ir,* and add *-ando* or *-iendo*.
4. In this new tense, the *present progressive*, do any words come between the two parts of the verb?
   no
5. Therefore, your formula for forming the present progressive is:
   a form of the verb *estar* + a verb ending in *-ando* or *-iendo*

Capítulo 6

Major grammar points to be reviewed

1. Present tense of:
   Regular **-ar, -er, -ir** verbs
   Irregular verbs
   Stem-changing verbs **e → ie, e → i, o → ue, u → ue**
2. Future tense *ir + a +* **infinitive**
3. Use of direct object pronouns

4. Correctly using **ser** and **estar**
5. Correctly using **gustar**

Major vocabulary to be reviewed

1. The *Vocabulario activo* at the end of each chapter

Major cultural information to be reviewed

1. At least two facts about each of the feature countries
2. At least one point about each of the two culture presentations in each chapter

Capítulo 7

2. Repaso del complemento directo

1. What are direct objects?
   Direct objects receive the action of verbs, answering the questions *what* and *whom*.

   What are direct object pronouns?
   Direct object pronouns replace direct objects.
2. What are the pronouns (forms)? With what must they agree?
   The pronoun forms are *me, te, lo, la, nos, los, las*. They must agree with direct objects.
3. Where are direct object pronouns placed in a sentence?
   They are placed either before verbs or attached to infinitives, *-ando*, or *-iendo*.

3. El pretérito (Parte I)

1. What do you notice about the endings for **-er** and **-ir** verbs?
   They are the same.
2. Where are accent marks needed?
   Accent marks are needed on the *yo* and *él/ella/usted* forms.

Capítulo 8

2. Los pronombres de complemento indirecto

1. Who is buying the clothing?
   Mi madre.
2. Who is receiving the clothing?

   Mi madre **me** compra mucha ropa.
   I am receiving the clothes.
   Mi madre **te** compra mucha ropa.

You are receiving the clothes.
Mi madre **le** compra mucha ropa a usted.
You are receiving the clothes.
Mi madre **le** compra mucha ropa a mi hermano.
My brother is receiving the clothes.
Mi madre **nos** compra mucha ropa.
We are receiving the clothes.
Mi madre **os** compra mucha ropa.
You all are receiving the clothes.
Mi madre **les** compra mucha ropa a ustedes.
You all are receiving the clothes.
Mi madre **les** compra mucha ropa a mis hermanos.
My brothers are receiving the clothes.

¿Me (i.o.) traes la falda gris (d.o.)?

Will you bring me the gray skirt?

Su novio le (i.o.) regaló la chaqueta mas formal (d.o.).

Her boyfriend gave her the more formal jacket.

Mi hermana me (i.o.) compró la blusa elegante (d.o.).

My sister bought me the elegant blouse.

Nuestra compañera de cuarto nos (i.o.) lavó la ropa (d.o.).

Our roommate washed our clothes for us.

4. Los pronombres de complemento directo e indirecto usados juntos

1. You know that direct and indirect objects come after verbs. Where do you find direct and indirect object pronouns?
   before verbs or attached to infinitives or present participles

2. Reading from left to right, which pronoun comes first (direct or indirect)? Which pronoun comes second?
   The indirect object pronoun comes first, and the direct object pronoun comes second.

6. Las construcciones reflexivas

In each drawing:

Who is performing / doing the action?
   a. La fiesta
   b. Alberto
   c. Beatriz
   d. Raúl y Gloria
   e. Alberto
   f. Beatriz

Who or what is receiving the action?
   a. neighbors
   b. daughter
   c. car
   d. Raúl and Gloria
   e. Alberto
   f. Beatriz

Which of the drawings and captions demonstrate reflexive verbs?
the bottom row (Raúl y Gloria se despiertan. / Alberto se acuesta. / Beatriz se lava.)

Capítulo 10

3. Los mandatos formales

1. Where do the object pronouns appear in affirmative commands?
   attached to the command
   In negative commands?
   before the command and not attached

   In what order?
   i.o. / d.o.
2. Why are there written accents on some of the commands and not on others?
   because some commands would change pronunciation without the accent marks

5. Otras formas del posesivo

1. What is the position of each possessive in the left-hand column? the middle column?
   before the noun; after the noun
2. How do the possessive adjectives and pronouns agree?
   They agree in number and gender with the nouns they describe or replace.
3. What do the sentences mean in the column on the right?
   Mine works fine; Ours cost a lot; Where are yours? His/hers/yours is $100.

   What have you removed from the previous sentence?
   the noun

Capítulo 11

3. El subjuntivo

1. What is the difference between the subjunctive and the indicative moods?
   The subjunctive expresses concepts such as doubts, emotions, wishes, and desires. The indicative reports events and happenings.
2. What other verb forms look like the subjunctive?
   The *Usted* and *Ustedes* (formal) commands.
3. Where does the subjunctive verb come in relation to the word **que?**
   after the word *que*

Capítulo 12

Major grammar points to be reviewed

1. Past tenses:
   Regular and irregular preterit
   Regular and irregular imperfect
   Uses of the preterit and imperfect
2. Pronouns:
   Direct object
   Indirect object
   Reflexive
   Placement of pronouns

3. Commands:
   Informal affirmative and negative
   Formal affirmative and negative
4. Subjunctive:
   Formation
   Usage

Major vocabulary to be reviewed

1. The *Vocabulario activo* at the end of each chapter

Major cultural information to be reviewed

1. At least two facts about each of the feature countries
2. At least one point about each of the two culture presentations in each chapter

Verb Charts

Regular Verbs: Simple Tenses

Infinitive / Present Participle / Past Participle	Indicative					Subjunctive		Imperative
	Present	Imperfect	Preterit	Future	Conditional	Present	Imperfect	Commands
hablar hablando hablado	hablo hablas habla hablamos habláis hablan	hablaba hablabas hablaba hablábamos hablabais hablaban	hablé hablaste habló hablamos hablasteis hablaron	hablaré hablarás hablará hablaremos hablaréis hablarán	hablaría hablarías hablaría hablaríamos hablaríais hablarían	hable hables hable hablemos habléis hablen	hablara hablaras hablara habláramos hablarais hablaran	habla (tú), no hables hable (usted) hablemos hablad (vosotros), no habléis hablen (Uds.)
comer comiendo comido	como comes come comemos coméis comen	comía comías comía comíamos comíais comían	comí comiste comió comimos comisteis comieron	comeré comerás comerá comeremos comeréis comerán	comería comerías comería comeríamos comeríais comerían	coma comas coma comamos comáis coman	comiera comieras comiera comiéramos comierais comieran	come (tú), no comas coma (usted) comamos comed (vosotros), no comáis coman (Uds.)
vivir viviendo vivido	vivo vives vive vivimos vivís viven	vivía vivías vivía vivíamos vivíais vivían	viví viviste vivió vivimos vivisteis vivieron	viviré vivirás vivirá viviremos viviréis vivirán	viviría vivirías viviría viviríamos viviríais vivirían	viva vivas viva vivamos viváis vivan	viviera vivieras viviera viviéramos vivierais vivieran	vive (tú), no vivas viva (usted) vivamos vivid (vosotros), no viváis vivan (Uds.)

Regular Verbs: Perfect Tenses

	Indicative					Subjunctive	
	Present Perfect	Past Perfect	Preterit Perfect	Future Perfect	Conditional Perfect	Present Perfect	Past Perfect
	he	había	hube	habré	habría	haya	hubiera
	has	habías	hubiste	habrás	habrías	hayas	hubieras
	ha hablado	había hablado	hubo hablado	habrá hablado	habría hablado	haya hablado	hubiera hablado
	hemos comido	habíamos comido	hubimos comido	habremos comido	habríamos comido	hayamos comido	hubiéramos comido
	habéis vivido	habíais vivido	hubisteis vivido	habréis vivido	habríais vivido	hayáis vivido	hubierais vivido
	han	habían	hubieron	habrán	habrían	hayan	hubieran

Irregular Verbs

Infinitive / Present Participle / Past Participle	Indicative					Subjunctive		Imperative
	Present	Imperfect	Preterit	Future	Conditional	Present	Imperfect	Commands
andar andando andado	ando andas anda andamos andáis andan	andaba andabas andaba andábamos andabais andaban	anduve anduviste anduvo anduvimos anduvisteis anduvieron	andaré andarás andará andaremos andaréis andarán	andaría andarías andaría andaríamos andaríais andarían	ande andes ande andemos andéis anden	anduviera anduvieras anduviera anduviéramos anduvierais anduvieran	anda (tú), no andes ande (usted) andemos andad (vosotros), no andéis anden (Uds.)
caer cayendo caído	caigo caes cae caemos caéis caen	caía caías caía caíamos caíais caían	caí caíste cayó caímos caísteis cayeron	caeré caerás caerá caeremos caeréis caerán	caería caerías caería caeríamos caeríais caerían	caiga caigas caiga caigamos caigáis caigan	cayera cayeras cayera cayéramos cayerais cayeran	cae (tú), no caigas caiga (usted) caigamos caed (vosotros), no caigáis caigan (Uds.)
dar dando dado	doy das da damos dais dan	daba dabas daba dábamos dabais daban	di diste dio dimos disteis dieron	daré darás dará daremos daréis darán	daría darías daría daríamos daríais darían	dé des dé demos deis den	diera dieras diera diéramos dierais dieran	da (tú), no des dé (usted) demos dad (vosotros), no deis den (Uds.)
decir diciendo dicho	digo dices dice decimos decís dicen	decía decías decía decíamos decíais decían	dije dijiste dijo dijimos dijisteis dijeron	diré dirás dirá diremos diréis dirán	diría dirías diría diríamos diríais dirían	diga digas diga digamos digáis digan	dijera dijeras dijera dijéramos dijerais dijeran	di (tú), no digas diga (usted) digamos decid (vosotros), no digáis digan (Uds.)

Irregular Verbs (continued)

Infinitive / Present Participle / Past Participle	Indicative					Subjunctive		Imperative
	Present	Imperfect	Preterit	Future	Conditional	Present	Imperfect	Commands

estar
estando
estado
	estoy
	estás
	está
	estamos
	estáis
	están
		estaba
		estabas
		estaba
		estábamos
		estabais
		estaban
			estuve
			estuviste
			estuvo
			estuvimos
			estuvisteis
			estuvieron
				estaré
				estarás
				estará
				estaremos
				estaréis
				estarán
					estaría
					estarías
					estaría
					estaríamos
					estaríais
					estarían
						esté
						estés
						esté
						estemos
						estéis
						estén
							estuviera
							estuvieras
							estuviera
							estuviéramos
							estuvierais
							estuvieran
								está (tú),
								  no estés
								esté (usted)
								estemos
								estad (vosotros),
								  no estéis
								estén (Uds.)

haber habiendo habido	he has ha hemos habéis han	había habías había habíamos habíais habían	hube hubiste hubo hubimos hubisteis hubieron	habré habrás habrá habremos habréis habrán	habría habrías habría habríamos habríais habrían	haya hayas haya hayamos hayáis hayan	hubiera hubieras hubiera hubiéramos hubierais hubieran	

hacer
haciendo
hecho
	hago
	haces
	hace
	hacemos
	hacéis
	hacen
		hacía
		hacías
		hacía
		hacíamos
		hacíais
		hacían
			hice
			hiciste
			hizo
			hicimos
			hicisteis
			hicieron
				haré
				harás
				hará
				haremos
				haréis
				harán
					haría
					harías
					haría
					haríamos
					haríais
					harían
						haga
						hagas
						haga
						hagamos
						hagáis
						hagan
							hiciera
							hicieras
							hiciera
							hiciéramos
							hicierais
							hicieran
								haz (tú),
								  no hagas
								haga (usted)
								hagamos
								haced (vosotros),
								  no hagáis
								hagan (Uds.)

ir
yendo
ido
	voy
	vas
	va
	vamos
	vais
	van
		iba
		ibas
		iba
		íbamos
		ibais
		iban
			fui
			fuiste
			fue
			fuimos
			fuisteis
			fueron
				iré
				irás
				irá
				iremos
				iréis
				irán
					iría
					irías
					iría
					iríamos
					iríais
					irían
						vaya
						vayas
						vaya
						vayamos
						vayáis
						vayan
							fuera
							fueras
							fuera
							fuéramos
							fuerais
							fueran
								ve (tú),
								  no vayas
								vaya (usted)
								vamos,
								  no vayamos
								id (vosotros),
								  no vayáis
								vayan (Uds.)

oír
oyendo
oído
	oigo
	oyes
	oye
	oímos
	oís
	oyen
		oía
		oías
		oía
		oíamos
		oíais
		oían
			oí
			oíste
			oyó
			oímos
			oísteis
			oyeron
				oiré
				oirás
				oirá
				oiremos
				oiréis
				oirán
					oiría
					oirías
					oiría
					oiríamos
					oiríais
					oirían
						oiga
						oigas
						oiga
						oigamos
						oigáis
						oigan
							oyera
							oyeras
							oyera
							oyéramos
							oyerais
							oyeran
								oye (tú),
								  no oigas
								oiga (usted)
								oigamos
								oíd (vosotros),
								  no oigáis
								oigan (Uds.)

Infinitive / Present Participle / Past Participle	Indicative					Subjunctive		Imperative
	Present	Imperfect	Preterit	Future	Conditional	Present	Imperfect	Commands
poder / pudiendo / podido	puedo / puedes / puede / podemos / podéis / pueden	podía / podías / podía / podíamos / podíais / podían	pude / pudiste / pudo / pudimos / pudisteis / pudieron	podré / podrás / podrá / podremos / podréis / podrán	podría / podrías / podría / podríamos / podríais / podrían	pueda / puedas / pueda / podamos / podáis / puedan	pudiera / pudieras / pudiera / pudiéramos / pudierais / pudieran	
poner / poniendo / puesto	pongo / pones / pone / ponemos / ponéis / ponen	ponía / ponías / ponía / poníamos / poníais / ponían	puse / pusiste / puso / pusimos / pusisteis / pusieron	pondré / pondrás / pondrá / pondremos / pondréis / pondrán	pondría / pondrías / pondría / pondríamos / pondríais / pondrían	ponga / pongas / ponga / pongamos / pongáis / pongan	pusiera / pusieras / pusiera / pusiéramos / pusierais / pusieran	pon (tú), no pongas / ponga (usted) / pongamos / poned (vosotros), no pongáis / pongan (Uds.)
querer / queriendo / querido	quiero / quieres / quiere / queremos / queréis / quieren	quería / querías / quería / queríamos / queríais / querían	quise / quisiste / quiso / quisimos / quisisteis / quisieron	querré / querrás / querrá / querremos / querréis / querrán	querría / querrías / querría / querríamos / querríais / querrían	quiera / quieras / quiera / queramos / queráis / quieran	quisiera / quisieras / quisiera / quisiéramos / quisierais / quisieran	quiere (tú), no quieras / quiera (usted) / queramos / quered (vosotros), no queráis / quieran (Uds.)
saber / sabiendo / sabido	sé / sabes / sabe / sabemos / sabéis / saben	sabía / sabías / sabía / sabíamos / sabíais / sabían	supe / supiste / supo / supimos / supisteis / supieron	sabré / sabrás / sabrá / sabremos / sabréis / sabrán	sabría / sabrías / sabría / sabríamos / sabríais / sabrían	sepa / sepas / sepa / sepamos / sepáis / sepan	supiera / supieras / supiera / supiéramos / supierais / supieran	sabe (tú), no sepas / sepa (usted) / sepamos / sabed (vosotros), no sepáis / sepan (Uds.)
salir / saliendo / salido	salgo / sales / sale / salimos / salís / salen	salía / salías / salía / salíamos / salíais / salían	salí / saliste / salió / salimos / salisteis / salieron	saldré / saldrás / saldrá / saldremos / saldréis / saldrán	saldría / saldrías / saldría / saldríamos / saldríais / saldrían	salga / salgas / salga / salgamos / salgáis / salgan	saliera / salieras / saliera / saliéramos / salierais / salieran	sal (tú), no salgas / salga (usted) / salgamos / salid (vosotros), no salgáis / salgan (Uds.)

Infinitive / Present Participle / Past Participle	Indicative Present	Imperfect	Preterit	Future	Conditional	Subjunctive Present	Imperfect	Imperative Commands
ser siendo sido	soy eres es somos sois son	era eras era éramos erais eran	fui fuiste fue fuimos fuisteis fueron	seré serás será seremos seréis serán	sería serías sería seríamos seríais serían	sea seas sea seamos seáis sean	fuera fueras fuera fuéramos fuerais fueran	sé (tú), no seas sea (usted) seamos sed (vosotros), no seáis sean (Uds.)
tener teniendo tenido	tengo tienes tiene tenemos tenéis tienen	tenía tenías tenía teníamos teníais tenían	tuve tuviste tuvo tuvimos tuvisteis tuvieron	tendré tendrás tendrá tendremos tendréis tendrán	tendría tendrías tendría tendríamos tendríais tendrían	tenga tengas tenga tengamos tengáis tengan	tuviera tuvieras tuviera tuviéramos tuvierais tuvieran	ten (tú), no tengas tenga (usted) tengamos tened (vosotros), no tengáis tengan (Uds.)
traer trayendo traído	traigo traes trae traemos traéis traen	traía traías traía traíamos traíais traían	traje trajiste trajo trajimos trajisteis trajeron	traeré traerás traerá traeremos traeréis traerán	traería traerías traería traeríamos traeríais traerían	traiga traigas traiga traigamos traigáis traigan	trajera trajeras trajera trajéramos trajerais trajeran	trae (tú), no traigas traiga (usted) traigamos traed (vosotros), no traigáis traigan (Uds.)
venir viniendo venido	vengo vienes viene venimos venís vienen	venía venías venía veníamos veníais venían	vine viniste vino vinimos vinisteis vinieron	vendré vendrás vendrá vendremos vendréis vendrán	vendría vendrías vendría vendríamos vendríais vendrían	venga vengas venga vengamos vengáis vengan	viniera vinieras viniera viniéramos vinierais vinieran	ven (tú), no vengas venga (usted) vengamos venid (vosotros), no vengáis vengan (Uds.)
ver viendo visto	veo ves ve vemos veis ven	veía veías veía veíamos veíais veían	vi viste vio vimos visteis vieron	veré verás verá veremos veréis verán	vería verías vería veríamos veríais verían	vea veas vea veamos veáis vean	viera vieras viera viéramos vierais vieran	ve (tú), no veas vea (usted) veamos ved (vosotros), no veáis vean (Uds.)

Stem-Changing and Orthographic-Changing Verbs

Infinitive / Present Participle / Past Participle	Indicative Present	Imperfect	Preterit	Future	Conditional	Subjunctive Present	Imperfect	Imperative Commands
almorzar (ue) (c) almorzando almorzado	almuerzo almuerzas almuerza almorzamos almorzáis almuerzan	almorzaba almorzabas almorzaba almorzábamos almorzabais almorzaban	almorcé almorzaste almorzó almorzamos almorzasteis almorzaron	almorzaré almorzarás almorzará almorzaremos almorzaréis almorzarán	almorzaría almorzarías almorzaría almorzaríamos almorzaríais almorzarían	almuerce almuerces almuerce almorcemos almorcéis almuercen	almorzara almorzaras almorzara almorzáramos almorzarais almorzaran	almuerza (tú), no almuerces almuerce (usted) almorcemos almorzad (vosotros), no almorcéis almuercen (Uds.)
buscar (qu) buscando buscado	busco buscas busca buscamos buscáis buscan	buscaba buscabas buscaba buscábamos buscabais buscaban	busqué buscaste buscó buscamos buscasteis buscaron	buscaré buscarás buscará buscaremos buscaréis buscarán	buscaría buscarías buscaría buscaríamos buscaríais buscarían	busque busques busque busquemos busquéis busquen	buscara buscaras buscara buscáramos buscarais buscaran	busca (tú), no busques busque (usted) busquemos buscad (vosotros), no busquéis busquen (Uds.)
corregir (i, i) (j) corrigiendo corregido	corrijo corriges corrige corregimos corregís corrigen	corregía corregías corregía corregíamos corregíais corregían	corregí corregiste corrigió corregimos corregisteis corrigieron	corregiré corregirás corregirá corregiremos corregiréis corregirán	corregiría corregirías corregiría corregiríamos corregiríais corregirían	corrija corrijas corrija corrijamos corrijáis corrijan	corrigiera corrigieras corrigiera corrigiéramos corrigierais corrigieran	corrige (tú), no corrijas corrija (usted) corrijamos corregid (vosotros), no corrijáis corrijan (Uds.)
dormir (ue, u) durmiendo dormido	duermo duermes duerme dormimos dormís duermen	dormía dormías dormía dormíamos dormíais dormían	dormí dormiste durmió dormimos dormisteis durmieron	dormiré dormirás dormirá dormiremos dormiréis dormirán	dormiría dormirías dormiría dormiríamos dormiríais dormirían	duerma duermas duerma durmamos durmáis duerman	durmiera durmieras durmiera durmiéramos durmierais durmieran	duerme (tú), no duermas duerma (usted) durmamos dormid (vosotros), no durmáis duerman (Uds.)
incluir (y) incluyendo incluido	incluyo incluyes incluye incluimos incluís incluyen	incluía incluías incluía incluíamos incluíais incluían	incluí incluiste incluyó incluimos incluisteis incluyeron	incluiré incluirás incluirá incluiremos incluiréis incluirán	incluiría incluirías incluiría incluiríamos incluiríais incluirían	incluya incluyas incluya incluyamos incluyáis incluyan	incluyera incluyeras incluyera incluyéramos incluyerais incluyeran	incluye (tú), no incluyas incluya (usted) incluyamos incluid (vosotros), no incluyáis incluyan (Uds.)

Stem-Changing and Orthographic-Changing Verbs (continued)

Infinitive / Present Participle / Past Participle	Indicative					Subjunctive		Imperative
	Present	Imperfect	Preterit	Future	Conditional	Present	Imperfect	Commands
llegar (gu) / llegando / llegado	llego llegas llega llegamos llegáis llegan	llegaba llegabas llegaba llegábamos llegabais llegaban	llegué llegaste llegó llegamos llegasteis llegaron	llegaré llegarás llegará llegaremos llegaréis llegarán	llegaría llegarías llegaría llegaríamos llegaríais llegarían	llegue llegues llegue lleguemos lleguéis lleguen	llegara llegaras llegara llegáramos llegarais llegaran	llega (tú), no llegues llegue (usted) lleguemos llegad (vosotros), no lleguéis lleguen (Uds.)
pedir (i, i) / pidiendo / pedido	pido pides pide pedimos pedís piden	pedía pedías pedía pedíamos pedíais pedían	pedí pediste pidió pedimos pedisteis pidieron	pediré pedirás pedirá pediremos pediréis pedirán	pediría pedirías pediría pediríamos pediríais pedirían	pida pidas pida pidamos pidáis pidan	pidiera pidieras pidiera pidiéramos pidierais pidieran	pide (tú), no pidas pida (usted) pidamos pedid (vosotros), no pidáis pidan (Uds.)
pensar (ie) / pensando / pensado	pienso piensas piensa pensamos pensáis piensan	pensaba pensabas pensaba pensábamos pensabais pensaban	pensé pensaste pensó pensamos pensasteis pensaron	pensaré pensarás pensará pensaremos pensaréis pensarán	pensaría pensarías pensaría pensaríamos pensaríais pensarían	piense pienses piense pensemos penséis piensen	pensara pensaras pensara pensáramos pensarais pensaran	piensa (tú), no pienses piense (usted) pensemos pensad (vosotros), no penséis piensen (Uds.)
producir (zc) (j) / produciendo / producido	produzco produces produce producimos producís producen	producía producías producía producíamos producíais producían	produje produjiste produjo produjimos produjisteis produjeron	produciré producirás producirá produciremos produciréis producirán	produciría producirías produciría produciríamos produciríais producirían	produzca produzcas produzca produzcamos produzcáis produzcan	produjera produjeras produjera produjéramos produjerais produjeran	produce (tú), no produzcas produzca (usted) produzcamos producid (vosotros), no produzcáis produzcan (Uds.)
reír (i, i) / riendo / reído	río ríes ríe reímos reís ríen	reía reías reía reíamos reíais reían	reí reíste rio reímos reísteis rieron	reiré reirás reirá reiremos reiréis reirán	reiría reirías reiría reiríamos reiríais reirían	ría rías ría riamos riáis rían	riera rieras riera riéramos rierais rieran	ríe (tú), no rías ría (usted) riamos reíd (vosotros), no riáis rían (Uds.)

Stem-Changing and Orthographic-Changing Verbs (continued)

Infinitive Present Participle Past Participle	Indicative					Subjunctive		Imperative
	Present	Imperfect	Preterit	Future	Conditional	Present	Imperfect	Commands
seguir (i, i) (ga) siguiendo seguido	sigo sigues sigue seguimos seguís siguen	seguía seguías seguía seguíamos seguíais seguían	seguí seguiste siguió seguimos seguisteis siguieron	seguiré seguirás seguirá seguiremos seguiréis seguirán	seguiría seguirías seguiría seguiríamos seguiríais seguirían	siga sigas siga sigamos sigáis sigan	siguiera siguieras siguiera siguiéramos siguierais siguieran	sigue (tú), no sigas siga (usted) sigamos seguid (vosotros), no sigáis sigan (Uds.)
sentir (ie, i) sintiendo sentido	siento sientes siente sentimos sentís sienten	sentía sentías sentía sentíamos sentíais sentían	sentí sentiste sintió sentimos sentisteis sintieron	sentiré sentirás sentirá sentiremos sentiréis sentirán	sentiría sentirías sentiría sentiríamos sentiríais sentirían	sienta sientas sienta sintamos sintáis sientan	sintiera sintieras sintiera sintiéramos sintierais sintieran	siente (tú), no sientas sienta (usted) sintamos sentid (vosotros), no sintáis sientan (Uds.)
volver (ue) volviendo vuelto	vuelvo vuelves vuelve volvemos volvéis vuelven	volvía volvías volvía volvíamos volvíais volvían	volví volviste volvió volvimos volvisteis volvieron	volveré volverás volverá volveremos volveréis volverán	volvería volverías volvería volveríamos volveríais volverían	vuelva vuelvas vuelva volvamos volváis vuelvan	volviera volvieras volviera volviéramos volvierais volvieran	vuelve (tú), no vuelvas vuelva (usted) volvamos volved (vosotros), no volváis vuelvan (Uds.)

Appendix 3

También se dice...

Capítulo Preliminar A

Los saludos/*Greetings*

¿Cómo andas? *How are you doing?*
¿Cómo vas? *How are you doing?*
El gusto es mío. *Pleased to meet you; The pleasure is all mine.*
Hasta entonces. *Until then.*
¿Qué hubo? *How's it going? What's happening? What's new?*
¿Qué pasa? *How's it going? What's happening? What's new?*
¿Qué pasó? *How's it going? What's happening? What's new?*

Las despedidas/*Farewells*

Nos vemos. *See you.*
Que te vaya bien. *Hope everything goes well.*
Que tenga(s) un buen día. *Have a nice day.*
Vaya con Dios. *Go with God.*

Las presentaciones/*Introductions*

Me gustaría presentarle a... *I would like to introduce you to . . . (formal)*
Me gustaría presentarte a... *I would like to introduce you to . . . (familiar)*

Expresiones útiles para la clase/*Useful classroom expressions*

Preguntas y respuestas/*Questions and answers*
(No) entiendo. *I (don't) understand.*
¿Puede repetir, por favor? *Could you repeat, please?*

Expresiones de cortesía/*Polite expressions*
Muchas gracias. *Thank you very much.*
No hay de qué. *Not at all.*

Mandato para la clase/*Instruction for class*
Saque(n) un bolígrafo/papel/lápiz. *Take out a pen/a piece of paper/a pencil.*

Las nacionalidades/*Nationalities*

argentino/a *Argentinian*
boliviano/a *Bolivian*
chileno/a *Chilean*
colombiano/a *Colombian*
costarricense *Costa Rican*
dominicano/a *Dominican*
ecuatoriano/a *Ecuadorian*
guatemalteco/a *Guatemalan*
hondureño/a *Honduran*
nicaragüense *Nicaraguan*
panameño/a *Panamanian*
peruano/a *Peruvian*
uruguayo/a *Uruguayan*
venezolano/a *Venezuelan*

Expresiones del tiempo/*Weather expressions*

el arco iris *rainbow*
el chirimiri *drizzle (Spain)*
Está despejado. *It's clear.*
Hace fresco. *It's cool.*
Hay neblina/niebla. *It's foggy.*
la humedad *humidity*
los copos de nieve *snowflakes*
las gotas de lluvia *raindrops*
el granizo *hail*
el hielo *ice*
el huracán *hurricane*
la llovizna *drizzle*
el pronóstico *weather forecast*
el/los rayo/s, el relámpago *lightning*
la tormenta *storm*
el tornado *tornado*
el/los trueno/s *thunder*

Capítulo 1

La familia/*Family*

el/la ahijado/a *godchild*
el bisabuelo *great-grandfather*
la bisabuela *great-grandmother*
el/la cuñado/a *brother-in-law/sister-in-law*
la familia política *in-laws*
el/la hermanastro/a *stepbrother/stepsister*
el /la hijastro/a *stepson/stepdaughter*
el/la hijo/a único/a *only child*

la madrina *godmother*
el/la medio/a hermano/a *half brother/half sister*
los medios hermanos *half brothers and sisters*
la mami *Mommy; Mom (Latin America)*
el marido *husband*
la mujer *wife*
los nietos *grandchildren*
la nuera *daughter-in-law*
el padrino *godfather*

el papi *Daddy; Dad (Latin America)*
el pariente *relative*
el/la prometido/a *fiancé(e)*
los sobrinos *nieces and nephews*
el/la suegro/a *father-in-law/mother-in-law*
los suegros *in-laws*
la tatarabuela *great-great-grandmother*
el tatarabuelo *great-great-grandfather*
la tía abuela *great-aunt*
el tío abuelo *great-uncle*
el/la viudo/a *widower/widow*
el yerno *son-in-law*

Otra palabra útil/*Another useful word*
divorciado/a *divorced*

La gente/*People*
el bato *friend; guy (in SE USA slang)*
el/la chaval/a *young man/young woman (Spain)*
el chamaco *young man (Cuba, Honduras, Mexico, El Salvador)*
el/la fulano/a *unknown man/woman*

Los adjetivos/*Adjectives*

La personalidad y otros rasgos/*Personality and other characteristics*
amable *nice; kind*
bobo/a *stupid; silly*
el/la bromista *person who likes to play jokes*
cariñoso/a *loving; affectionate*
chistoso/a *funny*
cursi *pretentious; affected*
divertido/a *funny*
educado/a *well mannered; polite*

elegante *elegant*
empollón/ona *bookworm; nerd*
encantador/a *charming; lovely*
espabilado/a *smart; vivacious; alert (Latin America)*
frustrado/a *frustrated*
gracioso/a *funny*
grosero/a *unpleasant*
histérico/a *crazed*
impaciente *impatient*
indiferente *indifferent*
irresponsable *irresponsible*
malvado/a *evil; wicked*
majo/a *pretty; nice (Spain)*
mono/a *pretty; nice (Spain, Caribbean)*
odioso/a *unpleasant*
pesado/a *annoying person*
pijo/a *posh; snooty (Spain)*
progre *liberal; progressive (Spain)*
sabelotodo *know-it-all*
viejo/a *old*

Las características físicas/*Physical characteristics*
atlético/a *athletic*
bello/a *beautiful (Latin America)*
blando/a *soft*
esbelto/a *slender*
flaco/a *thin*
frágil *fragile*
hermoso/a *beautiful; lovely*
musculoso/a *muscular*
robusto/a *sturdy*

Otras palabras útiles/*Other useful words*
demasiado/a *too much*
suficiente *enough*

Capítulo 2

Las materias y las especialidades/*Subjects and majors*
la agronomía *agriculture*
la antropología *anthropology*
el cálculo *calculus*
las ciencias políticas *political sciences*
las comunicaciones *communications*
la contabilidad *accounting*
la economía *economics*
la educación física *physical education*
la enfermería *nursing*
la filosofía *philosophy*
la física *physics*
la geografía *geography*
la geología *geology*
la historia *history*
la ingeniería *engineering*
la literatura comparada *comparative literature*
el mercadeo *marketing (Latin America)*
la mercadotecnia (el márketing) *marketing (Spain)*

la medicina del deporte *sports medicine*
la química *chemistry*
los servicios sociales *social work*
la sociología *sociology*
la terapia física *physical therapy*

En la sala de clase/*In the classroom*
el aula *classroom*
el/la alumno/a *student*
la bombilla *light bulb*
la cámara proyectora *overhead camera*
el cielorraso *ceiling*
el enchufe *wall socket*
el interruptor *light switch*
las luces *lights*
el ordenador *computer (Spain)*
la pantalla *screen*
el proyector *projector*
la prueba *test*
el pupitre *student desk*

el rotulador *marker*
el sacapuntas *pencil sharpener*
el salón de clase *classroom*
el suelo *floor*
la tarima *dais; platform*

Los verbos/*Verbs*

apuntar *to point*
asistir a clase *to attend class*
beber *to drink*
entrar *to enter*
entregar *to hand in*
mirar *to look; to observe*
prestar atención *to pay attention*
repasar *to review*
responder *to answer*
sacar *to take out*
sacar buenas/malas notas *to get good/bad grades*
tomar apuntes *to take notes*

Las palabras interrogativas/*Interrogative words*

¿Con cuánto/a/os/as? *With how many . . . ?*
¿Con qué? *With what . . . ?*
¿Con quién? *With whom . . . ?*
¿De dónde? *From where . . . ?*
¿De qué? *About what . . . ?*
¿De quién? *Of whom . . . ?*

Emociones y estados/*Emotions and states of being*

agotado/a *exhausted*
agradable *nice*
alegre *happy*
asombrado/a *amazed; astonished*
asqueado/a *disgusted*
asustado/a *scared*
deprimido/a *depressed*
desanimado/a *discouraged; disheartened*
disgustado/a *upset*
dormido/a *sleepy*
emocionado/a *moved; touched*
entusiasmado/a *delighted*
fastidiado/a *annoyed; bothered*
ilusionado/a *thrilled*
optimista *optimistic*
pesimista *pessimistic*
retrasado/a *late*
sonriente *smiling*
soñoliento/a *sleepy (Spain)*

Los lugares/*Places*

el apartamento estudiantil *student apartment*
el campo de fútbol *football field*
el campus *campus*
la cancha de tenis/baloncesto *tennis/basketball court*
la/s casa/s de hermandad/es *fraternity and sorority housing*
el centro comercial *mall*
el comedor estudiantil *student dining hall*
la habitación *room*
la matrícula *registration*

el museo *museum*
la oficina de consejeros *guidance/advising office*
el supermercado *supermarket*
el teatro *theater*

La residencia/*The dorm*

los bafles *speakers (Spain)*
el calendario *calendar*
la cama *bed*
el iPod *iPod*
el Internet *Internet*
las literas *bunkbeds*
la llave *memory stick*
la mesita de noche *nightstand*
el móvil *cell phone (Spain)*
la redacción/la composición *essay*
la tarjeta de crédito *credit card*
la tarjeta de identidad; el carnet *ID card*
los videojuegos *video games*

Los deportes y los pasatiempos/*Sports and pastimes*

cazar *to hunt*
conversar con amigos *to talk with friends*
escalar *to go mountain climbing*
esquiar *to ski*
estar en forma *to be in shape*
hablar por teléfono *to talk on the phone*
hacer alpinismo *to go hiking*
hacer footing *to go jogging (Spain)*
hacer gimnasia *to exercise*
hacer senderismo *to hike*
hacer pilates *to do Pilates*
hacer yoga *to do yoga*
ir al centro comercial *to go the mall; to go downtown*
ir a fiestas *to go to parties*
ir a un partido de... *to go to a . . . game*
jugar al ajedrez *to play chess*
jugar al boliche *to bowl*
jugar al ráquetbol *to play racquetball*
jugar a videojuegos *to play video games*
levantar pesas *to lift weights*
ver videos *to watch videos*
montar a caballo *to go horseback riding*
pasear *to go out for a ride; to take a walk*
pasear en barco *to sail*
ir a navegar *to sail*
pescar *to fish*
practicar boxeo *to box*
practicar ciclismo *to cycle*
practicar lucha libre *to wrestle*
practicar las artes marciales *to do martial arts*
salir a cenar/comer *to go out to dinner/eat*
tirar un platillo volador *to throw a Frisbee*

Palabras asociadas con los deportes y los pasatiempos/*Words associated with sports and pastimes*

el/la aficionado/a *fan*
el bate *bat*

el campo *field*
los libros de…
    acción *action books*
    aventura *adventure books*
    cuentos cortos *short stories*
    ficción (ciencia-ficción) *fiction (science fiction)*
    horror *horror books*

    misterio *mystery books*
    romance *romance books*
    espías *spy books*
el palo de golf *golf club*
la pista *track*
la pista y el campo *track and field (Spain)*
la raqueta *racket*

Capítulo 3

La casa/*The house*

la alcoba *bedroom*
el armario empotrado *closet (Spain)*
el ático *attic*
la bodega *cellar*
la buhardilla *attic*
el clóset *closet (Latin America)*
el corredor *hall*
el cuarto *bedroom*
el despacho *office*
el desván *attic*
el pasillo *hallway*
el patio *patio; yard*
el placar *closet (Argentina)*
el portal *porch*
el porche *porch*
la recámara *bedroom (Mexico)*
el salón *salon; lounge; living room*
el tejado *roof*
la terraza *terrace; porch*
el vestíbulo *entrance hall*

En la sala y el comedor/*In the living room and dining room*

la banqueta/el banquillo *small seating stool*
la estantería *bookcase*
la mecedora *rocking chair*
la moqueta *carpet (Spain)*

En la cocina/*In the kitchen*

el congelador *deep freezer*
el friegaplatos *dishwasher*
el frigorífico *refrigerator (Spain)*
el horno *oven*
el lavavajillas *dishwasher (Spain)*
el taburete *bar stool*

Otras palabras/*Other words*

el aparato eléctrico *electric appliance*
la chimenea *chimney*
la cómoda *dresser*
las cortinas *curtains*
el espejo *mirror*
el fregadero *sink*
los gabinetes *cabinets*

la lavadora *washer*
la secadora *dryer*
el librero *bookcase (Mexico)*
la nevera *refrigerator*
las persianas *shutters; window blinds*

En el baño/*In the bathroom*

la cisterna *toilet water tank*
el espejo *mirror*
los grifos *faucets*
la jabonera *soap dish*
el toallero *towel rack*

En el dormitorio/*In the bedroom*

el edredón *comforter*
la frazada *blanket (Latin America)*

Los quehaceres de la casa/*Household chores*

barrer *to sweep*
cortar el césped *to cut the grass*
fregar los platos *to wash the dishes*
fregar los suelos *to clean the floors*
guardar la ropa *to put away clothes*
lavar la ropa *to do laundry*
ordenar *to put in order*
planchar la ropa *to iron*
quitar el polvo *to dust*
recoger *to clean up in general*
recoger la mesa *to clean up after a meal*
regar las plantas *to water the plants*
sacudir las alfombras *to shake out the rugs*
sacudir el polvo *to dust*

Expresiones con *tener*/*Expressions with* tener

tener celos *to be jealous*
tener novio/a *to have a boyfriend/girlfriend*

Los colores/*Colors*

color café *brown*
púrpura *purple (Spain)*
azul/verde claro *light blue/green*
azul/verde oscuro *dark blue/green*
rosa *pink (Spain)*

Capítulo 4

Lugares en una ciudad o pueblo/*Places in a city or town*

la alberca *swimming pool; sports complex (Mexico)*
el ambulatorio *medical center (not a hospital) (Spain)*
el aseo *public restroom*
la catedral *cathedral*
el campo de golf *golf course*
la capilla *chapel*
la clínica *clinic*
el consultorio *doctor's office*
el convento *convent*
la cuadra *block (Latin America)*
la ferretería *hardware store*
la fogata *bonfire*
la frutería *fruit store*
la fuente *fountain*
la gasolinera *gas station*

la heladería *ice cream shop*
la manzana *block (Spain)*
el mercadillo *open-air market*
la mezquita *mosque*
la papelería *stationary store*
la panadería *bread store*
la pastelería *pastry shop*
la pescadería *fish shop; fishmonger*
la piscina *pool*
el polideportivo *sports center*
el quiosco *newsstand*
los servicios *public restrooms*
la sinagoga *synagogue*
la tienda de juguetes *toy store*
la tienda de ropa *clothing store*
el zócalo *plaza (Mexico)*

Capítulo 5

El mundo de la música/*The world of music*

la musica...
　alternativa *alternative music*
　bluegrass *bluegrass music*
el coro *choir*
el cuarteto *quartet*
el equipo de cámara/sonido *camera/sound crew*
el/la mánager *manager*
el merengue *merengue*
la música popular *popular music*
el/la organista *organist*
la pandilla *gang; posse*
los/las seguidores/as *groupies*
el teclado *keyboard*

El mundo del cine/*The world of film*

Gente/*People*

el/la cinematógrafo/a *cinematographer*
el/la director/a *director*
el/la guionista *scriptwriter*

Las películas/*Movies*

el cortometraje *short (film)*
los dibujos animados *cartoons*
el guión *script*
el montaje *montage*

Capítulo 7

Las carnes y las aves/*Meats and poultry*

las aves de corral *poultry*
la carne de cerdo *pork*
la carne de cordero *lamb*
la carne de res *beef*
la carne molida *ground beef*
la carne picada *ground beef (Spain)*
el chorizo *highly seasoned pork sausage*
la chuleta *chop*
el chuletón *T-bone (Spain)*
el jamón serrano *prosciutto ham (Spain)*
el pavo *turkey*
la salchicha *sausage; hot dog*
el salchichón *spiced sausage (Spain)*
la ternera *veal*
el tocino *bacon*

El pescado y los mariscos/*Fish and seafood*

las almejas *clams*
las anchoas *anchovies*

los calamares *squid*
el cangrejo *crab*
el chillo *red snapper (Puerto Rico)*
las gambas *shrimp*
el huachinango *red snapper (Mexico)*
la langosta *lobster*
el lenguado *flounder*
la ostra *oyster*
el pulpo *octopus*
la sardina *sardines*

Las frutas/*Fruits*

el aguacate *avocado*
el albaricoque *apricot*
el ananá *pineapple (Latin America)*
el banano *banana; banana tree*
la cereza *cherry*
la china *orange (Puerto Rico)*
la ciruela *plum*
el durazno *peach*

la fresa *strawberry*
el melocotón *peach*
la papaya *papaya*
la piña *pineapple*
el pomelo *grapefruit*
la sandía *watermelon*
la toronja *grapefruit*

Las verduras/*Vegetables*

las aceitunas *olives*
la alcaparra *caper*
el apio *celery*
la berza *cabbage (Spain)*
el calabacín *zucchini*
la calabaza *squash; pumpkin*
los champiñones *mushrooms*
la col *cabbage*
la coliflor *cauliflower*
los espárragos *asparagus*
las espinacas *spinach*
los guisantes *peas*
las habichuelas *kidney beans*
los hongos *mushrooms (Latin America)*
la judías verdes *green beans*
el pepinillo *pickle*
el pepino *cucumber*
el pimiento *pepper*
el plátano *plantain*
el repollo *cabbage*
la salsa *sauce*
las setas *wild mushrooms (Spain)*
la zanahoria *carrot*

Los postres/*Desserts*

el arroz con leche *rice pudding*
la batida *milkshake*
el batido *milkshake (Spain)*
los bocaditos *bite-size sandwiches*
los bollos *sweet bread*
el bombón *sweets; candy*
el caramelo *sweets; candy*
los chocolates *chocolates*
los chuches *candies in general (Spain)*
la dona *donut*
el dónut *donut (Spain)*
el flan *caramel custard*
la natilla *custard*
los pastelitos *turnover; pastry; finger cakes*
la tarta *cake*

Las bebidas/*Beverages*

el champán *champagne*
la sidra *cider*
el zumo *juice (Spain)*

Más comidas/*More foods*

el ajo *garlic*
la avena *oatmeal*
el caldo *broth*
el consomé *clear soup*
los fideos *noodles (in soup)*
la harina *flour*

la jalea *jelly; marmalade (Spain, Puerto Rico)*
la margarina *margarine*
la miel *honey*
el pan dulce *sweet roll*
el panqueque *pancake*
las tortas americanas *pancakes (Spain)*

Las comidas/*Meals*

el aperitivo *appetizer*
las tapas *hors d'oeuvres*

Los condimentos y las especias/*Condiments and spices*

el aderezo *seasoning; dressing*
el aliño *seasoning; dressing (Spain)*

Algunos términos de la cocina/*Some cooking terms*

agregar *to add*
asar *to roast; to broil*
aumentar libras/kilos *to gain weight*
batir *to beat*
calentar *to heat*
derretir *to melt*
espesarse *to thicken*
freír *to fry*
mezclar *to mix*
revolver *to stir*
servir *to serve*
unir *to combine*
verter *to pour*

Otras palabras útiles/*Other useful words*

aclararse *to thin*
añadir *to add*
el batidor *beater*
la batidora *hand-held mixer*
la cacerola *saucepan*
cocer *to cook*
la copa *goblet; wine glass*
el cuenco *bowl; mixing bowl*
echar (algo) *to add*
el fuego (lento, mediano, alto) *(low, medium, high) heat*
la fuente *serving platter/dish*
el ingrediente *ingredient*
el kilogramo *kilogram (or 2.2 pounds)*
el nivel *level*
la olla *pot*
el pedazo *piece*
el platillo *saucer*
el plato hondo *bowl*
el plato sopero *soup bowl*
la receta *recipe*
recalentar *to reheat*
remover *to stir (Spain)*
la sartén *frying pan*
el/la sopero/a *soup serving bowl*

En el restaurante/*In the restaurant*

la cucharilla *teaspoon (Spain)*
el friegaplatos *dishwasher (person)*
el/la mesero/a *waiter/waitress (Latin America)*
el/la pinche *kitchen assistant*

Capítulo 8

La ropa y la joyería/*Clothing and jewelry*

el albornoz *bathrobe (Spain)*
las alpargatas *espadrille shoes (Spain)*
el anorak *rain-proof coat*
los aretes *earrings*
la bolsa *bag*
la bufanda *scarf*
la capa de agua *raincoat (Puerto Rico)*
la cartera *pocketbook, purse*
el chubasquero *raincoat (Spain)*
el collar *necklace*
la correa *belt*
el gorro *wool cap; hat*
los mahones *jeans (Puerto Rico)*
las pantallas *earrings (Puerto Rico)*
el peine *comb*
la peinilla *comb (Latin America)*
los pendientes *earrings*
la pulsera *bracelet*
la sombrilla *parasol; umbrella*
los vaqueros *jeans*
las zapatillas de tenis *sneakers; tennis shoes (Spain)*

Más palabras útiles/*More useful words*

de buena/mala calidad *good/poor quality*
de goma *(made of) rubber*
de lino *(made of) linen*
de manga corta/larga/media *short/long/half sleeve*

de nilón *nylon*
de oro *(made) of gold*
de plata *(made) of silver*
de platino *platinum*
de puntitos *polka dotted*

Para comprar ropa/*To go clothes shopping*

el escaparate *store window*
el/la dependiente/a *clerk*
la ganga *bargain*
la liquidación *clearance sale*
el maniquí *mannequin*
el mostrador *counter*
la oferta *offer; sale*
la rebaja *sale; discount*
el tacón alto/bajo *high/low heel*
la venta *clearance sale*
la vitrina *store window*
los zapatos planos/de cuña *flat/wedge shoes*

Algunos adjetivos/*Some adjectives*

amplio/a *wide*
apretado/a *tight*

Un verbo reflexivo/*A reflexive verb*

desvestirse (e → i → i) *to get undressed*

Capítulo 9

El cuerpo humano/*The human body*

la arteria *artery*
el cabello *hair*
la cadera *hip*
la ceja *eyebrow*
el cerebelo *cerebellum*
el cerebro *brain*
la cintura *waist*
el codo *elbow*
la costilla *rib*
la frente *forehead*
el hombro *shoulder*
el hueso *bone*
el labio *lip*
la lengua *tongue*
las mejillas *cheeks*
la muñeca *wrist*
el músculo *muscle*
el muslo *thigh*
los nervios *nerves*
la pestaña *eyelash*
la piel *skin*
el pulmón *lung*
la rodilla *knee*
el talón *heel*

el trasero *buttocks (Spain)*
el tobillo *ankle*
la uña *nail*
las venas *veins*

Algunas enfermedades/*Some illnesses*

el alcoholismo *alcoholism*
la alta tensión *high blood pressure*
el ataque del corazón *heart attack*
la baja tensión *low blood pressure*
el cáncer *cancer*
la depresión *depression*
la diabetes *diabetes*
el dolor de cabeza *headache*
el/la drogadicto/a *drug addict*
la hipertensión *high blood pressure*
el infarto *heart attack*
la inflamación *inflammation*
el mareo *dizziness*
la narcomanía *drug addiction*
la presión alta/baja *high/low blood pressure*
la quemadura *burn*
el sarampión *measles*
el SIDA *AIDS*
la varicela *chicken pox*

Otros verbos útiles/Other useful verbs

contagiarse de *to catch (an illness)*
desmayarse *to faint*
desvanecerse *to faint*
doblarse *to sprain*
enyesar *to put on a cast*
fracturar(se) *to break; to fracture*
hacer gárgaras *to gargle*
hinchar *to swell*
pegársele *to catch something*
recetar *to prescribe*
respirar *to breathe*
sacar la sangre *to draw blood*
tomarle la presión *to take someone's blood pressure*
tomarle el pulso *to take someone's pulse*
tomarle la temperatura *to check someone's temperature*
torcerse *to sprain*
vomitar *to vomit*

la camilla *stretcher*
la cura *cure*
la dosis *dosage*
la enfermedad *illness*
las gotas para los ojos *eyedrops*
los medicamentos *medicines*
las muletas *crutches*
operar *to operate*
el/la paciente *patient*
la penicilina *penicillin*
el pulso *pulse*
las pruebas médicas *medical tests*
la radiografía *X-ray*
el resultado *result*
retorcerse *to sprain*
el termómetro *thermometer*
la tirita *bandage*
la vacuna *vaccination*

Otras palabras útiles/Other useful words

las alergias *allergies*
el antihistamínico *antihistamine*

Capítulo 10

El transporte y otras palabras/Transportation and other words

el aparcamiento *parking lot*
el atasco *traffic jam*
el billete *ticket*
el camino *dirt road*
el camión *bus (Mexico)*
la camioneta *pickup truck; van; station wagon*
el carnet *driver's license (Spain)*
la carretera *highway*
enviar *to send; to dispatch*
la goma *tire (Latin America)*
la guagua *bus (Caribbean)*
el guía *steering wheel*
el paso de peatones *crosswalk*
el seguro del coche *car insurance*
el tiquete *ticket*
la velocidad *speed*

Algunas partes de un vehículo/Some parts of a car

el acelerador *accelerator; gas pedal*
el cinturón de seguridad *seat belt*
el claxon *horn*
el espejo retrovisor *rearview mirror*
los frenos *brakes*
las luces *lights*

el maletero *car trunk (Spain)*
el parachoques *bumper*
la transmisión *transmission*

Un verbo útil/A useful verb

perderse *to get lost*

El viaje/Travel

los cheques de viajero *traveler's checks*
la dirección *address*
el equipaje *luggage*
la estampilla *(postage) stamp*
la oficina de turismo *tourist office*
el paquete *package*
el pasaje de ida y vuelta *round-trip ticket*
los pasajes *(travel) tickets*
el sobre *the envelope*

El hotel/The hotel

el/la camarero/a *service maid*
el/la guardia de seguridad *security guard*
el/la portero/a *doorman/woman*
el/la recepcionista *receptionist*
el servicio *room service (cleaning)*
el/la telefonista *telephone operator*

Capítulo 11

Algunos animales/*Some animals*

la abeja *bee*
la ardilla *squirrel*
la ballena *whale*
la cabra *goat*
el cangrejo *crab*
el ciervo *deer*
el cochino *pig*
la culebra *snake*
el dinosaurio *dinosaur*
la foca *seal*
el gallo *rooster*
el gorila *gorilla*
la iguana *iguana*
la jirafa *giraffe*
el lobo *wolf*
el loro *parrot*
la mariposa *butterfly*
el marrano *pig*
el mono *monkey*
el nido *nest*
la oveja *sheep*
la paloma *pigeon; dove*
el pato *duck*
el puerco *pig*
el pulpo *octopus*
el puma *puma*
el rinoceronte *rhinoceros*
el saltamontes *grasshopper*
el tiburón *shark*
el tigre *tiger*
la tortuga *turtle*
el venado *deer*
el zorro *fox*

El medio ambiente/*The environment*

el aerosol *aerosol*
el agua subterránea *ground water*
la Antártida *Antarctica*
el Ártico *the Arctic*
la atmósfera *atmosphere*
el aumento *increase*
el bióxido de carbono *carbon dioxide*
el carbón *coal*
el central nuclear *nuclear plant*
el clorofluorocarbono *chlorofluorocarbon*
el combustible fósil *fossil fuel*
la cosecha *crop; harvest*
la descomposición *decomposition*
el desperdicio de patio *yard waste*
el ecosistema *ecosystem*
la energía *energy*
la energía eólica (molinos de viento) *wind power (windmills)*

la industria *industry*
insoportable *unbearable; unsustainable*
el medio ambiente *environment*
el oxígeno *oxygen*
el país *country*
el pesticida *pesticide*
el petróleo *petroleum*
la piedra *rock; stone*
las placas solares *solar panels*
la planta eléctrica *power plant*
el plomo *lead*
el polvo *dust*
el rayo de sol *ray of sunlight*
el rayo ultravioleta *ultraviolet ray*
el riesgo *risk*

Algunos verbos/*Some verbs*

atrapar *to trap*
conseguir *to achieve*
corroer *to corrode*
dañar *to damage*
desarrollar *to evolve; to develop*
descongelarse *to melt; melt down*
destruir *to destroy*
hacer huelga *to go on strike*
hundirse *to sink*
luchar en contra *to fight against*
prevenir *to prevent*
realizar *to achieve*
tirar *to throw away (Spain)*

La política/*Politics*

la constitución *constitution*
la ciudadanía *citizenship*
el/la ciudadano/a *citizen*
el/la congresista *congressman/woman*
el gobierno *the government*
la monarquía constitucional *constitutional monarchy*
el paro general *general strike*
el/la primer/a ministro/a *prime minister*
el/la secretario/a de estado *secretary of state*

Las cuestiones políticas/*Political issues*

el aborto *abortion*
el abuso de menores *child abuse*
el derecho de trabajadores *workers' rights*
la eutanasia *euthanasia*
el genocidio *genocide*
la inmigración ilegal *illegal immigration*
la pena capital *death penalty*
la seguridad social *social security*
la violencia doméstica *domestic violence*

Appendix 4

Spanish-English Glossary

A

a to; at (**11**); ~ **cambio** in exchange (**4**, PB); ~ **eso de** around (**7**); ~ **fin de** in order to (**11**); ~ **la derecha (de)** to the right (of) (**3, 11**); ~ **la izquierda (de)** to the left (of) (**3, 11**); ~ **la parrilla** grilled (**7**); ~ **mano** on hand (**10**); ~ **menudo** often (**2, 3**); ¿~ **qué hora...?** At what time? (**PA**); ~ **veces** sometimes; from time to time (**2, 3, 4**); ~ **ver** let's see (**2**)

abarcar to encompass (**5**)

Abra(n) el libro en la página... Open your book to page . . . (**PA**)

abrazo, el hug (**PA**)

abrigo, el coat; overcoat (**3, 8**)

abrir to open (**2**)

abuelo/a, el/la grandfather/grandmother (**1**)

abuelos, los grandparents (**1**)

aburrido/a boring; bored (*with* **estar**) (**1, 2, 5**)

acabar con end (**4**)

acabar de + infinitivo to have just finished + (*something*) (**3, 9**)

aceite, el oil (**7**)

acerca de about (**11**)

acercar to approach (**8**)

acierto, el match (**11**)

acompañar to accompany (**6**)

acordarse (o, ue) de to remember (**8**)

acostarse (o, ue) to go to bed (**8**)

actor, el actor (**5**)

actriz, la actress (**5**)

además de furthermore; in addition to (**2, 7**)

Adiós. Good-bye. (**PA**)

adivinar to guess (**7**)

adjetivos, los adjectives (**1**)

administración de empresas, la business (**2**)

¿Adónde? To where? (**2**)

advertir to warn (**8**)

aerolínea, la airline (**10**)

aeropuerto, el airport (**10**)

afeitarse to shave (**8**)

aficionado/a, el/la fan (**5**)

afuera de outside of (**11**)

afueras, las outskirts (**3**)

agencia de viajes, la travel agency (**6, 10**)

agente de viajes, el/la travel agent (**10**)

agua, el water; ~ **(con hielo)** water (with ice) (**5, 7**); ~ **dulce** fresh water (**5**)

ahora now (**PB**)

aire, el air (**11**); ~ **acondicionado** air conditioning (**10**)

al horno baked (**7**)

al lado (de) beside; next to (**3, 11**)

alborotado/a stirred up (**11**)

alcalde, el mayor (**11**)

alcaldesa, la mayor (**11**)

alebrijes, los painted wooden animals (**2**)

alemán/alemana German (**PA**)

alfabetización, la literacy (**8**)

alfombra, la rug; carpet (**3**)

algo something; anything (**4**, PB)

algodón, el cotton (**8**)

alguien someone (**4**)

algún some; any (**4**)

alguno/a/os/as some; any (**3, 4**)

allá over there (*and potentially not visible*) (**6**)

allí there / over there (**4, 6**)

almacén, el department store (**4**)

almohada, la pillow (**3**)

almorzar (ue) to have lunch (**4, 7**)

almuerzo, el lunch (**7**)

alpargatas, las espadrilles (**8**)

altillo, el attic (**3**)

altiplano, el high plateau (**9**)

alto/a tall (**1**)

aluminio, el aluminum (**11**)

amarillo yellow (**3**)

ambulante roving (**4**)

amenaza, la threat (**8**)

amenazada endangered (**7**)

amigo/a, el/la friend (**1**)

amor, el love (**4**)

amueblado/a furnished (**3**)

anaranjado orange (**3**)

ancho wide (**7, 8**)

andar to walk (**7**)

anillo, el ring (**5**)

animada animated (**5**)

animal, el animal (**11**); ~ **doméstico** domesticated animal; pet (**11**); ~ **en peligro de extinción** endangered species (**11**); ~ **salvaje** wild animal (**11**)

año pasado, el last year (**7**)

anoche last night (**7**)

ante before (**6**)

anteayer the day before yesterday (**7**)

anterior previous (**5**)

antes de before (time/space) (**11**)

antiácido, el antacid (**9**)

antibiótico, el antibiotic (**9**)

antiguo/a old (**3**)

antipático/a unpleasant (**1**)

anuncio, el ad (**3**)

apartamento, el apartment (**2**)

apasionado/a passionate (**5**)

apéndice, el appendix (**4**)

apodo, el nickname (**5**)

apoyar to support (**5**, PB, **11**); ~ **a un/a candidato/a** to support a candidate (**4**)

aprender to learn (**2**)

aprobado/a approved (**10**)

apuntes, los (*pl.*) notes (**2**)

aquel/la that, that one (*way over there/not visible*) (**5**)

aquellos/as that, those (*way over there/not visible*); those ones (**5**)

aquí here (**6**)

árbol, el tree (**11**)

arbusto, el bush; shrub (**7**)

armario, el armoire; closet; cabinet (**3**)

arquitectura, la architecture (**2**)

arreglar to straighten up; to fix (**3**); ~**se** to get ready (**8**); ~ **la maleta** to pack a suitcase (**10**)

arroz, el rice (**7**)

arte, el art (**2**)

artículo, el article (**1**); ~ **definido** definite article (**1**); ~ **indefinido** indefinite article (**1**)

artista, el/la artist (**5**)
asado/a roasted; grilled (**7**)
áspero/a rough (**11**)
aspirina, la aspirin (**9**)
asunto, el matter (**6**)
asustado/a frightened (**7**)
asustar to scare (**9**)
atender to wait on (**9**)
aterredor/a frightening (**9**)
atletismo, el track and field (**2**)
atrevido/a daring (**8**)
atún, el tuna (**7**)
aumentar to grow (**11**)
autobús, el bus (**10**)
autopista, la highway; freeway (**10**)
ave, el bird (**11**)
averiguar to find out (**4, PB**)
aves, las poultry (**7**)
avión, el airplane (**10**)
ayer yesterday (**7**)
ayudante, el/la assistant (**5**)
ayudar to help (**3**); **~ a las personas mayores/los mayores** to help elderly people (**4**)
azotar to whip (**11**)
azúcar, el sugar (**7**)
azul blue (**3**)

B

bailar to dance (**2**)
bajar (de) to get down (from); to get off (of) (**10**)
bajo/a short (**1**)
balcón, el balcony (**3**)
banana, la banana (**7**)
bañarse to bathe (**8**)
banco, el bank (**4**)
bañera, la bathtub (**3**)
baño, el bathroom (**3**)
bar, el bar (**4**)
barato/a cheap (**7**)
barco, el boat (**4, 10, PB**)
barro negro, el black clay (**2**)
Bastante bien. Just fine. (**PA**)
basura, la garbage (**11**)
bata, la robe (**8**)
batata, la yam (**7**)
batería, la drums (**5**)
baterista, el/la drummer (**5**)
baúl, el trunk (**10**)
beber to drink (**7**)
bebida, la beverage (**7, PB**)
beige beige (**3**)
bella beautiful (**4**)
besito, el little kiss (**PA**)

biblioteca, la library (**2**)
bicicleta, la bicycle (**10**)
bidet, el bidet (**3**)
bien: bien cocido/a well done (**7**); **~ hecho/a** well cooked (**7**); **~, gracias.** Fine, thanks. (**PA**)
bienestar, el well-being; welfare (**11**)
biología, la biology (**2**)
bistec, el steak (**7**)
blanco white (**3**)
blusa, la blouse (**8**)
boca, la mouth (**9**)
boda, la wedding (**4, 6**)
boleto, el ticket (**8, 10**); **~ de ida y vuelta** round-trip ticket (**10**)
bolígrafo, el ballpoint pen (**2**)
bolso, el purse (**8**)
bondadoso/a kind (**11**)
bonito/a pretty (**1**)
borrador, el eraser (**2**)
bosque, el forest (**11**)
botar to throw away (**11**)
botas, las (*pl.*) boots (**8**)
botella, la bottle (**11**)
botones, el bellman (**10**)
brazo, el arm (**9**)
broma, la joke (**3, 8**)
buceo, el scuba diving (**4**)
¡Buen provecho! Enjoy your meal! (**7**)
bueno/a good (**1, 10**)
Buenos días. Good morning. (**PA**)
Buenas noches. Good evening. (**PA**)
Buenas tardes. Good afternoon. (**PA**)
bufanda, la scarf (**9**)
bullicio, el hubbub (**4**)
buscar to look for (**4**)

C

caballo, el horse (**11**)
cabeza, la head (**9**)
cada each (**3**)
cadena, la chain (**3**)
caer(se) to fall down (**9**)
café, el café (**4, 7**)
cafetería, la cafeteria (**2**)
caja, la (de cartón) (cardboard) box (**11**)
cajero automático, el ATM (**4**)
calcetines, los (*pl.*) socks (**8**)
calculadora, la calculator (**2**)
calefacción, la heat (**10**)
calidad, la quality (**11**)

caliente hot (temperature) (**7**)
callarse to get / keep quiet (**8**)
calle, la street (**3, 10**)
cama, la bed (**3**)
camarero/a, el/la waiter/waitress (**7**); housekeeper (**10**)
camarones, los (*pl.*) shrimp (**7**)
cambiar to change (**10**)
caminar to walk (**2**); to walk; to go on foot (**10**)
camión, el truck (**10**)
camisa, la T-shirt (**5**); shirt (**8**)
camiseta, la T-shirt (**8**)
campamento de niños, el summer camp (**4**)
campaña, la campaign (**11**)
campo, el country (**3**)
canadiense Canadian (**PA**)
candidato/a, el/la candidate (**11**)
cansado/a tired (**2**)
cantante, el/la singer (**5**)
capa de ozono, la ozone layer (**11**)
capítulo, el chapter (**5**)
cara, la face (**9**)
cargos, los posts (**11**)
carne, la meat (**7**); **~ de cerdo** pork (**7**)
caro/a expensive (**4, 7**)
carro, el car (**10**)
casa, la house (**3**)
casado/a married (**1**)
cascada, la waterfall (**10**)
castillo, el castle (**3**)
catarro, el cold (**9**)
catorce fourteen (**PA**)
cebolla, la onion (**7**)
cena, la dinner (**7**)
cenar to have dinner (**7**)
centro, el downtown (**4**); **~ comercial** mall; business/ shopping district (**4**); **~ estudiantil** student center; student union (**2**)
cepillarse (el pelo, los dientes) to brush (one's hair, teeth) (**8**)
cerca (de) near (**2, 7, 11**)
cerdo, el pig (**11**)
cereal, el cereal (**7**)
cero zero (**PA**)
cerrar (ie) to close (**4**)
cerveza, la beer (**7**)
cestería, la basket making (**2**)
chamán, el shaman (**9**)
Chao. Bye. (**PA**)
chaqueta, la jacket (**8**)
chico/a, el/la boy/girl (**1**)

chile, el chili pepper (7)

chino/a Chinese (PA)

cibercafé, el Internet café (4)

cielo, el sky; heaven (11)

cien one hundred (2); ~ mil one hundred thousand (3); ~ millones one hundred million (3); ~ one hundred (1)

ciencias, las (pl.) science (2)

Cierre(n) el/los libros/s. Close your book/s. (PA)

cierto/a true (4)

cinco five (PA)

cincuenta fifty (1)

cine, el movie theater (4)

cintura, la waist (9); de la ~ para arriba from the waist up (9)

cinturón, el belt (8)

circular una petición to circulate a petition (4)

cita, la appointment (4, PB)

ciudad, la city (3, 4)

claro/a light (colored) (8)

cliente/a, el/la customer; client (7)

club, el club (4); ~ de campo country club (4)

coche, el car (8, 10)

cocido/a boiled; baked (7)

cocina, la kitchen (3)

cocinar to cook (7)

cocinero/a, el/la chef (4, 7)

cognado, el cognate (PA)

cola, la line (of people) (10)

colcha, la bedspread; comforter (3)

colgar to hang up (7)

colibrí, el hummingbird (11)

color, el color (3)

combatir to fight; to combat (11)

comedor, el dining room (3)

comenzar (ie) to begin (4)

comer to eat (2)

cómico/a funny; comical (1)

comida, la food; meal (7, PB)

¿Cómo? What? How? (PA, 2); ¿~ está usted? How are you? (for.) (PA); ¿~ estas? How are you? (fam.) (PA); ¿~ se dice... en españól? How do you say . . . in Spanish? (PA); ¿~ se llama usted? What is your name? (for.) (PA); ¿~ te llamas? What is your name? (fam.) (PA)

como like (5)

cómodo/a comfortable (8)

compañero/a de clase, el/la classmate (2)

compartir share (3, 5)

composición, la composition (2)

comprar to buy (2)

comprender to understand (2)

Comprendo. I understand. (PA)

computadora, la computer (2)

con with (11)

concierto, el concert (5)

concurso, el contest (3)

condimento, el condiment; seasoning (7)

conducción, la driving (10)

conducir to drive (7, 8, 10)

conejo, el rabbit (11)

congreso, el congress (11)

conjunto, el group; band (5); outfit (8)

conmigo with me (9)

conmovedora moving (5)

conocer to be acquainted with (3)

consejo, el advice (5)

contaminación, la pollution (11)

contaminar to pollute (11)

contar to narrate (9)

contemporáneo/a contemporary (3)

contento/a content; happy (2)

contestar to answer (2)

Conteste(n). Answer. (PA)

contigo with you (9)

corazón, el heart (9)

corbata, la tie (8)

cordillera, la mountain range (11)

corregir to correct (3, 10)

correo basura, el spam (3)

correos, el post office (4)

correr to run (2)

cortar(se) to cut (oneself) (9)

corte, la court (11)

cortejo, el courting (7)

corto/a short (8)

cosa, la thing (3)

cosecha, la crop (7)

costar (ue) to cost (4)

costurero/a, el/la tailor/ seamstress (8)

crear create (4)

creativa creative (5)

creer to believe (2)

crucero, el cruise ship (5)

crudo/a rare; raw (7)

cuaderno, el notebook (2)

cuadro, el picture; painting (3, 5)

cual which (11)

¿Cuál? Which (one)? (2); ¿~ es la fecha de hoy? What is today's date? (PA)

cualquier whatever (8)

¿Cuándo? When? (2)

¿Cuánto/a? How much?, How many? (2)

cuarenta forty (1)

cuarto, el room (2, 3); ~ doble double room (10); ~ individual single room (10)

cuarto/a fourth (5)

cuatro four (PA)

cuatrocientos four hundred (2)

cubano/a Cuban (PA)

cubrir to cover (8)

cuchara, la soup spoon; tablespoon (7)

cucharada, la spoonful (7)

cucharita, la teaspoon (7)

cuchillo, el knife (7)

cuello, el neck (9)

cuenta, la bill; account (4)

cuero, el leather (8)

cuerpo humano, el human body (9)

cuestiones políticas, las political issues (11)

cueva, la cave (11)

cuidadoso/a careful (5)

cuidar to take care of (3, 11)

culpable, el/la guilty (8)

curandero/a, el/la folk healer (4)

curar(se) to cure; to be cured (9)

curita, la adhesive bandage (9)

curso, el course (2)

D

dañar to hurt (11)

dar to give (3); to find (2); ~ un concierto to give/perform a concert (5); ~ vida give life (5)

de of; from; about (11); ~ cuadros checked (8); ¿~ dónde? From where? (2); ~ la mañana in the morning (PA); ~ la noche in the evening (PA); ~ la tarde in the afternoon (PA); ~ lunares polka-dotted (8); ~ nada. You're welcome. (PA); ¿~ qué se trata... ? What is the gist of . . . ? (8); ~ rayas striped (8); ~ repente suddenly (PB); ~ suspenso suspenseful (5)

debajo (de) under; underneath (7, 11)

deber, el obligation; duty (4); ~ ought to; should (4)

débil weak (1)

décimo/a tenth (**5**)

decir to say; to tell (**3**)

dedo, el (de la mano) finger (**9**); ~ (del pie) toe (**9**)

defensa, la defense (**11**)

dejar to leave (**10**)

delante de in front of (**11**)

delgado/a thin (**1**)

delincuencia, la crime (**11**)

demás, los others (**4**)

democracia, la democracy (**11**)

demostrar (ue) to demonstrate (**4**)

dentro de inside of (**11**)

deporte, el sport (**2**)

derecho, el law (**2**)

derrame de petróleo, el oil spill (**11**)

desaparecer to disappear (**5**)

desaparecido/a missing (**9**)

desastre, el disaster (**11**)

desayunar to have breakfast (**7**)

desayuno, el breakfast (**7**)

descansar to rest (**7**)

desde from (**11**)

desempleo, el unemployment (**11**)

desfile de moda, el fashion show (**8**)

desilusionar to disappoint (**9**)

desordenado/a messy (**3**)

despedida, la farewell (**PA**)

despertador, el alarm clock (**2**)

despertarse (e, ie) to wake up; to awaken (**8**)

después afterward (**6**); after (**11**)

destacar stand out (**5**); to distinguish (**7**)

destino, el destination (**8**)

destrucción, la destruction (**11**)

destruir to destroy (**5**)

detrás (de) behind (**4, 11**)

deuda, la (externa) (foreign) debt (**11**)

devolver (ue) to return (an object) (**4**)

día, el day (**PA**); ~ festivo holiday (**7**)

dibujo, el drawing (**3**)

dictador/a, el/la dictator (**11**)

dictadura, la dictatorship (**11**)

diente, el tooth (**9**)

diez ten (**PA**)

difícil difficult (**2**)

dinero, el money (**2**)

diputado/a, el/la deputy; representative (**11**)

disco compacto, el (el CD) compact disk, CD (**2**)

discurso, el speech (**11**)

discutir to discuss (**PB**)

diseñador/a, el/la designer (**8**)

disfrutar de enjoy (**4, PB**)

distraer to distract (**5**)

divertirse (e, ie) to enjoy oneself; to have fun (**8**)

dividido por divided by (**1**)

doblar to turn (**10**)

doce twelve (**PA**)

doctor/a, el/la doctor (**9**)

doler (ue) to hurt (**9**)

dolor, el pain (**9**)

domingo, el Sunday (**PA**)

dona, la donut (**10**)

¿Dónde? Where? (**2**)

dormir (ue) to sleep (**4**); ~se (o, ue) to fall asleep (**8**)

dormitorio, el bedroom (**3**)

dos two (**PA**)

dos millones two million (**3**)

doscientos two hundred (**2**)

ducha, la shower (**3**)

ducharse to shower (**8**)

dulce, el candy; sweets (**7**)

durante during (**PB**)

durar to last (**9, 11**)

duro/a hard-boiled (**7**)

DVD, el (*pl.* los DVD) DVD/s (**2**)

E

echar una siesta take a nap (**PB**)

ecología, la ecology (**11**)

edificio, el building (**2**)

efecto invernadero, el global warming (**11**)

ejército, el army (**5**)

él he, him (**PA, 11**)

el/la/los/las the (**1**)

elecciones, las elections (**11**)

elefante, el elephant (**11**)

elegante elegant (**8**)

elegir to elect (**11**)

ella she (**PA**); her (**11**)

ellos/as they (**PA**); them (**11**)

emanar to emanate (**11**)

embarazada pregnant (**9**)

embriaguez, el intoxication (**10**)

emocionante moving (**5**)

emociones, las emotions (**2**)

empanada, la turnover (meat) (**7**)

empezar (ie) to begin (**4**)

empleado/a, el/la attendant (**12**)

empresario/a, el/la agent; manager (**5**)

en in (**11**); ~ frente de in front of (**2**); ~ vez de instead of (**8**)

encantar to love; to like very much (**8**)

Encantado/Encantada. Pleased to meet you. (**PA**)

encender to turn on (**9**)

encerrar (ie) to enclose (**4**)

encima (de) on top (of); above (**3, 7, 11**)

encontrar (ue) to find (**4**)

encubierto/a undercover (**11**)

encuesta, la survey; poll (**11**)

endémico/a common (**11**)

enfermar(se) to get sick (**9**)

enfermedad illness (**9**)

enfermero/a, el/la nurse (**9**)

enfermo/a ill; sick (**2**)

enfrente (de) in front (of) (**4**); across from; facing (**11**)

enojado/a angry (**2**)

ensalada, la salad (**7**)

ensayar to practice/rehearse (**5**)

ensayo, el essay (**2**)

enseñar to teach; to show (**2**)

entender (ie) to understand (**4**)

enterar to find out (**8, 10**)

entonces then (**6**)

entrada, la ticket (**5**); ~ gratis free ticket (**5**); ~ entrance (**5**)

entrar to enter (**10**); ~ ganas get the urge (**9**)

entre among; between (**4, PB, 11**)

entregar to turn in (**7**)

entretenerse to entertain oneself (**8**)

entretenido/a entertaining (**5**)

entrevista, la interview (**3**)

envolver to wrap (**7**)

épica epic (**5**)

equipaje, el luggage (**10**)

equipo, el team (**2**)

equivocarse to be mistaken (**9**)

es: ~ la... It's . . . o'clock. (**PA**); ~ necesario que it's necessary that (**11**); ~ una lástima it's a shame (**11**)

escalera, la staircase (**3, 11**)

esconder to hide (**8**)

escribir to write (**2**)

Escriba(n). Write. (**PA**)

escritorio, el desk (**2**)

escuchar: escuchar música to listen to music (**2**)

Escuche(n). Listen. (**PA**)

escuela secundaria, la high school (**9**)

ese/a that, that one (**5**)

esos/as those over there; those ones (3, **5**)

espalda, la back (**9**)

español/española Spaniard (**PA**)

espantosa scary (**5**)

especialidad, la: ~ de la casa specialty of the house (**7**); **~es** majors (**2**)

especias, las spices (**7**)

esperar to wait for; to hope (**2**)

esposo/a, el/la husband/wife (**1**)

Está nublado. It's cloudy. (**PA**)

estación, la (de tren, de autobús) (train, bus) station (**10**); **~** season (**PA**)

estacionamiento, el parking (**10**)

estacionar to park (**10**)

estadidad, la statehood (**11**)

estadio, el stadium (**2**)

estado, el state (**2, 9, 11**)

estadounidense (norteamericano/a) American (**PA**)

estafar to defraud (**10**)

estampado/a print; with a design or pattern (**8**)

estante, el bookcase (**3**)

estar to be (**2**); **~ de acuerdo** to agree (**4**); **~ en huelga** to be on strike (**11**); **~ enfermo/a** to be sick (**9**); **~ sano/a; saludable** to be healthy (**9**)

este/a this, this one (**5**)

estilo, el style (**8**)

esto this (**3**)

estómago, el stomach (**9**)

estornudar to sneeze (**9**)

estornudo, el sneeze (**9**)

estos/as these (**5**)

estrecho/a narrow; tight (**8**)

estrella, la star (**5**)

estrenar una película to release a film/movie (**5**)

estreno, el opening (**5**)

estudiante, el/la student (**2**)

estudiar to study (**2, 6**)

estufa, la stove (**3**)

estupendo/a stupendous (**5**)

evitar to avoid (**9, 11**)

evolucionar evolve (**5**)

examen, el exam (**2**); **~ físico** physical exam (**9**)

exigente demanding (**9**)

experimentar to experience (**11**)

expresión, la expression (**PA**); **~ de cortesía** polite expression (**PA**)

extranjero, el abroad (**10**)

extraño/a strange (**4**)

F

fabada, la bean stew (**7**)

fábrica, la factory (**8**)

fácil easy (**2**)

falda, la skirt (**8**)

faltar to miss (**4, PB**)

fama, la fame (**5**)

familia, la family (**1**)

farmacéutico/a, el/la pharmacist (**9**)

farmacia, la pharmacy (**9**)

fascinar to fascinate (**8**)

feliz happy (**2**)

feo/a ugly (**1**)

fiebre, la fever (**9**)

fiesta, la party (**3**)

fila, la row (**5**)

fin de semana, el weekend (**7**)

finalmente finally (**6**)

finca, la farm (**11**)

fino/a fine; delicate (**5**)

firma, la signature (**4**)

físico/a physical (**1**)

floreciente flourishing (**8**)

fondos, los funds (**10**)

formal formal (**8**)

foto, la photo (**1**)

francés/francesa French (PA)

fresco/a fresh (**7**)

frijoles, los (*pl.*) beans (**7**)

frito/a fried (**7**)

fruta, la fruit (**7**)

fuente, la source (**5, 9**)

fuera outside (**7**)

fuerte strong (**1**); loud (**3**)

funcionar to work; to function (**10**)

G

galleta, la cookie; cracker (**7**)

gallina, la chicken, hen (**7, 11**)

gallo, el rooster (**7**)

ganar to win (**6**)

garaje, el garage (**3**)

garganta, la throat (**9**)

gasolinera, la gas station (**10**)

gato, el cat (**10, 11**)

género, el genre (**5**)

gente, la people (**1**)

gimnasio, el gymnasium (**2**)

gira, la tour (**5**)

gobernador/a, el/la governor (**11**)

gobierno, el government (**11**)

gordo/a fat (**1**)

gorra, la cap (**8**)

grabación, la recording (**5**)

grabar to record (**5**)

Gracias. Thank you. (**PA**)

graduar to graduate (**11**)

gramo, el gram (**7**)

grande big; large (**1, 10**)

granja, la farm (**11**)

gripe, la flu (**9**)

gris gray (**3**)

gritar to scream (**8**)

guantes, los gloves (**8**)

guapo/a handsome/pretty (**1**)

guardar to put away; to keep (**3**); **~ cama** to stay in bed (**9**)

guerra, la war (**11**)

guía, la guide (**5**)

guitarra, la guitar (**5**)

guitarrista, el/la guitarist (**5**)

gustar to like (**PA**)

H

habilidad, la ability; skill (**5**)

hablar to speak (**2**)

hace: ~ buen tiempo. The weather is nice. (**PA**); **~ calor.** It's hot. (**PA**); **~ frío.** It's cold. (**PA**); **~ mal tiempo.** The weather is bad. (**PA**); **~ sol.** It's sunny. (**PA**); **~ viento.** It's windy. (**PA**)

hacer to do; to make (**3, 9**); **~ artesanía** to make arts and crafts (**4**); **~ daño** to (do) damage; to harm (**11**); **~ ejercicio** to exercise (**2**); **~ falta** to need; to be lacking (**8**); **~ la cama** to make the bed (**3**); **~ mímica** to play charades (**8**); **~ una caminata** to take a walk (**4**); **~ una gira** to tour (**5**); **~ una hoguera** to light a campfire (**4**)

hamaca, la hammock (**11**)

hamburguesa, la hamburger (**7**)

hasta until (**11**); **~ luego.** See you later. (**PA**); **~ mañana.** See you tomorrow. (**PA**); **~ pronto.** See you soon. (**PA**)

hay there is; there are (**2**); **~ que + infinitivo** it is necessary . . . / you must . . . / one must/should . . . (**5**)

helado, el ice cream; iced (**7**)

herida, la wound; injury (**9**)

hermano/a, el/la brother/sister (**1**)

hermanos, los brothers and sisters; siblings (**1**)

hervido/a boiled (**7**)
hijo/a, el/la son/daughter (**1**)
hijos, los sons and daughters; children (**1**)
hispanohablante Spanish-speaking (**3**)
hojalatería, la tin work (**2**)
¡Hola! Hi! (**PA**)
hombre, el man (**1**)
hora, la time (**PA**)
horario, el (de clases) schedule (of classes) (**2**, **6**)
hormiga, la ant (**11**)
hospital, el hospital (**9**)
hotel, el hotel (**10**)
hoyo, el hole (**11**)
huelga, la strike (**11**)
huevo, el egg (**7**)
humilde humble (**3**)
huracán, el hurricane (**11**)

I

idiomas, los (*pl.*) languages (**2**)
iglesia, la church (**4**)
Igualmente. Likewise. (**PA**)
imaginativo/a imaginative (**5**)
impermeable, el raincoat (**8**)
importar to matter; to be important (**8**)
impresionante impressive (**5**)
impuesto, el tax (**11**)
incendio, el fire (**11**)
incómodo/a uncomfortable (**8**)
incumbir to concern (**8**)
inflación, la inflation (**11**)
influyente influential (**11**)
informal casual (**8**)
informática, la computer science (**2**)
inglés/inglesa English (**PA**)
inodoro, el toilet (**3**)
insecto, el insect (**11**)
inteligente intelligent (**1**)
interesante interesting (**1**)
interesar to be interested in (2)
inundación, la flood (**11**)
invierno, el winter (**PA**)
involucrado/a involved (**11**)
inyección, la shot (**9**)
ir to go (**4**); **~ de camping** to go camping (**4**); **~ de compras** to go shopping (**2**); **~ de excursión** to take a short trip (**4**); **~ de vacaciones** to go on vacation (**10**); **~ de viaje** to go on a trip (**10**); **~se del hotel** to leave the hotel; to check out (**10**); **~se** to go away; to leave (**8**)

J

jamás never; not ever (*emphatic*) (**4**, 11)
jamón, el ham (**7**)
japonés/japonesa Japanese (**PA**)
jarabe, el cough syrup (**9**)
jardín, el garden (**3**)
jazz, el jazz (**5**)
jeans, los (*pl.*) jeans (**8**)
joven young; young man/young woman (**1, 10**)
joya, la jewel (9)
jueves, el Thursday (**PA**)
juez/a, el/la judge (**11**)
jugar (ue) to play (**4**); **~ al básquetbol** to play basketball; **~ al béisbol** to play baseball; **~ al fútbol** to play soccer; **~ al fútbol americano** to play football; **~ al golf** to play golf; **~ al tenis** to play tennis (**2**)
jugo, el juice (**7**)
juicio, el jury (**11**)

L

La cuenta, por favor. The check, please. (**7**)
laboratorio, el laboratory (**2**)
lado, el side (**2**)
lago, el lake (**5, 10, 11**)
lámpara, la lamp (**3**)
lana, la wool (**8**)
lápiz, el pencil (**2**)
largo/a long (**8**)
lastimar(se) to get hurt (**9**)
lata, la can (**11**)
latir to beat (heart) (**9**)
lavabo, el sink (**3**)
lavaplatos, el dishwasher (**3**)
lavar los platos to wash dishes (**3**); **~se** to wash oneself (**8**)
le to/for him, her (**8**)
Lea(n). Read. (**PA**)
leche, la milk (**7**)
lechuga, la lettuce (**7**)
leer to read (**2**)
lejos de far from (**2, 11**)
lento/a slow (3, **5**)
león, el lion (**11**)
les to/for them (**8**)
letra, la lyrics (**5**)
levantarse to get up; to stand up (**8**)
ley, la law (**10, 11**)
leyenda, la legend (**9**)

librería, la bookstore (**2**)
libro, el book (**2**)
licencia, la (de conducir) driver's license (**10**)
ligero/a light (**PB**)
limón lemon (**7**)
limpiaparabrisas, el windshield wiper (**10**)
limpiar to clean (**3**)
limpio/a clean (**3**)
lío, el mess (**9**)
liso/a solid-colored (**8**)
literatura, la literature (**2**)
llamarse to be called (**8**)
llanta, la tire (**10**)
llave, la key (**10**)
llegar to arrive (**2**)
llenar to fill (**10**)
llevar to wear; to take; to carry (**8**); **~ a alguien al médico** to take someone to the doctor (**4**); **~ a cabo** to carry out (**11**)
Llueve. It's raining. (**PA**)
lluvia, la rain (**PA**); **~ ácida** acid rain (**11**)
Lo sé. I know. (**PA**)
lo, la him, her, it, you (**5**)
loma, la hill (**11**)
loro, el parrot (**11**)
los, las them; you all (**5**)
lucha libre, la wrestling (**2**)
luchar to fight; to combat (**11**)
luego then (**6**)
lugar, el place (**2**)
lugareños, los locals (*pl.*) (**4**)
luna de miel, la honeymoon (**10**)
lunes, el Monday (**PA**)

M

madrastra, la stepmother (**1**)
madre, la mother (**1**)
maíz, el corn (**7**)
mal de altura, el altitude sickness (**9**)
maleta, la suitcase (**10**)
malo/a bad (**1, 10**)
malvado/a evil (**10**)
mamá, la mom (**1**)
mandar una carta to send/mail a letter (**4**)
mandato, el instruction, command (**PA**)
mandioca, la yucca (**7**)
manejar to drive (**8, 10**)
manejo, el management (**7**)
mano, la hand (**1, 9**)

manta, la blanket (**3**)

mantel, el tablecloth (**7**)

mantequilla, la butter (**7**)

manzana, la apple (**7**)

mapa, el map (**2**)

maquillarse to put on make up (**8**)

marcar to dial (**9**)

mariscos, los seafood (**7**)

marrón brown (**3**)

martes, el Tuesday (**PA**)

más + *adjective/adverb/noun* + **que** more . . . than (**10**)

más plus (**1**); **~ o menos.** So-so. (**PA**); **~ tarde que** later than (**7**); **~ temprano que** earlier than (**7**)

mascota, la domesticated animal; pet (**10, 11**)

matar to kill (**11**)

matemáticas, las (*pl.*) mathematics (**2**)

materia, la subject (**2**)

material, el material (**8**)

mayonesa, la mayonnaise (**7**)

mayor old; older (**1**); the eldest (**10**); the largest (**5**); bigger (**10**)

mayordomo, el butler (10)

me me (**5**); to/for me (**8**)

Me llamo... My name is . . . (**PA**)

medianoche, la midnight (**PA**)

medias, las (*pl.*) stockings; hose (**8**)

medicina, la medicine (**2**)

médico/a, el/la doctor (**9**)

medio ambiente, el environment (**11**)

medio medium (**7**)

mediodía, el noon (**PA**)

mejor, el/la the best (**4, 10**); better (**10**); **~(se)** to improve; to get better (**9**)

melón, el melon (**7**)

menor smaller; younger; the smallest; the youngest (**10**)

menos + *adjective/adverb/noun* + **que** less . . . than (**10**)

menos minus (**1**)

mensaje, el message (**3**)

mentir (ie) to lie (**4**)

mentira, la lie (**5, 7**)

menú, el menu (**7**)

mercado, el market (**4**)

merendar to have a snack (**7**)

merienda, la snack (**7**)

mermelada, la jam; marmalade (**7**)

mes, el month (**PA**)

mesa, la table (**2**)

meterse en política to get involved in politics (**11**)

metro, el subway (**10**)

mexicano/a Mexican (**PA**)

mezcla, la mixture (7)

mí me (**11**)

mi, mis my (**1**)

microondas, el microwave (**3**)

mientras while (2)

miércoles, el Wednesday (**PA**)

mil one thousand (**2**)

milla, la mile (**PB**)

millón one million (**3**)

mío/a/os/as mine (**10**)

mirar to look at (1)

mochila, la bookbag; knapsack (**2**)

moda, la fashion (**8**)

modelo, el/la model (**8**)

moderno/a modern (**3**)

molestar to bother (**8**)

monarquía, la monarchy (**11**)

montaña, la mountain (**10, 11**)

montañoso/a mountainous (**4**)

montar: ~ (a caballo) to ride a horse (**11**); **~ en bicicleta** to ride a bike (**2**); **~ una tienda de campaña** to put up a tent (**4**)

montón, el pile (**7**)

morado purple (**3**)

morir (ue) to die (**4**)

mosca, la fly (**11**)

mosquito, el mosquito (**11**)

mostaza, la mustard (**7**)

mostrar (ue) to show (**4**)

moto(cicleta), la motorcycle (**1, 10**)

motor, el motor; engine (**10**)

muchacho/a, el/la boy/girl (**1**)

Mucho gusto. Nice to meet you. (**PA**)

mueble, el piece of furniture (**3**)

muebles, los furniture (*pl.*) (**3**)

muerto/a dead (**11**)

mujer, la woman (**1**)

multa, la traffic ticket; fine (**10**)

museo, el museum (**4**)

música, la music (**2**); **~ clásica** classical music (**5**); **~ folklórica** folk music (**5**); **~ popular** pop music (**5**); **~ rap** rap music (**5**)

musical musical (**5**)

músico/a, el/la musician (**5**)

muy very (**1**)

Muy bien. Really well. (PA)

N

nacionalidad, la nationality (PA)

nada nothing (**4**)

nadar to swim (**2**)

nadie no one; nobody (**4**)

naranja, la orange (**7**)

nariz, la nose (**9**)

narrar to narrate (**6**)

naturaleza, la nature (**11**)

náusea, la nausea (**9**)

necesitar to need (**2**)

negocio, el business (**8**)

negro black (**3**)

nervioso/a upset; nervous (**2**)

ni... ni neither . . . nor (**4**)

ni nor (**3**)

nieto/a, el/la grandson/ granddaughter (**1**)

nieve, la snow (**PA**)

nigeriano/a Nigerian (**PA**)

ningún none (**4**)

ninguno/a/os/as none (**3, 4**)

niño/a, el/la little boy/little girl (**1**)

no: ~ comprendo. I don't understand. (**PA**); **~ lo sé.** I don't know. (**PA**); **~.** No. (**PA**)

noreste, el northeast (**2**)

nos us (**5**); to/for us (**8**)

nosotros/as us (**PA**); we (**11**)

novecientos nine hundred (**2**)

noveno/a ninth (**5**)

noventa ninety (**1**)

novio/a, el/la boyfriend/girlfriend (**1**)

nube, la cloud (**PA**)

nuestro/a/os/as our/s (1, 10)

nueve nine (**PA**)

nuevo/a new (**3**)

número, el number (**PA**); **~ ordinal** ordinal number (**5**)

nunca never (**2, 3, 4**)

O

o... o either . . . or (**4**)

objeto, el object (**3**)

obtener to get (10)

océano, el ocean (**11**)

ochenta eighty (**1**)

ocho eight (**PA**)

ochocientos eight hundred (**2**)

octavo/a eighth (**5**)

ocurrir to occur (**9**)

oeste, el west (**2**)

oferta, la offer (**3**)

oficina, la office (**3**); **~ de correos** post office (**4**)

ofrecer offer (**2**)

oído, el inner ear (**9**)

oír to hear (**3**)

ojalá que let's hope (**11**)

ojear las vitrinas to window shop (8)
ojo, el eye (9)
once eleven (PA)
ópera, la opera (5)
oreja ear (9)
organizar to organize (4)
orgulloso/a proud (4)
orquesta, la orchestra (5)
os to/for you all (5, 8)
oscuro/a dark (8)
oso, el bear (11)
otoño, el fall (PA)
otro/a another (PA)

P

paciente, el/la patient (1)
padrastro, el stepfather (1)
padre, el father (1)
padres, los parents (1)
pagar to pay (7)
paisaje, el countryside (3)
pájaro, el bird (11)
palabra, la word (PA)
pan, el bread (7)
pantalla, la screen (5)
pantalones, los (pl.) pants (8); ~ cortos (pl.) shorts (8)
papá, el dad (1)
papa, la potato (7)
papas fritas, las (pl.) french fries; potato chips (7)
papel, el paper (2)
paquete, el package (10)
para for (PB); in order to (11)
parabrisas, el windshield (10)
parada, la bus stop (10)
paraguas, el umbrella (8)
pararse to stand (10)
parecer seem (4)
pared, la wall (2)
parientes, los relatives (pl.) (2)
parque, el park (4); ~ de atracciones theme park (10)
parrillada, la mixed grill (7)
participar en una campaña política to participate in a political campaign (4)
partido político, el political party (11)
pasajero, el passenger (10)
pasaporte, el passport (10)
pasar: ~ to happen (PB); ~ la aspiradora to vacuum (3)
pasatiempos, los pastimes (2)
pastel, el pastry; pie (7)

pastilla, la pill (9)
pata, la leg (of an animal) (9)
patata, la potato (7)
patinar to skate (2)
paz, la peace (5)
peatón, el pedestrian (10)
pecho, el chest (9)
pedagogía, la education (2)
pedido, el request (9)
pedir (i) to ask for (4); to order (7)
peinarse to comb one's hair (8)
película, la film (4, 5); ~ de acción action movie (5); ~ de ciencia ficción science fiction movie (5); ~ documental documentary (5); ~ dramática drama (5); ~ de guerra war movie (5); ~ de humor funny movie; comedy (5); ~ de misterio mystery movie (5); ~ musical musical (5); ~ romántica romantic movie (5); ~ de terror horror movie (5)
peligro, el danger (11)
peligroso/a dangerous (8, 11)
pelo, el hair (9)
pelota, la ball (2)
pensar (ie) to think (4)
peor worse, the worst (4, 10)
pequeño/a small (1, 10)
pera, la pear (7)
perder (ie) to lose; to waste (4)
perdido/a lost (4)
perezoso/a lazy (1)
periódico, el newspaper (11)
periodismo, el journalism (2)
pero but (2)
perro: ~ dog (3, 11); ~ caliente hot dog (7)
perseguir (i) to chase (4)
personalidad, la personality (1)
pertenecer to belong (9)
pesadilla, la nightmare (8)
pescado, el fish (7)
pésimo/a heavy; depressing (5)
peso corporal, el body weight (9)
pez, el (pl., los peces) fish (11)
pianista el/la pianist (5)
piano, el piano (5)
picante spicy (7)
pie, el foot (8, 9)
pierna, la leg (9)
pijama, el pajamas (8)
pimienta, la pepper (7)
pintar to dye (9)
piso, el floor; story (3)
pista, la clue (5, 7)

pizarra, la chalkboard (2)
placer, el pleasure (7)
planeta, el planet (11)
planta baja, la ground floor (3)
plantar to plant (11)
plástico, el plastic (11)
plato, el plate; dish (7)
playa, la beach (10)
plaza, la town square (4)
pobre poor (1)
poco (un) (a) little (1); ~ hecho/a rare (7)
poder to be able to (3)
policía, el policeman (10)
poliéster, el polyester (8)
política, la politics (11)
pollo, el chicken (7)
poner to put; to place (3); ~ la mesa to set the table (3); ~se (la ropa) to put on (one's clothes) (8); ~se (nervioso/a) to get (nervous) (8)
por times; by (1); ~ for; through; by; because of (11); ~ favor. Please. (PA); ~ lo menos at least (3); ~ ciento percent (1); ¿~ qué? Why? (2)
portarse to behave (8)
postre, el dessert (7)
preferir (ie) to prefer (4)
preguntar to ask (a question) (2)
prenda, la article of clothing (8)
preocupado/a worried (2)
preocuparse (por) to worry about; to concern (11)
preparar to prepare; to get ready (2); ~ la comida to prepare a meal (3)
preparativo preparation (5)
presentación, la introduction (PA)
presentar una película to show a film/movie (5)
presentarlo to introduce (3)
presidencia, la presidency (11)
presidente/a, el/la president (11)
prestar to loan; to lend (8)
presupuesto, el budget (8)
primavera, la spring (PA)
primer first (5); ~ piso second floor (3)
primero/a first (5)
primo/a, el/la cousin (1)
primos, los cousins (1)
principio, el start (8)
probarse (o, ue) la ropa to try on clothing (8)
profesor/a, el/la professor (2)
programa, el platform (11)

promedio, el average (**7**)
propina, la tip (**7**)
propio/a own (**6**)
proponer propose (**5**)
próposito, el purpose (**7**)
proteger to protect (**11**)
provincia, la province (**11**)
prueba, la proof (**10**)
psicología, la psychology (**2**)
pueblo, el town; village (**4**)
puerta, la door (**2**)
puertorriqueño/a Puerto Rican (**PA**)
puro/a pure (**11**)

Q

que what (**3**)
¿Qué? What? (**2**); **¿~ día es hoy?**
    What day is today? (**PA**); **¿~ es**
    esto? What is this? (**PA**);
    ¿~ hora es? What time is it?
    (**PA**); **¿ ~ significa?** What does
    it mean? (**PA**); **¿~ tal?** How's it
    going? (**PA**); **¿~ tiempo hace?**
    What's the weather like? (**PA**)
quedar to stay (**11**)
quedarle bien / mal to fit well /
    poorly (**8**)
quedarse to stay; to remain (**8**)
quehaceres, los (*pl.*) chores (**3**)
quemar(se) to burn; to get
    burned (**9**)
querer to want; to love (**2, 3**)
queso, el cheese (**7**)
¿Quién/es? Who? (**PA, 2**)
quiero: ~ presentarle a... I would
    like to introduce you to . . . (*for.*)
    (**PA**); **~ presentarte a...** I would
    like to introduce you to . . . (*fam.*)
    (**PA**)
quince fifteen (**PA**)
quinientos five hundred (**2**)
quinto/a fifth (**5**)
quitarse (la ropa) to take off (one's
    clothes) (**8**)

R

radio, el/la radio (**2**)
rana, la frog (**11**)
rasgo, el characteristic (**1**)
rata, la rat (**11**)
ratón, el mouse (**11**)
realizar to act out (**7**)
rebozo, el poncho (**8**)
recepción, la front desk (**10**)

receta, la prescription (**9**)
recetar to prescribe (**9**)
recibir to receive (**2**)
reciclar to recycle (**11**)
recomendar (ie) to recommend (**4**)
reconocer to recognize (**8**)
recordar (ue) to remember (**4**)
recuerdo, el memento (**3**);
    memory (**7**)
recurso natural, el natural
    resource (**11**)
reforestar to reforest (**11**)
refresco, el soft drink (**7**)
refrigerador, el refrigerator (**3**)
regalo, el gift (**8**)
regatear to bargain (**7**)
regímenes, los regimes (**11**)
región, la region (**11**)
registrarse (en el hotel) to check
    in (**10**)
regresar to return (**2**)
Regular. Okay. (**PA**)
reina, la queen (**11**)
reírse to laugh (**4**)
reloj, el clock; watch (**2**)
remedio casero, el home-made
    remedy (**7**)
repartir comidas to hand out/deliver
    food (**4**)
repetir (i) to repeat (**4**)
Repita(n). Repeat. (**PA**)
reportaje, el report (**12**)
reproductor de CD/DVD, el CD/
    DVD player (**2**)
requerir to require (**11**)
reseña, la review (**PB, 5**)
reserva, la reservation (**10**)
reservar una mesa to reserve a
    table (**7**)
resfriado, el cold (**9**)
residencia, la dorm (**2**); **~**
    estudiantil dormitory (**2**)
resolver (o, ue) to resolve (**11**)
respetar to respect (**5**)
responsable responsible (**1**)
restaurante, el restaurant (**4, 7**)
resumir to summarize (**9**)
reunirse to get together; to meet (**8**)
reutilizar to reuse (**11**)
revisar to check; to overhaul (**10**)
revista, la magazine (**8**)
rey, el king (**11**)
rico/a rich (**1**)
riesgo, el risk (**9**)
río, el river (**11**)
ritmo, el rhythm (**5**)

rock, el rock (**5**)
rojo red (**3**)
rompecabeza, el riddle (**7**)
romper(se) to break (**9**)
ropa, la clothes; clothing (**3, 8**);
    ~ interior underwear (**8**)
rosado pink (**3**)
roto broken (**9**)
ruido, el noise (**3, PB, 10**)

S

sábado, el Saturday (**PA**)
sábana, la sheet (**3**)
saber to know (**4**)
sacar: ~ la basura to take out the
    garbage (**3**); **~ la licencia** to get a
    driver's license (**10**); **~ un CD** to
    release a CD (**5**)
sacudir los muebles to dust (**3**)
sal, la salt (**7**)
sala, la: ~ de clase classroom (**2**);
    ~ de urgencias emergency room
    (**9**); **~ living room** (**3**)
salir to leave; to go out (**3**)
salsa, la salsa (**5**); **~ de tomate**
    ketchup (**7**)
salud, la health (**9**)
saludo, el greeting (**PA**)
salvar to save (**9**)
sano/a healthy (**9**)
sandalia, la sandal (**8**)
sangre, la blood (**9**)
secarse to dry off (**8**)
seda, la silk (**8**)
sede, la seat (of government) (**9**)
seguir (i) to follow; to continue
    (doing something) (**4**)
según according to (**3, 11**)
segundo/a second (**5**)
segundo piso, el third floor (**3**)
seguridad, la security (**2**)
seguro médico, el health insurance
    (**9**)
seis six (**PA**)
seiscientos six hundred (**2**)
sello, el postage stamp (**10**)
selva, la jungle (**11**); **~ tropical**
    jungle; (tropical) rain forest (**11**)
semáforo, el traffic light (**10**)
semana, la week (**PA**); **~ pasada** last
    week (**7**)
sembrar (e, ie) to sow (**11**)
semejanza, la similarity (**6**)
semestre, el semester (**2**)
senado, el senate (**11**)

senador/a, el/la senator (**11**)

señor, el (Sr.) man; gentleman; Mr. (**1**)

señora, la (Sra.) woman; lady; Mrs. (**1**)

señorita, la (Srta.) young woman; Miss (**1**)

sentarse (e, ie) to sit down (**8**)

sentido, el meaning (**3**)

sentir to feel (**PB**); **~se (e, ie)** to feel (**8**)

séptimo/a seventh (**5**)

ser to be (**PA**); **~ alérgico/a (a)** to be allergic (to) (**9**)

serpiente, la snake (**11**)

servilleta, la napkin (**7**)

servir (i) to serve (**4**)

sesenta sixty (**1**)

setecientos seven hundred (**2**)

setenta seventy (**1**)

sexto/a sixth (**5**)

si if (**4**)

Sí. Yes. (**PA**)

siempre always (**3**, **4**)

siete seven (**PA**)

siglo, el century (**3**)

siguiente, el following (**3**)

silla, la chair (**2**)

sillón, el armchair (**3**)

simpático/a nice (**1**)

sin embargo nevertheless (**2**, **3**, **6**)

sin without (**4**, **PB**, **11**)

sobre on; on top (of); over (**3**, **4**, **11**); **~ todo** above all (**5**)

sofá, el sofa (**3**)

sol, el sun (**PA**)

solamente only (**8**)

solicitud, la application (**2**)

solo alone (**9**)

sombrero, el hat (**8**)

son equals (**1**)

sopa, la soup (**7**)

sorprendente surprising (**5**)

sorpresa, la surprise (**8**)

sospechoso/a suspicious (**2**)

sótano, el basement (**3**)

Soy... I am . . . (**PA**)

su/s his, her, its, your, their (**1**)

suave smooth (**5**)

subir (a) to go up; to get on (**10**)

subrayar to underline (**7**)

sucio/a dirty (**3**)

sudadera, la sweatshirt (**8**)

suelo, el floor (**3**)

suéter, el sweater (**8**)

sunami, el tsunami (**11**)

supermercado, el supermarket (**4**)

surgir to emerge (**8**)

suspiro, el sigh (**11**)

suyo/a/os/as his, her/s, your/s (*for.*), their/s (**PB**, **3**, **10**)

T

tal vez perhaps (**3**)

taller mecánico, el auto repair shop (**10**)

también too; also (**2**)

tambor, el drum (**5**)

tamborista, el/la drummer (**5**)

tampoco nor (**7**)

tan such (**2**)

tan... como as . . . as (**1**)

tanque, el gas tank (**10**)

tanto many (**2**); so much (**9**)

tarde late (**3**)

tarea, la homework (**2**)

tarjeta, la: **~ de crédito** credit card (**7**); **~ de débito** debit card (**7**); **~ postal** postcard (**4**, **10**)

taxi, el taxi (**10**)

taza, la cup (**7**)

te to/for you (**5**, **8**)

té, el (helado / caliente) tea (iced / hot) (**7**)

teatro, el theater (**4**)

techo, el roof (**3**)

tela, la fabric (**8**)

televisión, la television (**2**)

tema, el topic; gist (**5**)

temperatura, la temperature (**PA**)

templo, el temple (**4**)

temprano early (**3**)

tenedor, el fork (**7**)

tener to have (**1**); **~ alergia (a)** to be allergic (to) (**9**); **~ ... años** to be . . . years old (**3**); **~ calor** to be hot (**3**); **~ cuidado** to be careful (**3**); **~ dolor de cabeza** to have a headache (**9**); **~ dolor de estómago** to have a stomachache (**9**); **~ dolor de espalda** to have a backache (**9**); **~ éxito** to be successful (**3**); **~ frío** to be cold (**3**); **~ ganas de + (infinitive)** to feel like + (verb) (**3**); **~ hambre** to be hungry (**3**); **~ (la/una) gripe** to have the flu (**9**); **~ miedo** to be afraid (**3**); **~ prisa** to be in a hurry (**3**); **~ que + (infinitive)** to have to + (verb) (**3**); **~ razón** to be right (**3**); **~ resfriado** to have a cold (**9**);

~ sed to be thirsty (**3**); **~ sueño** to be sleepy (**3**); **~ suerte** to be lucky (**3**); **~ tos** to have a cough (**9**); **~ (un) catarro** to have a cold (**9**); **~ un virus** to have a virus (**9**); **~ una infección** to have an infection (**9**); **~ vergüenza** to be embarrassed (**3**)

tenis, los (*pl.*) tennis shoes (**8**)

tercer, el: ~ piso fourth floor (**3**)

tercero/a third (**5**)

terminar to finish; to end (**2**)

terremoto, el earthquake (**5**, **11**)

tesoro, el treasure (**10**)

ti you (**11**)

tiburón, el shark (**5**)

tienda, la store (**2**)

tierra, la land; soil (**11**)

Tierra, la Earth (**11**)

tío/a, el/la uncle/aunt (**1**)

tíos, los aunts and uncles (**1**)

tirar to throw (**9**)

tiza, la chalk (**2**)

tocador, el dresser (**3**)

tocar touch (**4**); **~** to play (a musical instrument) (**2**, **5**)

todavía still (**4**)

tomar to take; to drink (**2**); **~ el sol** to sunbathe (**2**)

tomate, el tomato (**7**)

tonto/a silly; dumb (**1**)

tormenta, la storm (**11**)

tornado, el tornado (**11**)

torneo, el tournament (**4**)

toro, el bull (**11**)

torre, la tower (**3**)

torta, la cake (**7**)

tos, la cough (**9**)

toser to cough (**9**)

tostada, la toast (**7**)

trabajador/a hard-working (**1**)

trabajar to work (**2**); **~ como consejero/a** to work as a counselor (**4**); **~ como voluntario/a en la residencia de ancianos** to volunteer at a nursing home (**4**); **~ en política** to work in politics (**4**)

trabajo en prácticas, el internship (**8**)

tradicional traditional (**3**)

traer to bring (**3**)

tráfico, el traffic (**10**)

tragedia, la tragedy (**11**)

trágico/a tragic (**5**)

traje, el suit (**8**); outfit (**5**); **~ de baño** swimsuit; bathing suit (**8**)

transitar to enter/exit (**10**)

transporte, el transportation (**10**)

tratamiento médico, el medical treatment (**9**)

tratar de to try to (3, **9**); to treat (9)

trece thirteen (**PA**)

treinta thirty (**PA**)

tren, el train (**10**)

tres three (**PA**)

trescientos three hundred (**2**)

triste sad (**2**)

trompeta, la trumpet (**5**)

trompetista, el/la trumpet player (**5**)

tú you (*fam.*) (**PA**)

tu, tus your (**1**)

turnarse to take turns (3)

tuyo/a/os/as yours (*fam.*) (3, **10**)

U

un/una/unos/unas a, an, some (**1**)

uno one (**PA**)

usar to use (2, 4, **PB**)

uso adecuado, el suitable use (10)

usted/es you (*for.*) (**PA, 11**)

útil useful (**PA**)

V

vaca, la cow (**11**)

vacaciones, las vacation (**10**)

vaso, el glass (7)

Vaya(n) a la pizarra. Go to the board. (**PA**)

vehículo, el vehicle (10)

veinte twenty (**PA**)

venda, la bandage (**9**)

vendaje, el bandage (**9**)

vendar(se) to bandage (oneself); to dress (a wound) (9)

venir to come (3)

ventana, la window (2)

ver to see (3); ~ **la televisión** to watch television (2)

verano, el summer (**PA**)

verbo, el verb (1, 2)

verde green (3)

verdura, la vegetable (7)

vertedero, el dump (**11**)

vestido, el dress (**8**)

vestirse (e, i) to get dressed (8)

vez, la time (5)

viajar to travel (**10**); ~ **en canoa** to canoe (4)

viaje, el trip (**10**)

viajero/a, el/la traveler (**10**)

vidrio, el glass (**11**)

viejo/a old (3, **10**)

viento, el wind (**PA**)

viernes, el Friday (**PA**)

vinagre, el vinegar (7)

vino, el wine (7)

visitar to visit (**10**)

vivir to live (**2**)

vivo/a alive; living (**11**)

volante, el steering wheel (**10**)

volar (o, ue) to fly; to fly away (**10**)

voluntariado, el volunteerism (**4**)

volver (ue) to return (4); ~ **loco/a** to drive him/her crazy (**12**)

vosotros/as you (*fam. pl. Spain*) (**PA, 11**)

votar to vote (**11**)

voto, el vote (**11**)

voz, la voice (**5**)

vuelo, el flight (**10**)

vuestro/a/os/as your/s (*fam. pl. Spain*) (1, **10**)

Y

y: ¿~ **tú?** And you? (*fam.*) (**PA**); ¿~ **usted?** And you? (*for.*) (**PA**)

ya already (4); ~ **no** no longer (5); ~ **que** since (1)

yo I (**PA**)

Z

zapatillas, las (*pl.*) slippers (**8**)

zapatos, los (*pl.*) shoes (**8**)

Appendix 5

English-Spanish Glossary

A

a un/una/unos/unas (**1**)
ability la habilidad (**5**)
able to, to be poder (**3**)
about acerca de (**11**); sobre (4, 11)
above all sobre todo (5)
abroad el extranjero (**10**)
aburrida boring (**5**)
accompany, to acompañar (6)
according to según (3, **11**)
account la cuenta (**4**)
acid rain la lluvia ácida (**11**)
acquainted with, to be conocer (**3**)
across from enfrente de (**11**)
act out, to realizar (7)
actor el actor (**5**)
actress la actriz (**5**)
ad el anuncio (3)
adjectives los adjetivos (**1**)
administration la administración (**11**)
advice el consejo (5)
afraid, to be tener miedo (3)
after después de (**11**)
afterward después (6)
agent el/la empresario/a (**5**)
agree, to estar de acuerdo (4)
air el aire (**11**); ~ **conditioning** el aire acondicionado (**10**)
airline la aerolínea (10)
airplane el avión (**10**)
airport el aeropuerto (**10**)
alarm clock el despertador (**2**)
alive vivo/a (**11**)
allergic (to), to be tener alergia (a) (**9**)
alone solo (9)
already ya (4)
also también (2)
altitude sickness el mal de altura (9)
aluminum el aluminio (**11**)
always siempre (3, **4**)
American estadounidense (norteamericano/a) (**PA**)
among entre (**11**)
an un/una/unos/unas (**1**)
And you? ¿Y tú? (*fam.*) (**PA**); **And you?** ¿Y usted? (*for.*) (**PA**)
angry enojado/a (**2**)
animal animal (**11**)

animated animado/a (**5**)
another otro/a
answer, to contestar (**2**); ~. Conteste(n). (**PA**)
ant la hormiga (**11**)
antacid el antiácido (**9**)
antibiotic el antibiótico (**9**)
any algún; alguno/a/os/as (**4**)
anything algo (4)
apartment el apartamento (**2**)
appendix el apéndice (**4**)
apple la manzana (**7**)
application la solicitud (2)
appointment la cita (**4**)
approach, to acercar (8)
approved aprobado/a (10)
architecture la arquitectura (**2**)
arm el brazo (**9**)
armchair el sillón (**3**)
armoire el armario (**3**)
army el ejército (5)
around a eso de (7)
arrive, to llegar (**2**)
art el arte (**2**)
article el artículo (**1**); **definite** ~ el artículo definido (**1**); **indefinite** ~ el artículo indefinido (**1**)
articles of clothing las prendas (**8**)
artist el/la artista (**5**)
as . . . as tan... como (1)
ask (a question), to preguntar (**2**); **to** ~ **for** pedir (i) (**4**)
aspirin la aspirina (**9**)
assistant la ayudante (5)
at least por lo menos (3)
At what time . . . ? ¿A qué hora... ? (**PA**)
ATM el cajero automático (**4**)
attendant el/la empleado/a (12)
attic el altillo (**3**)
aunt la tía (**1**)
auto repair shop el taller mecánico (**10**)
average el promedio (7)
avoid, to evitar (9, **11**)
awaken, to despertarse (e, ie) (**8**)
away, to go irse (**8**)

B

back la espalda (**9**)
bad malo/a (**1**, **10**)
baked al horno; cocido/a (**7**)
balcony el balcón (**3**)
ball la pelota (**2**)
ballpoint pen el bolígrafo (**2**)
banana la banana (**7**)
band el conjunto (**5**)
bandage (adhesive) la curita; el vendaje; la venda (**9**)
bandage (oneself), to vendar(se) (**9**)
bank el banco (**4**)
bar el bar (**4**)
bargain, to regatear (7)
basement el sótano (**3**)
basket making la cestería (2)
bathe, to bañarse (**8**)
bathroom el baño (**3**)
bathtub la bañera (**3**)
be, to estar (**2**); ser (**PA**)
beach la playa (**10**)
beans los frijoles (*pl.*) (**7**); ~ **stew** la fabada (7)
bear el oso (**11**)
beat (*heart*), **to** latir (9)
beautiful bella (4)
because of por (**11**)
bed la cama (**3**)
bedroom el dormitorio (**3**)
bedspread la colcha (**3**)
beer la cerveza (**7**)
before ante (6); ~ (*time/space*) antes de (**11**)
begin, to comenzar (ie); empezar (ie) (**4**)
behave, to portarse (8)
behind detrás de (**4**, **11**)
beige beige (**3**)
believe, to creer (**2**)
bellman el botones (**10**)
belong, to pertenecer (**9**)
belt el cinturón (**8**)
beside al lado (de) (**3**)
best el/la mejor (1, **4**, **10**)
better mejor (**10**); **to get** ~ mejorar(se) (**9**)
between entre (**4**, **11**)
beverage la bebida (**PB**, **7**)

bicycle la bicicleta (**10**)

bidet el bidé (**3**)

big grande (**1, 10**); **bigger** mayor (**10**); **biggest** el/la mayor (**10**)

bill la cuenta (**4**)

biology la biología (**2**)

bird el ave; el pájaro (**11**)

black negro (**2, 3**)

blanket la manta (**3**)

blood la sangre (**9**)

blouse la blusa (**8**)

blue azul (**3**)

boat el barco (**4, 10**)

body el cuerpo (**9**); **~ weight** el peso corporal (**9**)

boiled cocido/a; hervido/a (**7**)

book el libro (**2**); **~bag** la mochila (**2**); **~case** el estante (**3**); **~store** la librería (**2**)

boots las botas (*pl.*) (**8**)

bored (with *estar*) aburrido/a (**2**)

boring aburrido/a (**1**)

bother, to molestar (**8**)

bottle la botella (**11**)

box (*cardboard*) la caja (*de cartón*) (**11**)

boy el chico; el muchacho; **little ~** el niño (**1**); **~friend** el novio (**1**)

bread el pan (**7**)

break, to romper(se) (**9**)

breakfast el desayuno (**7**); **to have ~** desayunar (**7**)

bring, to traer (**3**)

broken roto (**9**)

brother el hermano (**1**)

brown marrón (**3**)

brush, to (*one's hair, teeth*) cepillarse (*el pelo, los dientes*) (**8**)

budget el presupuesto (**8**)

building el edificio (**2**)

bull el toro (**11**)

burn, to quemar(se) (**9**)

bus el autobús (**10**); **~ stop** la parada (**10**)

bush el arbusto (**7**)

business el negocio (**8**); **~** la administración de empresas (**2**); **~ / shopping district** el centro comercial (**4**)

but pero (**2**)

butler el mayordomo (**10**)

butter la mantequilla (**7**)

buy, to comprar (**2**)

by por (**1, 11**)

Bye. Chao. (**PA**)

C

cabinet el armario (**3**)

café el café (**4**)

cafeteria la cafetería (**2**)

cake la torta (**7**)

calculator la calculadora (**2**)

called, to be llamarse (**8**)

campaign la campaña (**11**)

can la lata (**11**)

Canadian canadiense (**PA**)

candidate el/la candidato/a (**11**)

candy los dulces (**7**)

canoe, to viajar en canoa (**4**)

cap la gorra (**8**)

car el coche (**8, 10**)

care for cuidar (**3**)

careful cuidadoso/a (**5**); **to be ~** tener cuidado (**3**)

carpet la alfombra (**3**)

carry, to llevar (**8**); **to ~ out** llevar a cabo (**11**)

castle el castillo (**3**)

casual informal (**8**)

cat el/la gato/a (**10, 11**)

cave la cueva (**11**)

CD/DVD player el reproductor de CD/DVD (**2**)

century el siglo (**3**)

cereal el cereal (**7**)

chain la cadena (**3**)

chair la silla (**2**)

chalk la tiza (**2**); **~board** la pizarra (**2**)

change, to cambiar (**10**)

chapter el capítulo (**5**)

characteristic el rasgo (**1**)

charades, to play hacer mímica (**8**)

chase, to perseguir (i) (**4**)

cheap barato/a (**7**)

check in, to registrarse (en el hotel) (**10**); **to ~ out** irse del hotel (**10**)

checked de cuadros (**8**)

cheese el queso (**7**)

chef el/la cocinero/a (**4**)

chest el pecho (**9**)

chicken el pollo (**7**); la gallina (**11**)

children los hijos (**1**)

chili pepper el chile (**7**)

Chinese chino/a (**PA**)

chores los quehaceres (**3**)

church la iglesia (**4**)

circulate a petition, to circular una petición (**4**)

city la ciudad (**3, 4**)

classmate el/la compañero/a de clase (**2**)

Classroom instructions (*commands*) Mandatos para la clase (**PA**)

classroom la sala de clase (**2**)

clay barro (**2**)

clean limpio/a (**3**); **to ~** limpiar (**3**)

client el/la cliente/a (**7**)

clock el reloj (**2**)

Close your book/s. Cierre(n) el/los libros/s. (**PA**)

close, to cerrar (ie) (**4**)

closet el armario (**3**)

clothes la ropa (**3**)

clothing la ropa (**3, 8**)

cloud la nube (**PA**)

club el club (**4**)

clue la pista (**5, 7**)

coat el abrigo (**3**)

coffee el café (**7**)

cognate el cognado (**PA**)

cold el catarro; el resfriado (**9**)

cold, to be tener frío (**3**); **to have a ~** tener (un) catarro; tener resfriado (**9**)

color el color (**3**)

comb one's hair, to peinarse (**8**)

combat, to combatir (**11**)

come, to venir (**3**)

comfortable cómodo/a (**8**)

comforter la colcha (**3**)

comical cómico/a (**1**)

common endémico/a (**11**)

compact disk el disco compacto (el CD) (**2**)

composition la composición (**2**)

computer la computadora (**2**); **~ science** la informática (**2**)

concern, to incumbir (**8**)

concert el concierto (**5**)

condiment el condimento (**7**)

congress el congreso (**11**)

contemporary contemporáneo/a (**3**)

content contento/a (**2**)

contest el concurso (**3**)

continue (*doing something*), **to** seguir (i) (**4**)

cook el/la cocinero/a (**7**)

cook, to cocinar (**3, 7**)

cookies las galletas (**7**)

corn el maíz (**7**)

correct, to corregir (**3, 10**)

cost, to costar (ue) (**4**)

cotton el algodón (**8**)

cough, to toser (**9**); ~ la tos (**9**); ~ **syrup** el jarabe (**9**); **to have a** ~ tener tos (**9**)

country el campo (**3**); ~ **club** el club de campo (**4**)

countryside el paisaje (**3**)

course el curso (**2**)

court la corte (**11**)

courting el cortejo (**7**)

cousin el/la primo/a (**1**)

cover, to cubrir (**8**)

cow la vaca (**11**)

crackers las galletas (**7**)

create crear (**4**)

creative creativo/a (**5**)

credit card la tarjeta de crédito (**7**)

crime la delincuencia (**11**)

crop la cosecha (**7**)

cruise ship el crucero (**5**)

Cuban cubano/a (**PA**)

cup la taza (**7**)

cure, to curar(se) (**9**)

customer el/la cliente/a (**7**)

cut (oneself), to cortar(se) (**9**)

D

dad el papá (**1**)

damage, to (do) hacer daño (**11**)

dance, to bailar (**2**)

danger el peligro (**11**)

dangerous peligroso/a (**8, 11**)

daring atrevido/a (**8**)

dark oscuro/a (**8**)

daughter la hija (**1**)

day el día (**PA**); **the ~ before yesterday** anteayer (**7**)

dead muerto/a (**11**)

debit card la tarjeta de débito (**7**)

debt (*foreign*) la deuda (*externa*) (**11**)

defense la defensa (**11**)

defraud, to estafar (**10**)

delicate fino/a (**5**)

demanding exigente (**9**)

democracy la democracia (**11**)

demonstrate, to demostrar (ue) (**4**)

department store el almacén (**4**)

depressing pésimo/a (**5**)

deputy el/la diputado/a (**11**)

designer el/la diseñador/a (**8**)

desk el escritorio (**2**)

dessert el postre (**7**)

destination el destino (**8**)

destroy, to destruir (**5**)

destruction la destrucción (**11**)

dial, to marcar (**9**)

dictator el/la dictador/a (**11**); **~ship** la dictadura (**11**)

die, to morir (ue) (**4**)

difficult difícil (**2**)

dining room el comedor (**3**)

dinner la cena (**7**); **to have ~** cenar (**7**)

dirty sucio/a (**3**)

disappear, to desaparecer (**5**)

disappoint, to desilusionar (**9**)

disaster el desastre (**11**)

discuss, to discutir (**PB**)

dish el plato (**7**); **~washer** el lavaplatos (**3**)

distinguish, to destacar (**7**)

distract, to distraer (**5**)

divided by dividido por (**1**)

do, to hacer (**3**)

doctor el/la doctor/a; el/la médico/a (**9**)

documentary el documental (**5**)

dog el perro (**3, 11**)

domesticated animals los animales domésticos (**11**)

donut la dona (**10**)

door la puerta (**2**)

dorm / dormitory la residencia (**2**)

double room el cuarto doble (**10**)

downtown el centro (**4**)

drama dramático/a (**5**)

drawing el dibujo (**3**)

dress (*a wound*), **to** vendar(se) (**9**)

dress el vestido (**8**)

dresser el tocador (**3**)

drink, to tomar (**2**); beber (**7**)

drive, to conducir (**7, 10**); manejar (**8**); **to ~ him/her crazy** volver loco/a (**12**)

driver's license la licencia (*de conducir*) (**10**); **to get a ~** sacar la licencia (**10**)

driving la conducción (**10**)

drum el tambor (**5**)

drummer el/la baterista (**5**); el/la tamborista (**5**)

drums la batería (**5**)

dry off, to secarse (**8**)

dumb tonto/a (**1**)

dump el vertedero (**11**)

during durante (**PB**)

dust, to sacudir los muebles (**3**)

duty el deber (**4**)

DVD el DVD (**2**)

dye, to pintar (**9**)

E

each cada (**3**)

ear la oreja (**9**); **ear** (*inner*) el oído (**9**)

earlier than más temprano que (**7**)

early temprano (**3**)

Earth la Tierra (**11**)

earthquake el terremoto (**5, 11**)

easy fácil (**2**)

eat, to comer (**2**)

ecology la ecología (**11**)

education la pedagogía (**2**)

egg el huevo (**7**)

eight hundred ochocientos (**2**)

eight ocho (**PA**)

eighteen diez y ocho (**PA**)

eighth octavo/a (**5**)

eighty ochenta (**1**)

either . . . or o… o (**4**)

eldest el/la mayor (**10**)

elect, to elegir (**11**)

elections las elecciones (**11**)

elegant elegante (**8**)

elephant el elefante (**11**)

eleven once (**PA**)

emanate, to emanar (**11**)

embarrassed, to be tener vergüenza (**3**)

emerge, to surgir (**8**)

emergency room la sala de urgencias (**9**)

emotions emociones (**2**)

enclose, to encerrar (ie) (**4**)

encompass, to abarcar (**5**)

end, to acabar con (**4**); terminar (**2**)

endangered amenazada (**7**); **~ species** los animales en peligro de extinción (**11**)

engine el motor (**10**)

English inglés/inglesa (**PA**)

Enjoy your meal! ¡Buen provecho! (**7**)

enjoy, to disfrutar de (**4**); **to ~ oneself** divertirse (e, ie) (**8**)

enter, to entrar (**10**)

enter/exit, to transitar (**10**)

entertain oneself, to entretenerse (**8**)

entrance la entrada (**5**)

entretenida entertaining (**5**)

environment el medio ambiente (**11**)

epic épica (**5**)

equals son (**1**)

eraser el borrador (**2**)

espadrilles las alpargatas (**8**)

essay el ensayo (**2**)

ever jamás (**11**)

evil malvado/a (**10**)

evolve, to evolucionar (**5**)

exam el examen (**2**)

exercise, to hacer ejercicio (**2**)

expensive caro/a (**4, 7**)

experience, to experimentar (11)
expression la expresión (**PA**)
eye el ojo (**9**)

F

fabric la tela (**8**)
face la cara (**9**)
facing enfrente de (**11**)
factory la fábrica (**8**)
fall: ~ el otoño (**PA**); **to ~ asleep** dormirse (o, ue) (**8**); **to ~ down** caer(se) (**9**)
fame la fama (**5**)
family la familia (**1**)
fan el/la aficionado/a (**5**)
far from lejos de (2, **11**)
Farewells Las despedidas (**PA**)
farm la finca; la granja (**11**)
fascinate, to fascinar (**8**)
fashion la moda (**8**); **~ show** el desfile de moda (8)
fat gordo/a (**1**)
father el padre (**1**)
feel, to sentir (**PB**); sentirse (e, ie) (**8**)
fever la fiebre (**9**)
fifteen quince (**PA**)
fifth quinto/a (**5**)
fifty cincuenta (**1**)
fight, to luchar (**11**)
fill, to llenar (**10**)
film la película (**4**)
finally finalmente (**6**)
find out, to averiguar (**PB**, 4); enterar (8); enterarse (10)
find, to dar con (2); encontrar (ue) (**4**)
Fine, thanks. Bien, gracias. (**PA**)
fine: ~ fino/a (**5**); ~ la multa (**10**)
finger el dedo (de la mano) (**9**)
finish, to terminar (2); **to have just ~ed +** (*something*) acabar de + *infinitivo* (**9**)
fire el incendio (**11**)
first primer, primero/a (**5**)
fish el pez (*pl.*, los peces) (**7, 11**)
fit well / poorly, to quedarle bien / mal (**8**)
five cinco (**PA**); **~ hundred** quinientos (**2**)
fix, to arreglar (**3**)
flight el vuelo (**10**)
flood la inundación (**11**)
floor el piso (3); el suelo (3)
flourishing floreciente (**8**)
flu la gripe (**9**); **to have the ~** tener (la/una) gripe (**9**)

fly la mosca (**11**)
fly, to volar (o, ue); **to ~ away** volar (o, ue) (**10**)
folk healer el/la curandero/a (**4**)
follow, to seguir (i) (**4**)
following el siguiente (3)
food la comida (**7**)
foot el pie (8, **9**); **to go on ~** ir a pie (**10**)
for para (**PB**, 11); por (**11**)
forest el bosque (**11**)
fork el tenedor (**7**)
formal formal (**8**)
forty cuarenta (**1**)
four cuatro (**PA**); **~ hundred** cuatrocientos (**2**); **~ hundred thousand** cuatrocientos mil (**3**)
fourteen catorce (**PA**)
fourth cuarto/a (**5**); **~ floor** el tercer piso (**3**)
freeway la autopista (**10**)
French francés/francesa (**PA**)
french fries las papas fritas (*pl.*) (**7**)
fresh fresco/a (**7**)
Friday el viernes (**PA**)
fried frito/a (**7**)
friend el/la amigo/a (**1**)
frightened asustado/a (**7**)
frightening aterrador (**9**)
frog la rana (**11**)
From where? ¿De dónde? (**2**)
from: ~ desde (**11**); **~ time to time** a veces (**2**); **~ about** de (**11**)
front: **~ desk** la recepción (**10**); **in ~ (of)** enfrente (de) (**4**)
fruit las frutas (**7**)
function, to funcionar (**10**)
funds los fondos (10)
funny cómico/a (**1**)
furnished amueblado/a (**3**)
furniture los muebles (**3**); **piece of ~** el mueble (**3**)
furthermore además (2)

G

garage el garaje (**3**)
garbage la basura (**11**)
garden el jardín (**3**)
gas: **~ station** la gasolinera (**10**); **~ tank** el tanque (**10**)
genre el género (**5**)
gentleman el señor (Sr.) (**1**)
German alemán/alemana (**PA**)
get: **to ~** obtener (10); **to ~ dressed** vestirse (e, i) (**8**); **to ~ down** (*from*)

bajar (*de*) (**10**); **to ~** (*nervous*) ponerse (*nervioso/a*) (**8**); **to ~ off** (*of*) bajar (*de*) (**10**); **to ~ on** subir (a) (**10**); **to ~ ready** preparar (**2**), arreglarse (**8**); **to ~ the urge** entrar ganas (9); **to ~ together** reunirse (**8**); **to ~ up** levantarse (**8**)
gift el regalo (**8**)
girl la chica; la muchacha; **little ~** la niña (**1**); **~friend** la novia (**1**)
gist el tema (5)
give, to dar (3); **to ~ life** dar vida (**5**); **to ~ a concert** dar un concierto (**5**)
glass el vaso (**7**); el vidrio (**11**)
global warming el efecto invernadero (**11**)
gloves los guantes (**8**)
go out, to salir (**3**)
Go to the board. Vaya(n) a la pizarra. (**PA**)
go: **to ~** ir (**4**); **to ~ camping** ir de camping (**4**); **to ~ shopping** ir de compras (**2**); **to ~ to bed** acostarse (o, ue) (**8**); **to ~ up** subir (a) (**10**)
Good afternoon. Buenas tardes. (**PA**)
good bueno/a (**1, 10**); **~ -bye.** Adiós. (**PA**); **~ evening.** Buenas noches. (**PA**); **~ morning.** Buenos días. (**PA**)
government el gobierno (**11**)
governor el/la gobernador/a (**11**)
graduate, to graduar (**11**)
gram el gramo (**7**)
granddaughter la nieta (**1**)
grandfather el abuelo (**1**)
grandmother la abuela (**1**)
grandparents los abuelos (**1**)
grandson el nieto
gray gris (**3**)
green verde (**3**)
Greetings Los saludos (**PA**)
grilled a la parrilla (**7**); asado/a (**7**)
ground floor la planta baja (**3**)
group el conjunto (**5**)
grow, to aumentar (**11**)
guess, to adivinar (**7**)
guide la guía (**5**)
guilty el/la culpable (**8**)
guitar la guitarra (**5**)
guitarist el/la guitarrista (**5**)
gymnasium el gimnasio (**2**)

H

hair el pelo (**9**)
ham el jamón (**7**)

hamburger la hamburguesa (**7**)
hammock la hamaca (11)
hand la mano (**1, 9**); **to ~ out food** repartir comidas (**4**)
handsome guapo
hang up, to colgar (**7**)
happen, to pasar (**PB**)
happy contento/a (**2**); feliz (**2**)
hard: ~ -boiled duro/a (**7**); **~ -working** trabajador/a (**1**)
harm, to hacer daño (**11**)
hat el sombrero (**8**)
have, to tener (**1**); **to ~ a... -ache** tener dolor de... (**9**); **to ~ a backache** tener dolor de espalda (**9**); **to ~ fun** divertirse (e, ie) (**8**); **to ~ a headache** tener dolor de cabeza (**9**); **to ~ just** acabar de (**3**); **to ~ lunch** almorzar (ue) (**4**); **to ~ a stomachache** tener dolor de estómago (**9**); **to ~ + (**_verb_**) to** tener que + (_infinitive_) (**3**)
he él (**PA**)
head la cabeza (**9**)
headquarters la sede (**9**)
health la salud (**9**); **~ insurance** seguro médico (**9**)
healthy sana (**9**); **to be ~** estar sano/a; saludable (**9**)
heart el corazón (**9**)
heat la calefacción (**10**)
heaven el cielo (**11**)
heavy pésimo/a (**5**)
help, to ayudar (**3**); **to ~ elderly people** ayudar a las personas mayores/los mayores (**4**)
hen la gallina (**7, 11**)
her ella (**11**)
here aquí (**6**)
Hi! ¡Hola! (**PA**)
hide, to esconder (**8**)
high school la escuela secundaria (**9**)
highway la autopista (**10**)
hill la loma (**11**)
him él (**11**)
him/her, to/for le (**8**)
him/her/it lo, la (**5**)
his/her/its su, sus (**1**)
his/her/s/your/s (_for._) **/their/s** suyo/a/ os/as (**3, 10**); suyo/a (**PB**)
hole el hoyo (**11**)
holiday el día festivo (**7**)
home-made remedy el remedio casero (**7**)
homework la tarea (**2**)
honeymoon la luna de miel (**10**)

hope, to esperar (**2**)
horse el caballo (**11**)
hose las medias (_pl._) (**8**)
hospital el hospital (**9**)
hot dog el perro caliente (**7**)
hot, to be tener calor (**3**); **~** (_temperature_) caliente (**7**)
hotel el hotel (**10**); **to leave the ~** irse del hotel (**10**)
house la casa (**3**)
housekeeper el/la camarero/a (10)
how: ~? ¿Cómo? (**2**); **~ are you?** ¿Cómo está usted? (_for._) (**PA**); **~ are you?** ¿Cómo estas? (_fam._) (**PA**); **~ do you say . . . in Spanish?** ¿Cómo se dice... en español? (**PA**); **~ many?** ¿Cuántos/ as? (**2**); **~ much?** ¿Cuánto/a? (**2**); **~'s it going?** ¿Qué tal? (**PA**)
hubbub el bullicio (**4**)
hug el abrazo (**PA**)
human body el cuerpo humano (**9**)
humble humilde (**3**)
hummingbird el colibrí (**11**)
hungry, to be tener hambre (**3**)
hurricane el huracán (**11**)
hurry, to be in a tener prisa (**3**)
hurt, to dañar (**11**); doler (ue) (**9**); **to get ~** lastimar(se) (**9**)
husband el esposo (**1**)

I

I: ~ yo (**PA**); **~ am . . .** Soy... (**PA**); **~ don't know.** No lo sé. (**PA**); **~ don't understand.** No comprendo. (**PA**); **~ know.** Lo sé. (**PA**); **~ understand.** Comprendo. (**PA**); **~ would like to introduce you to . . .** Quiero presentarle a... (_for._) (**PA**); **~ would like to introduce you to . . .** Quiero presentarte a... (_fam._) (**PA**)
ice cream el helado (**7**)
iced helado/a (**7**)
if si (**4**)
ill enfermo/a (**2**)
illness la enfermedad (**9**)
imaginative imaginativo/a (**5**)
important, to be importar (**8**)
impressive impresionante (**5**)
improve, to mejorar(se) (**9**)
in en (**11**); **~ addition to** además de (**7**); **~ exchange** a cambio (**4**); **~ front of** delante de (**11**), en frente de (**2**); **~ order to** a fin de

(**11**); **~ order to** para (**11**); **~ the afternoon** de la tarde (**PA**); **~ the evening** de la noche (**PA**); **~ the morning** de la mañana (**PA**)
infection, to have an tener una infección (**9**)
inflation la inflación (**11**)
influential influyente (**11**)
injury la herida (**9**)
insect el insecto (**11**)
inside of dentro de (**11**)
instead of en vez de (**8**)
intelligent inteligente (**1**)
interested in, to be interesar (**2**)
interesting interesante (**1**)
Internet café el cibercafé (**4**)
internship el trabajo en prácticas (**8**)
interview la entrevista (**3**)
intoxication el embriaguez (**10**)
introduce, to presentar (**3**)
Introductions Las presentaciones (**PA**)
involved involucrado/a (**11**)
it is necessary . . . (_you must . . . / one must/should . . ._) hay que + _infinitivo_ (**5**)
it's: ~ a shame es una lástima (**11**); **~ cold.** Hace frío. (**PA**); **~ cloudy.** Está nublado. (**PA**); **~ hot.** Hace calor. (**PA**); **~ necessary that** es necesario que (**11**); **~ raining.** Llueve. (**PA**); **~ sunny.** Hace sol. (**PA**); **~ windy.** Hace viento. (**PA**); **~ . . . o'clock.** Es la... / Son las... (**PA**)

J

jacket la chaqueta (**8**)
jam la mermelada (**7**)
Japanese japonés/japonesa (**PA**)
jazz el jazz (**5**)
jeans los jeans (_pl._) (**8**)
jewel la joya (**9**)
joke la broma (**3, 8**)
journalism el periodismo (**2**)
judge el/la juez/a (**11**)
juice el jugo (**7**)
jungle la selva, la selva tropical (**11**)
jury el juicio (**11**)
Just fine. Bastante bien. (**PA**)

K

keep, to guardar (**3**)
ketchup la salsa de tomate (**7**)
key la llave (**10**)

kill, to matar (11)
kind bondadoso/a (11)
king el rey (11)
kiss el beso (1); little ~ el besito (PA)
kitchen la cocina (3)
knapsack la mochila (2)
knife el cuchillo (7)
know, to saber (4)

L

laboratory el laboratorio (2)
lacking, to be hacer falta (8)
lady la señora (Sra.) (1)
lake el lago (5, 10, 11)
lamp la lámpara (3)
land la tierra (11)
languages los idiomas (pl.) (2)
large grande (1)
largest mayor (5)
last: to ~ durar (9, 11); ~ night
    anoche (7); ~ week la semana
    pasada (7); ~ weekend el fin de
    semana pasado (7); ~ year el año
    pasado (7)
late tarde (3)
later than más tarde que (7)
laugh, to reírse (4)
law el derecho (2); la ley (10, 11)
lazy perezoso/a (1)
learn, to aprender (2)
leather el cuero (8)
leave, to dejar (10); irse (8); salir (3)
left (of), to the a la izquierda (de)
    (3, 11)
leg (of an animal) la pata (9); la
    pierna (9)
legend la leyenda (9)
lemon el limón (7)
lend, to prestar (8)
less . . . than menos + adjective/
    adverb/noun + que (10)
let's: ~ hope ojalá que (11); ~ see a
    ver (2)
lettuce la lechuga (7)
library la biblioteca (2)
lie la mentira (5, 7); to ~ mentir (ie)
    (4)
light a campfire, to hacer una
    hoguera (4)
light ligero (PB); ~ (colored) claro/a (8)
like very much, to encantar (8)
like, to gustar (PA)
like: ~ como (5); to feel ~ + (verb)
    tener ganas de + (infinitive) (3)
Likewise. Igualmente. (PA)

line (of people) la cola (10)
lion el león (11)
listen to music, to escuchar música (2)
Listen. Escuche(n). (PA)
literacy la alfabetazación (8)
literature la literatura (2)
little (a) (un) poco (1)
live, to vivir (2)
living room la sala (3)
living vivo/a (11)
loan to, to prestar (8)
locals los lugareños (4)
long largo/a (8)
look: to ~ at mirar (1); to ~ for
    buscar (4)
lose, to perder (ie) (4)
lost perdido/a (4)
loud fuerte (3)
love el amor (4); to ~ encantar (8);
    querer (3)
lucky, to be tener suerte (3)
luggage el equipaje (10)
lunch el almuerzo (7); to have
    ~ almorzar (ue) (7)
lyrics la letra (5)

M

magazine la revista (8)
mail a letter, to mandar una carta (4)
majors las especialidades (2)
make, to hacer (3); to ~ arts and
    crafts hacer artesanía (4); to ~ the
    bed hacer la cama (3)
mall el centro comercial (4)
man el hombre; el señor (Sr.) (1)
management el manejo (7)
manager el/la empresario/a (5)
many tanto/a (2)
map el mapa (2)
market el mercado (4)
marmalade la mermelada (7)
married casado/a (1)
match el acierto (11)
material el material (8)
mathematics las matemáticas (pl.) (2)
matter: ~ el asunto (6); to ~ importar
    (8)
mayonnaise la mayonesa (7)
mayor el alcalde/la alcaldesa (11)
me me (5); mí (11); to/for ~ me (8)
meal la comida (PB, 7)
meaning sentido (3)
meat la carne (7)
medical treatment el tratamiento
    médico (9)

medicine la medicina (2)
medium término medio (7)
meet, to reunirse (8)
melon el melón (7)
memento el recuerdo (3)
memory el recuerdo (7)
menu el menú (7)
mess el lío (9)
message el mensaje (3)
messy desordenado/a (3)
Mexican mexicano/a (PA)
microwave el microondas (3)
midnight la medianoche (PA)
mile la milla (PB)
milk la leche (7)
mine mío/a/os/as (10)
minus menos (1)
miss, to faltar (4)
Miss la señorita (Srta.) (1)
missing desaparecido/a (9)
mistaken, to be equivocarse (9)
mixed grill la parrillada (7)
mixture la mezcla (7)
model el/la modelo (8)
modern moderno/a (3)
mom la mamá (1)
monarchy la monarquía (11)
Monday el lunes (PA)
money el dinero (2)
month el mes (PA)
more . . . than más + adjective/adverb/
    noun + que (10)
mosquito el mosquito (11)
mother la madre (1)
motor el motor (10)
motorcycle la moto (1); la
    moto(cicleta) (10)
mountain la montaña (10, 11);
    ~ range la cordillera (11)
mountainous montañoso/a (4)
mouse el ratón (11)
mouth la boca (9)
movie la película (4, 5); action ~ una
    película de acción (5); science
    fiction ~ una película de ciencia
    ficción (5); war ~ una película de
    guerra (5); comedy ~ una película
    de humor (5); mystery ~ una
    película de misterio (5); romantic
    ~ una película romántica (5);
    horror ~ una película de terror
    (5); ~ theater el cine (4)
moving conmovedor/a;
    emocionante (5)
Mr. Sr. (1)
Mrs. Sra. (1)

much tanto/a (**9**)

museum el museo (**4**)

music la música (**2, 5**); **classical ~** la música clásica (**5**); **folk ~** la música folklórica (**5**); **pop ~** la música popular (**5**); **rap ~** la música rap (**5**)

musical musical (**5**)

musician el/la músico/a (**5**)

mustard la mostaza (**7**)

my mi, mis (**1**)

My name is . . . Me llamo... (**PA**)

N

napkin la servilleta (**7**)

narrate, to contar (**9**); narrar (**6**)

narrow estrecho/a (**8**)

nationality la nacionalidad (**PA**)

natural resource el recurso natural (**11**)

nature la naturaleza (**11**)

nausea la náusea (**9**)

near cerca de (**2, 7, 11**)

neck el cuello (**9**)

need, to hacer falta (**8**); necesitar (**2**)

neither . . . nor ni... ni (**4**)

nervous nervioso/a (**2**)

never jamás (**4**); nunca (**2, 3, 4**)

nevertheless sin embargo (**2, 3, 6**)

new nuevo/a (**3**)

newspaper el periódico (**11**)

next to al lado de (**11**)

nice simpático/a (**1**)

Nice to meet you. Mucho gusto. (**PA**)

nickname el apodo (**5**)

Nigerian nigeriano/a (**PA**)

nightmare la pesadilla (**8**)

nine nueve (**PA**); **~ hundred** novecientos (**2**)

nineteen diez y nueve (**PA**)

ninety noventa (**1**)

ninth noveno/a (**5**)

no: ~ longer ya no (**5**); **~. No.** (**PA**); **~ one** nadie (**4**)

nobody nadie (**4**)

noise el ruido (**PB, 3, 10**)

none ninguna (**3**); ningún (**4**); ninguno/a/os/as (**4**)

noon el mediodía (**PA**)

nor ni (**3**); tampoco (**7**)

northeast el noreste (**2**)

nose la nariz (**9**)

not ever (*emphatic*) jamás (**4**)

notebook el cuaderno (**2**)

notes los apuntes (*pl.*) (**2**)

nothing nada (**4**)

now ahora (**PB**)

number el número (**PA**)

nurse el/la enfermero/a (**9**)

O

object el objeto (**3**)

obligation el deber (**4**)

occur, to ocurrir (**9**)

ocean el océano (**11**)

offer la oferta (**3**); **to ~** ofrecer (**2**)

office la oficina (**3**)

often a menudo (**2, 3**)

oil el aceite (**7**); **~ spill** el derrame de petróleo (**11**)

oír to hear (**3**)

Okay. Regular. (**PA**)

old antiguo/a (**3**); mayor (**1**); viejo/a (**3, 10**); **~er** mayor (**10**)

on top (*of*) encima (de), sobre (**3, 7, 11**)

on: on sobre (**3**); **~ hand** a mano (**10**)

one uno (**PA**); **~ hundred** cien (**1, 2**); **~ hundred million** cien millones (**3**); **~ hundred thousand** cien mil (**3**); **~ million** un millón (**3**); **~ thousand** mil (**2**)

onion la cebolla (**7**)

only solamente (**8**)

Open your book to page . . . Abra(n) el libro en la página... (**PA**)

open, to abrir (**2**)

opening el estreno (**5**)

opera la ópera (**5**)

orange anaranjado (**3**); **~** la naranja (**7**)

orchestra la orquesta (**5**)

order, to pedir (**7**)

ordinal numbers los números ordinales (**5**)

organize, to organizar (**4**)

others los demás (**4**)

ought to deber (**4**)

our/s nuestro/a/os/as (**1, 10**)

outfit el conjunto (**8**); el traje (**5**)

outside fuera (**7**); **~ of** (a)fuera de (**11**)

outskirts las afueras (**3**)

over sobre (**3, 11**); **~ there** (*and potentially not visible*) allá (**6**)

overcoat el abrigo (**8**)

overhaul, to revisar (**10**)

own propio/a (**6**)

ozone layer la capa de ozono (**11**)

P

package el paquete (**10**)

pain el dolor (**9**)

painted wooden animals los alebrijes (**2**)

painting el cuadro (**3**)

pajamas el pijama (**8**)

pants los pantalones (*pl.*) (**8**)

paper el papel (**2**)

parents los padres (**1**)

park el parque (**4**)

park, to estacionar (**10**)

parking el estacionamiento (**10**)

parrot el loro (**11**)

participate in a political campaign, to participar en una campaña política (**4**)

party fiesta (**3**)

passenger el pasajero (**10**)

passionate apasionado/a (**5**)

passport el pasaporte (**10**)

pastimes los pasatiempos (**2**)

pastry el pastel (**7**)

patient paciente (**1**)

pay, to pagar (**7**)

peace la paz (**5**)

pear la pera (**7**)

pedestrian el peatón (**10**)

pencil el lápiz (**2**)

people la gente (**1**)

pepper la pimienta (**7**)

percent por ciento (**1**)

perhaps tal vez (**3**)

personality la personalidad (**1**)

pet la mascota (**10**); el animal doméstico (**11**)

pharmacist el/la farmacéutico/a (**9**)

pharmacy la farmacia (**9**)

photo la foto (**1**)

physical física (**1**); **~ exam** el examen físico (**9**)

pianist el/la pianista (**5**)

piano el piano (**5**)

picture el cuadro (**3, 5**)

pie el pastel (**7**)

pig el cerdo (**11**)

pile el montón (**7**)

pill la pastilla (**9**)

pillow la almohada (**3**)

pink rosado (**3**)

place el lugar (**2**)

place, to poner (**3**)

planet el planeta (**11**)

plant, to plantar (**11**)

plastic el plástico (**11**)

plate el plato (**7**)
plateau (high) el altiplano (**9**)
platform el programa (11)
play, to jugar (ue) (**4**); **to ~ an instrument** tocar un instrumento (**2, 5**); **to ~ basketball** jugar al básquetbol; **to ~ baseball** jugar al béisbol; **to ~ soccer** jugar al fútbol; **to ~ football** jugar al fútbol americano; **to ~ golf** jugar al golf; **to ~ tennis** jugar al tenis (**2**)
Please. Por favor. (**PA**)
Pleased to meet you. Encantado/ Encantada. (**PA**)
pleasure el placer (**7**)
plus más (**1**)
policeman el policía (**10**)
Polite expressions Expresiones de cortesía (**PA**)
political: ~ issues las cuestiones políticas (**11**); **~ party** el partido político (**11**)
politics la política (**11**); **to get involved in ~** meterse en política (**11**)
polka-dotted de lunares (**8**)
poll la encuesta (**11**)
pollute, to contaminar (**11**)
pollution la contaminación (**11**)
polyester el poliéster (**8**)
poncho el rebozo (**8**)
poor pobre (**1**)
pork la carne de cerdo (**7**)
post office correos; la oficina de correos (**4**)
postage stamp el sello (**10**)
postcard la tarjeta postal (**4, 10**)
posts los cargos (**11**)
potato chips las papas fritas (*pl.*) (**7**)
potato la papa; la patata (**7**)
poultry las aves (**7**)
practice, to ensayar (**5**)
prefer, to preferir (ie) (**4**)
pregnant embarazada (**9**)
preparation preparativo (**5**)
prepare, to preparar (**2**); **to ~ a meal** preparar la comida (**3**)
prescribe, to recetar (**9**)
prescription la receta (**9**)
presidency la presidencia (**11**)
president el/la presidente/a (**11**)
pretty bonito/a, guapa (**1**)
previous anterior (**5**)
print with a design or pattern el/la estampado/a (**8**)
professor el/la profesor/a (**2**)
proof la prueba (10)

propose, to proponer (**5**)
protect, to proteger (**11**)
proud orgulloso/a (**4**)
province la provincia (**11**)
psychology la psicología (**2**)
Puerto Rican puertorriqueño/a (**PA**)
pure puro/a (**11**)
purple morado (**3**)
purpose el próposito (**7**)
purse el bolso (**8**)
put away, to guardar (**3**)
put, to poner (**3**)
put: to ~ on (*one's clothes*) ponerse (la ropa) (**8**); **to ~ on make up** maquillarse (**8**); **to ~ up a tent** montar una tienda de campaña (**4**)

Q

quality la calidad (**11**)
queen la reina (**11**)
Questions and answers Preguntas y respuestas (**PA**)
quiet, to keep callarse (**8**)

R

rabbit el conejo (**11**)
radio el/la radio (**2**)
rain la lluvia (**PA**); **~ forest** (*tropical*) la selva tropical (**11**)
raincoat el impermeable (**8**)
rare crudo/a; poco hecho/a (**7**)
rat la rata (**11**)
raw crudo/a (**7**)
read, to leer (**2**)
Read. Lea(n). (**PA**)
Really well. Muy bien. (**PA**)
receive, to recibir (**2**)
recognize, to reconocer (**8**)
recommend, to recomendar (ie) (**4**)
record, to grabar (**5**)
recordings las grabaciones (**5**)
recycle, to reciclar (**11**)
red rojo (**3**)
reforest, to reforestar (**11**)
refrigerator el refrigerador (**3**)
regime el regímen (**11**)
region la región (**11**)
rehearse, to ensayar (**5**)
relatives los parientes (2)
release a CD, to sacar un CD (**5**)
release a movie, to estrenar una película (**5**)
remain, to quedarse (**8**)

remember, to acordarse de (o, ue) (**8**); recordar (ue) (**4**)
repeat, to repetir (i) (**4**)
Repeat. Repita(n). (**PA**)
report el reportaje (12)
representative el/la diputado/a (**11**)
request el pedido (**9**)
require, to requerir (**11**)
reservation la reserva (**10**)
reserve a table, to reservar una mesa (**7**)
resolve, to resolver (o, ue) (**11**)
respect, to respetar (**5**)
responsible responsable (**1**)
rest, to descansar (**7**)
restaurant el restaurante (**4, 7**)
return, to regresar (**2**); volver (ue) (**4**); **to ~** (*an object*) devolver (ue) (**4**)
reuse, to reutilizar (**11**)
review la reseña (PB, 5)
rhythm el ritmo (**5**)
rice el arroz (**7**)
rich rico/a (**1**)
riddle el rompecabeza (**7**)
ride: to ~ a bike montar en bicicleta (**2**); **to ~ a horse** montar (a caballo) (**11**)
right: to be ~ tener razón (**3**); **to the ~ (of)** a la derecha (de) (**3, 11**)
ring el anillo (**5**)
risk el riesgo (**9**)
river el río (**11**)
roasted asado/a (**7**)
robe la bata (**8**)
rock el rock (**5**)
roof el techo (**3**)
room el cuarto (**2, 3**); **~mate** el/la compañero/a de cuarto (**2**)
rooster el gallo (**7**)
rough áspero/a (**11**)
roving ambulante (**4**)
row la fila (**5**)
rug la alfombra (**3**)
run, to correr (**2**)

S

sad triste (**2**)
salad la ensalada (**7**)
salsa la salsa (**5**)
salt la sal (**7**)
sandals las sandalias (*pl.*) (**8**)
Saturday el sábado (**PA**)
save, to salvar (**9**)
say, to decir (**3**)
scare, to asustar (**9**)

scarf la bufanda (9)
scary espantoso/a (5)
schedule el horario (6); ~ (*of classes*) el horario (*de clases*) (2)
science las ciencias (*pl.*) (2)
scream, to gritar (8)
screen la pantalla (5)
scuba diving el buceo (4)
seafood los mariscos (7)
seamstress la costurera (8)
season la estación (**PA**)
seasoning el condimento (7)
second segundo/a (5); ~ **floor** el primer piso (3)
security la seguridad (2)
see, to ver (3)
see: ~ **you later.** Hasta luego. (**PA**); ~ **you soon.** Hasta pronto. (**PA**); ~ **you tomorrow.** Hasta mañana. (**PA**)
seem, to parecer (4)
semester el semestre (2)
senate el senado (11)
senator el/la senador/a (11)
send a letter, to mandar una carta (4)
serve, to servir (i) (4)
set the table, to poner la mesa (3)
seven siete (**PA**); ~ **hundred** setecientos (2)
seventeen diez y siete (**PA**)
seventh séptimo/a (5)
seventy setenta (1)
shaman el chamán (9)
share, to compartir (3, 5)
shark el tiburón (5)
shave, to afeitarse (8)
she ella (**PA**)
sheet la sábana (3)
shirt la camisa (8)
shoes los zapatos (*pl.*) (8)
short bajo/a (1); corto/a (8)
shorts los pantalones cortos (*pl.*) (8)
shot la inyección (9)
should deber (4)
show, to enseñar (2); mostrar (ue) (4); **to** ~ **a movie** presentar una película (5)
shower la ducha (3); **to** ~ ducharse (8)
shrimp los camarones (*pl.*) (7)
shrub el arbusto (7)
siblings los hermanos (1)
sick, to be estar enfermo/a (2, 9); enfermar(se) (9)
side el lado (2)
sigh el suspiro (11)
signature la firma (4)

silk la seda (8)
silly tonto/a (1)
similarity la semejanza (6)
since ya que (1)
singer el/la cantante (5)
single room el cuarto individual (10)
sink el lavabo (3)
sister la hermana (1)
sit down, to sentarse (e, ie) (8)
six seis (**PA**); ~ **hundred** seiscientos (2)
sixteen diez y seis (**PA**)
sixth sexto/a (5)
sixty sesenta (1)
skate, to patinar (2)
skill la habilidad (5)
skirt la falda (8)
sky el cielo (11)
sleep, to dormir (ue) (4)
sleepy, to be tener sueño (3)
slippers las zapatillas (*pl.*) (8)
slow lento/a (3, 5)
small pequeño/a (1, 10); **smaller** menor (10); **smallest** el/la menor (10)
smooth suave (5)
snack la merienda (7); **to have a** ~ merendar (7)
snake la serpiente (11)
sneeze el estornudo (9); **to** ~ estornudar (9)
snow la nieve (**PA**)
socks los calcetines (*pl.*) (8)
sofa el sofá (3)
soft drink el refresco (7)
soil la tierra (11)
solid-colored liso/a (8)
some algún (4); alguno/a/os/as (3, 4); un/una/unos/unas (1)
someone alguien (4)
something algo (**PB**, 4)
sometimes a veces (2, 3, 4)
son el hijo (1)
sore throat el dolor de garganta (9)
So-so. Más o menos. (**PA**)
soup la sopa (7); ~ **spoon** la cuchara (7)
source la fuente (5, 9)
sow, to sembrar (e, ie) (11)
spam el correo basura (3)
Spaniard español/española (**PA**)
Spanish-speaking hispanohablante (3)
speak, to hablar (2)
specialty of the house la especialidad de la casa (7)
speech el discurso (11)
spices las especias (7)
spicy picante (7)

spoonful la cucharada (7)
sports los deportes (2)
spring la primavera (**PA**)
stadium el estadio (2)
staircase la escalera (3, 11)
stand: to ~ pararse (10); **to** ~ **out** destacar (5); **to** ~ **up** levantarse (8)
star la estrella (5)
start el principio (8)
state el estado (9, 11)
statehood la estadidad (11)
states (*of being*) los estados (2)
station (*train, bus*) la estación (*de tren, de autobús*) (10)
stay, to quedarse (8, 11); **to** ~ **in bed** guardar cama (9)
steak el bistec (7)
steering wheel el volante (10)
stepfather el padrastro (1)
stepmother la madrastra (1)
still todavía (4)
stirred up alborotado/a (11)
stockings las medias (*pl.*) (8)
stomach el estómago (9)
store la tienda (2)
storm la tormenta (11)
story el piso (3)
stove la estufa (3)
straighten up, to arreglar (3)
strange extraño (4)
street la calle (3, 10)
strike la huelga (11); **to be on** ~ estar en huelga (11)
striped de rayas (8)
strong fuerte (1)
student el/la estudiante (2); ~ **center/ union** el centro estudiantil (2)
study, to estudiar (2, 6)
stupendous estupendo/a (5)
style el estilo (8)
subject la materia (2)
subway el metro (10)
successful, to be tener éxito (3)
such tan (2)
suddenly de repente (**PB**)
sugar el azúcar (7)
suit el traje (5, 8); **bathing** ~ el traje de baño (8)
suitable use el uso adecuado (10)
suitcase la maleta (10); **to pack a** ~ arreglar/hacer la maleta (10)
summarize, to resumir (9)
summer el verano (**PA**); ~ **camp** el campamento de niños (4)
sun el sol (**PA**); **to** ~**bathe** tomar el sol (2)

Sunday el domingo (**PA**)

supermarket el supermercado (**4**)

support, to apoyar (5, **PB**, **11**); **to ~ a candidate** apoyar a un/a candidato/a (**4**)

surprise la sorpresa (8)

surprising sorprendente (5)

survey la encuesta (11)

suspenseful de suspenso (5)

suspicious sospechoso/a (2)

sweater el suéter (8)

sweatshirt la sudadera (8)

sweets los dulces (7)

swim, to nadar (2); **~suit** traje de baño (8)

T

table la mesa (2)

tablecloth el mantel (7)

tablespoon la cuchara (7)

tailor el costurero (8)

take turns, to turnarse (3)

take, to tomar (2); llevar (8); **to ~ a nap** echar una siesta (**PB**); **to ~ a short trip** ir de excursión (4); **to ~ a walk** hacer una caminata (4); **to ~ care of** cuidar (11); **to ~ off** (*one's clothes*) quitarse (*la ropa*) (8); **to ~ out the garbage** sacar la basura (3); **to ~ someone to the doctor** llevar a alguien al médico (4)

tall alto/a (1)

tax el impuesto (11)

taxi el taxi (10)

tea (*iced/hot*) el té (*helado/caliente*) (7)

teach, to enseñar (2)

team el equipo (2)

teaspoon la cucharita (7)

television la televisión (2)

tell, to decir (3)

temperature la temperatura (**PA**)

temple el templo (4)

ten diez (**PA**)

tennis shoes los tenis (*pl.*) (8)

tenth décimo/a (5)

Thank you. Gracias. (**PA**)

that, that one (*way over there/not visible*) aquel/la; ese/a (5)

that, those (*way over there/not visible*); **those ones** aquellos/as (5)

the el/la/los/las (1); **~ check, please.** La cuenta, por favor. (7); **~ weather is bad.** Hace mal tiempo. (**PA**); **~ weather is nice.** Hace buen tiempo. (**PA**)

theater el teatro (4)

their su, sus (1)

them los, las (5); ellos/as (11); **to/for ~** les (8)

theme park el parque de atracciones (10)

then entonces, luego (6)

there / over there allí (4, 6)

there is / are hay (2)

these estos/as (5)

they ellos/as (**PA**)

thin delgado/a (1)

thing la cosa (3)

think, to pensar (ie) (4)

third tercer, tercero/a (5); **~ floor** el segundo piso (3)

thirsty, to be tener sed (3)

thirteen trece (**PA**)

thirty treinta (**PA**, 1); **~ thousand** treinta mil (3)

this esto (3)

this, this one este/a (5)

those over there; those ones esos/as (3, 5)

threat la amenaza (8)

three tres (**PA**); **~ hundred** trescientos (2)

throat la garganta (9)

through por (11)

throw, to tirar (9); **to ~ away** botar (11)

Thursday el jueves (**PA**)

ticket el boleto (8, 10), la entrada (5); **free ~** la entrada gratis (5); **round-trip ~** el boleto de ida y vuelta (10)

tie la corbata (8)

tight estrecho/a (8)

time la hora (**PA**)

time la vez (5)

times por (1)

tin work hojalatería (2)

tip la propina (7)

tire la llanta (10)

tired cansado/a (2)

to a (11); **~ where?** ¿Adónde? (2)

toast la tostada (7)

toe el dedo (del pie) (9)

toilet el inodoro (3)

tomato el tomate (7)

too también (2)

tooth el diente (9)

topic el tema (5)

tornado el tornado (11)

touch, to tocar (4)

tour la gira (5); **to ~** hacer una gira (5)

tournament el torneo (4)

tower la torre (3)

town el pueblo (4); **~ square** la plaza (4)

track and field el atletismo (2)

traditional tradicional (3)

traffic el tráfico (10); **~ light** el semáforo (10); **~ ticket** la multa (10)

tragedy la tragedia (11)

tragic trágico/a (5)

train el tren (10)

transportation el transporte (10)

travel, to viajar (10); **~ agent** el/la agente de viajes (10); **~ agency** la agencia de viajes (6, 10)

traveler el/la viajero/a (10)

treasure el tesoro (10)

treat, to tratar (9)

tree el árbol (11)

trip el viaje (10); **to go on a ~** ir de viaje (10)

truck el camión (10)

true cierto/a (4)

trumpet la trompeta (5); **~ player** el/la trompetista (5)

trunk el baúl (10)

try on clothing, to probarse (o, ue) la ropa (8)

try to, to tratar de (3, 9)

T-shirt la camiseta (5, 8)

tsunami el sunami (11)

Tuesday el martes (**PA**)

tuna el atún (7)

turn: to ~ doblar (10); **to ~ in** entregar (7); **to ~ on** encender (9)

turnover (*meat*) la empanada (7)

twelve doce (**PA**)

twenty veinte (**PA**)

two dos (**PA**); **~ hundred** doscientos (2); **~ million** dos millones (3); **~ thousand** dos mil (3)

U

ugly feo/a (1)

umbrella el paraguas (8)

uncle el tío (1)

uncomfortable incómodo/a (8)

under; underneath debajo (de) (7, 11)

undercover encubierto/a (11)

underline, to subrayar (7)

understand, to comprender (2); entender (ie) (4)

underwear la ropa interior (8)

unemployment el desempleo (11)

unpleasant antipático/a (**1**)
until hasta (**11**)
upset nervioso/a (**2**)
us nos (**5**); nosotros/as (**11**); **to/for ~** nos (**8**)
use, to usar (**PB, 2,** 4)
useful útil (**PA**)

V

vacation las vacaciones (**10**); **to go on ~** ir de vacaciones (**10**)
vacuum, to pasar la aspiradora (**3**)
vegetable la verdura (**7**)
vehicle el vehículo (**10**)
verb el verbo (**1, 2**)
very muy (**1**)
village el pueblo (**4**)
vinegar el vinagre (**7**)
virus, to have a tener un virus (**9**)
visit, to visitar (**10**)
voice la voz (**5**)
volunteer at a nursing home, to trabajar como voluntario/a en la residencia de ancianos (**4**)
volunteerism el voluntariado (**4**)
vote el voto (**11**); **to ~** votar (**11**)

W

waist la cintura (**9**); **from the ~ up** de la cintura para arriba (**9**)
wait: to ~ for esperar (**2**); **to ~ on** atender (**9**)
waiter el camarero (**7**)
waitress la camarera (**7**)
wake up, to despertarse (e, ie) (**8**)
walk, to andar (**7**); caminar (**2**)
wall la pared (**2**)
want, to querer (**2, 3**)
war la guerra (**11**)
warn, to advertir (**8**)
wash: to ~ dishes lavar los platos (**3**); **to ~ oneself** lavarse (**8**)
waste, to perder (ie) (**4**)
watch el reloj (**2**)
watch television, to ver la televisión (**2**)
water el agua; **fresh ~** el agua dulce (**5**); **~ (with ice)** el agua (con hielo) (**7**)

waterfall la cascada (**10**)
we nosotros/as (**PA**)
weak débil (**1**)
wear, to llevar (**8**)
wedding la boda (**4**)
Wednesday el miércoles (**PA**)
week la semana (**PA**)
welfare el bienestar (**11**)
well: well cooked bien hecho/a (**7**); **~ done** bien cocido/a (**7**); **~ -being** el bienestar (**11**)
west el oeste (**2**)
what que (**3**)
what? ¿qué? (**3**); **~?** ¿Cómo? (**PA**); **~?** ¿Qué? (**2**); **~ day is today?** ¿Qué día es hoy? (**PA**); **~ does it mean?** ¿Qué significa? (**PA**); **~ is the gist of . . . ?** ¿De qué se trata... ? (**8**); **~ is this?** ¿Qué es esto? (**PA**); **~ is today's date?** ¿Cuál es la fecha de hoy? (**PA**); **~ is your name?** ¿Cómo se llama usted? (*for.*) (**PA**); **~ is your name?** (*fam.*) ¿Cómo te llamas? (**PA**); **~ time is it?** ¿Qué hora es? (**PA**); **~'s the weather like?** ¿Qué tiempo hace? (**PA**)
whatever cualquier (**8**)
When? ¿Cuándo? (**2**)
Where? ¿Dónde? (**2**)
which el cual (**11**); **~ (one/s)?** ¿Cuál/es? (**2**)
while mientras (**2**)
whip, to azotar (**11**)
white blanco (**3**)
Who? ¿Quién? (**PA, 2**); ¿Quiénes? (*pl.*) (**2**)
Why? ¿Por qué? (**2**)
wide ancho/a (**7, 8**)
wife la esposa (**1**)
wild animals los animales salvajes (**11**)
win, to ganar (**6**)
wind el viento (**PA**)
window la ventana (**2**); **to ~ shop** ojear las vitrinas (**8**)
windshield el parabrisas (**10**); **~wiper** el limpiaparabrisas (**10**)
wine el vino (**7**)
winter el invierno (**PA**)

with con (**11**); **~ me** conmigo (**9**); **~ oneself** consigo (**11**); **~ you** contigo (**9**); **~out** sin (4, **11**)
woman la mujer (**1**); la señora (Sra.) (**1**)
wool la lana (**8**)
word la palabra (**PA**)
work, to funcionar (**10**), trabajar (**2**); **to ~ as a counselor** trabajar como consejero/a (**4**); **to ~ in politics** trabajar en política (**4**)
worried preocupado/a (**2**)
worry about, to preocuparse (por) (**11**)
worse peor (**10**)
worst el/la peor (**4, 10**)
wound la herida (**9**)
wrap, to envolver (**7**)
wrestling la lucha libre (**2**)
write, to escribir (**2**)
Write. Escriba(n). (**PA**)

Y

yam la batata (**7**)
years old, to be . . . tener... años (**3**)
yellow amarillo (**3**)
Yes. Sí. (**PA**)
yesterday ayer (**7**)
you te (**5**); ti (**11**); tú (*fam.*) (**PA**); usted/es (*for.*) (**PA, 11**); vosotros/as (*fam. pl. Spain*) (**PA, 11**); **~ all** os (**5**); **~ all** los, las (**5**); **to/for ~** te (**8**); **to/for ~ all** os (**8**)
young joven (**1, 10**); **~ man** el joven, el señor (Sr.) (**1**); **~ woman** la joven, la señorita (Srta.) (**1**); **~er** menor (**10**); **~est** el/la menor (**10**)
your (*for.*) su, sus (**1**); tu, tus (**1**); vuestro/a/os/as (*fam. pl. Spain*) (**1, 10**)
You're welcome. De nada. (**PA**)
yours (*fam.*) tuyo/a/os/as (3, **10**)
yucca la mandioca (**7**)

Z

zero cero (**PA**)

Credits

Photo Credits

p. 2: Jack Hollingsworth/Photodisc/Thinkstock; **p. 4:** (l) Demetrio Carrasco/Dorling Kindersley; (c) Jupiterimages/Comstock/Thinkstock; (r) Digital Vision/Thinkstock; **p. 7:** (t) Stockbyte/Getty Images; (b) Comstock Images/Thinkstock; **p. 12:** Yuri Arcurs/Shutterstock; **p. 15:** Jupiterimages/Comstock/Thinkstock; **p. 16:** George Doyle/Stockbyte/Thinkstock; **p. 20:**(t) Stockbyte/Thinkstock; (1st row, left to right) Jupiterimages/Photos.com/Thinkstock; Jupiterimages/Comstock/Thinkstock; Pete Saloutos/Shutterstock; BananaStock/Thinkstock; (2nd row, left to right) James Woodson/Photodisc/Thinkstock; BananaStock/Thinkstock; Jupiterimages/Brand X Pictures/Thinkstock; BananaStock/Thinkstock; **p. 21:** Samot/Shutterstock; **p. 22:** (l) Medioimages/Photodisc/Thinkstock; (tr) David Kay/Shutterstock; (br) Eddie Gerald/Rough Guides/DK Images; **p. 26:** (t) Andi Berger/Shutterstock; (1st row, l) iofoto/Shutterstock; (1st row, c) Resnak/Shutterstock; (1st row, r) Brad Remy/Shutterstock; (2nd row, l) Jupiterimages/Comstock/Thinkstock; (2nd row, c) Brandon Seidel/Shutterstock; (2nd row, r) Saleeee/Shutterstock; (3rd row, l) Paul Yates/Shutterstock; (3rd row, c) olly/Shutterstock; **pp. 30–31:** Andresr/Shutterstock; **p. 35:** (t) monbibi/Shutterstock; (b) David Sacks/Lifesize/Thinkstock; **p. 45:** Rido/Shutterstock; **p. 46:** (t) Knotsmaster/Shutterstock; (b) Grigory Kubatyan/Shutterstock; **p. 50:** (l) Goodshoot/Thinkstock; (r) Comstock Images/Thinkstock; **p. 52:** (t) ImageryMajestic/Shutterstock; (c) Jeffery Allan Salter/Corbis SABA/Corbis Entertainment/Corbis; (cr) Aspen Photo/Shutterstock; (bl) Michael Moran/Dorling Kindersley; (bc) Samot/Shutterstock; **pp. 60–61:** Bill Perry/Shutterstock; **p. 64:** csp/Shutterstock; **p. 69:** Jack Hollingsworth/Photodisc/Thinkstock; **p. 72:** (tl) kaarsten/Shutterstock; (cr) Creatista/Shutterstock; **p. 73:** (l) Poprugin Aleksey/Shutterstock; (cl) John Foxx/Stockbyte/Thinkstock; (cr) Matthew Ward/Dorling Kindersley; (r) Comstock Images/Getty Images/Thinkstock; **p. 81:** (tl) Skylinephoto/Shutterstock; (tc) Stockbyte/Thinkstock; (tr) Jack Hollingsworth/Digital Vision/Thinkstock; (bl) Comstock/Thinkstock; (bc) Jupiterimages/Comstock/Thinkstock; (br) Donald Miralle/Lifesize/Thinkstock; **p. 82:** (1st row, l) Bikeriderlondon/Shutterstock; (1st row, c) Stockbyte/Thinkstock; (1st row, r) Stephen Mcsweeny/Shutterstock; (2nd row, l) BananaStock/Thinkstock; (2nd row, c) Digital Vision/Thinkstock; (2nd row, r) Stockbyte/Thinkstock; (3rd row, l) Poleze/Shutterstock; (3rd row, c) Maridav/Shutterstock; (3rd row, r) Daria Minaeva/Shutterstock; (4th row, l) Jupiterimages/Brand X Pictures/Thinkstock; **p. 83:** Stockbyte/Thinkstock; **p. 84:** John Gibson/AFP/Getty Images; **p. 86:** (t) Jack Hollingsworth/Photodisc/Thinkstock; (b) Jupiterimages/Comstock/Thinkstock; **p. 88:** (t) Jack Hollingsworth/Photodisc/Thinkstock; (cr) csp/Shutterstock; (b) csp/Shutterstock; **p. 89:** (t) Pixland/Thinkstock; (c) SoloHielo/Shutterstock; (b) Francesca Yorke/Dorling Kindersley; **pp. 96–97:** Audrey Heining-Boynton; **p. 100:** (tl) Audrey Heining-Boynton; (tc) Evok20/Shutterstock; (tr) gary yim/Shutterstock; (bl) javarman/Shutterstock; (bc) Jarno Gonzalez Zarraonandia/Shutterstock; (br) Audrey Heining-Boynton; **p. 104:** Mark Hayes/Shutterstock; **p. 105:** (t) Audrey Heining-Boynton; (b) Audrey Heining-Boynton; **p. 107:** HamsterMan/Shutterstock; **p. 111:** (1st row, l) Audrey Heining-Boynton; (1st row, c) Audrey Heining-Boynton; (1st row, r) Audrey Heining-Boynton; (2nd row, l) Audrey Heining-Boynton; (2nd row, c) Audrey Heining-Boynton; (2nd row, r) Audrey Heining-Boynton; (3rd row, l) Audrey Heining-Boynton; (3rd row, tc) Alberto Loyo/Shutterstock; (3rd row, bc) Audrey Heining-Boynton; (3rd row, r) Audrey Heining-Boynton; **p. 112:** Audrey Heining-Boynton; **p. 113:** Audrey Heining-Boynton; **p. 117:** (tl) Audrey Heining-Boynton; (tr) Natalia Belotelova/Shutterstock; (bl) Pres Panayotov/Shutterstock; (br) Audrey Heining-Boynton; **p. 119:** (t) Audrey Heining-Boynton; (b) Audrey Heining-Boynton; **p. 121:** Comstock/Thinkstock; **p. 122:** Photoroller/Shutterstock; **p. 124:** (t) Brand X Pictures/Thinkstock; (cr) Richard Wareham Fotografie/Alamy; (bl) Vinicius Tupinamba/Shutterstock; (br) imageZebra/Shutterstock; **p. 125:** (tl) Sillycoke/Shutterstock; (cl) Audrey Heining-Boynton; (cr) Joan Ramon Mendo Escoda/Shutterstock; (b) Audrey Heining-Boynton; **p. 126:** Pearson Education; **p. 128:** (l) Erin Baiano/Pearson Education/PH College; (c) Erin Baiano/Pearson Education/PH College; (r) Erin Baiano/Pearson Education/PH College; **pp. 132–133:** Grigory Kubatyan/Shutterstock; **p. 135:** (t) Peter Wilson/Dorling Kindersley; (bl) Stockbyte/Thinkstock; (br) olly/Shutterstock; **p. 136:** Suzanne Long/Shutterstock; **p. 137:** Jennifer Stone/Shutterstock; **p. 139:** Jupiterimages/Thinkstock; **p. 141:** Medioimages/Photodisc/Thinkstock; **p. 145:** ImageState Royalty Free/Alamy; **p. 146:** PhotoLibrary; **p. 148:** Jack Hollingsworth/Stockbyte/Thinkstock; **p. 151:** vadim kozlovsky/Shutterstock; **p. 153:** Pixland/Thinkstock; **p. 156:** Andresr/Shutterstock; **p. 157:** Pearson Education; **p. 158:** BananaStock/Thinkstock; **p. 161:** (t) Andresr/Shutterstock; (cl) Christopher Poe/Shutterstock; (cr) Dave Rock/Shutterstock; (b) John A. Anderson/Shutterstock; **p. 162:** (t) Jupiterimages/liquidlibrary/Thinkstock; (cl) Daniel Loncarevic/Shutterstock; (cr) Gugli/Dreamstime; (b) Mike Cohen/Shutterstock; **p. 163:** (t) iofoto/Shutterstock; (cl) rj lerich/Shutterstock; (bl) Yai/Shutterstock; (br) EpicStockMedia/Shutterstock; **p. 164:** Pearson Education; **p. 166:** (l, c, r) Pearson Education; **pp. 170–171:** AndrusV/Shutterstock; **p. 174:** (t) olly/Shutterstock; **p. 178:** (tr) JLC/ZOJ WENN Photos/Newscom; (bl) Miguel Campos/Shutterstock; (br) Helga Esteb/Shutterstock; **p. 186:** (tl) cinemafestival/Shutterstock; (cl) cinemafestival/Shutterstock; (bl) cinemafestival/Shutterstock; (br) DFree/Shutterstock; **p. 191:** (t) dwphotos/Shutterstock; (b) Dana Nalbandian/Shutterstock; **p. 192:** Pearson Education; **p. 193:** DeshaCAM/Shutterstock; **p. 195:** (t) Getty Images, Inc. – PhotoDisc; (cl) rj lerich/Shutterstock; (cr) rj lerich/Shutterstock; (b) Terry Honeycutt/Shutterstock; **p. 196:** (t) Kim Steele/Photodisc/Thinkstock; (cl) Sandra A. Dunlap/Shutterstock; (cr) Brandon Stein/Shutterstock; (b) Brand X Pictures/Thinkstock; **p. 197:** (t) Jack Hollingsworth/Photodisc/Thinkstock; (cl) Paul Katz/Photodisc/Thinkstock; (cr) Chris Howey/Shutterstock; (b) rj lerich/Shutterstock; **p. 198:** Pearson Education; **p. 200:** (l, c, r) Pearson Education; **p. 204:** (l) Michael Moran/Dorling Kindersley; (r) Vinicius Tupinamba/Shutterstock; **p. 205:** (l) Daniel Loncarevic/Shutterstock; (r) Brandon Stein/Shutterstock; **p. 207:** (tl) Jack Hollingsworth/Thinkstock; (tr) Creatas Images/Thinkstock; (b) Ryan McVay/Photodisc/Getty Images; **p. 208** (1st row, l) ImageryMajestic/Shutterstock; (1st row, lc) Jack Hollingsworth/Photodisc/Thinkstock; (1st row, rc) Brand X Pictures/Thinkstock; (1st row, r) Andresr/Shutterstock; (2nd row, l) Jupiterimages/liquidlibrary/Thinkstock; (2nd row, lc) iofoto/Shutterstock; (2nd row, c) Getty Images, Inc. – PhotoDisc;

Index

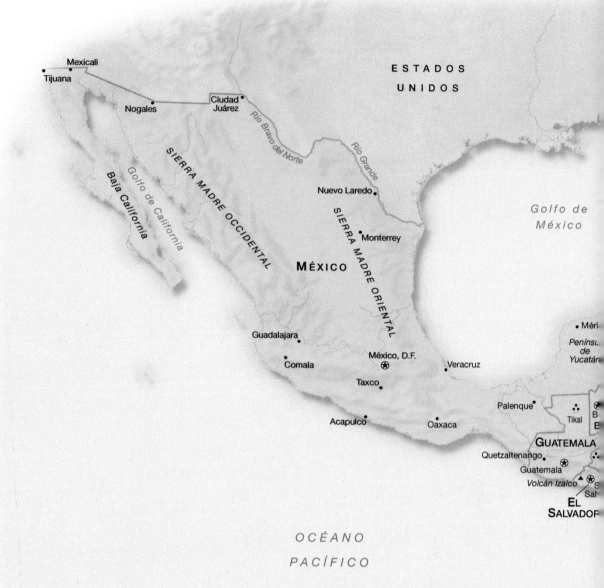

ESTADOS

UNIDOS

Mexicali

Tijuana

Nogales

Ciudad
Juárez

Río Bravo del Norte

Río Grande

Golfo de
México

Nuevo Laredo

Monterrey

Golfo de California

SIERRA MADRE OCCIDENTAL

Baja California

MÉXICO

SIERRA MADRE ORIENTAL

Méri

Península
de
Yucatán

Guadalajara

Comala

México, D.F.

Veracruz

Taxco

Palenque

Tikal

B
B

Acapulco

Oaxaca

GUATEMALA

Quetzaltenango

Guatemala

Volcán Izalco

S
Sal

EL
SALVADOR

OCÉANO

PACÍFICO

⊛	Capital
•	Otras ciudades
▲	Volcán
⁂	Ruinas

Islas
Galápagos
(Ec.)

México, América Central y el Caribe